新装 ヤマト国家成立の秘密

日本誕生と天照大神の謎

澤田洋太郎【著】

新泉社

はしがき

われわれ日本人の先祖は、いつごろ、どのようにして民族として成立し、どこにどのような国家を作ったのか、そして、それはどのような事情を経て大和王朝に発展していったのか——この古代日本の成立の歴史を、地名と人名の入った連続性のある記述として書き上げることは、日本古代史に興味をもつ者の夢だったのではなかろうか？

筆者は一九八九年の夏、この夢を現実のものとするため、『天皇家と卑弥呼の系図』という書物を著《あらわ》し、『魏志倭人伝』と『記・紀』とをつなぐものとして、「尾張・海部《アマベ》氏の系図」を提出し、そこに記載されている二人の「日女命《ヒメノミコト》」こそ、卑弥呼《ヒミコ》とその宗女の台与《トヨ》であることを、多方面から論証し、「古代史解読のシナリオ」を描いてみせた。

幸い、各方面から過分の賛辞を頂戴し、多くの理解者を得たことを光栄に思っている。特に、豊後・日田を「天《あめ》の八衢《やちまた》」に比定したことや、豊後の地名と丹後の地名に一致が多いことから、海部氏が豊後から丹後に移住したことを推定し、そのことから「豊《とよ》の国」の東遷《とうせん》という視点をもつことこそ日本古代史の謎を解く鍵となるとしたことは、この世界に新しい視野を開くものとして高い評価をいただいている。

しかし筆者としては、この書物をもって、古代日本の隠された歴史に合理的な筋道はつけることができたと自負しているが、その方法が『記・紀』などの文献の解読に偏《かたよ》り、その時代に生きていた人たちの意識面や社会を支えている技術面などについては、ほとんど目を注いでいないという欠陥があったことを自覚している。また、弥生時代以後の日本列島の文化は朝鮮半島に起源を有するものが多いことは前著でも指摘したが、具体的な追求はしていなかった。

そこで、この度は筆者がこれまでに描き上げた「古代史シナリオ」をふまえ、もっとキメ細やかに、しかも生き生きとした文化的な内容を織り込んだ「歴史らしい歴史」を描いてみようと志した。それが、ここに提出する本書である。

前回は、地名の一致や系譜の分析などを武器とし、宇佐神宮・豊日別神社・籠《この》神社そして伊勢神宮などの伝承を頼りにして、日本神話の寓意を解くという手法を用いてきた。「天孫降臨」の解釈には、猿田彦《サルタヒコ》が顔をだしたり、「海幸《ウミサチ》・山幸《ヤマサチ》」の話から、海部氏の祖先と天皇家の姻戚関係が重なって見えたりした。「八岐大蛇《ヤマタノオロチ》」の説話や「天照《アマテラス》と素戔嗚《スサノオ》との誓約《うけい》」も、宇佐女王と誉田真若の結婚のこととして解明できた。

そのため、その結論を支持してくださった方も多い反面、牽強付会という印象をもたれた向きもあったかと思う。

そこで、今回は、そのようなドラスティックな謎解きではなく、古代人の信仰の面や、生産力と武力の根源である金属精錬技術だとか、倭人と朝鮮の人が使っていたことばの面などから、古代史にアプローチしていくことにした。したがって、筆者の独創というより、多くの先人たちが提出している問題点を整理しながら、とかく世間では不注意から見落とされていることや、先入観と偏見によって誤解されている点を正していくことに重点をおいた。

そこで、まず古来から日本神道で根源的な神とされて伊勢神宮の祭神でもある天照大神に注目し、この神が天皇家の祖先神とする常識に疑問を投げかけてみた。ということは、『古事記』や『日本書紀』に書かれていることは史実を歪曲したものであり、そこに描かれている天照大神とは、古い時代の日本列島住民が実際にもっていた信仰や、天皇家の祖先の尊崇していた神と異なるものであることを意味している。

この疑問に答えるために、われわれの祖先が何を神とし、どういう形で祭祀を行なってきたかを民俗学などの教えるところによって解明すると同時に、古代の人はどういうことに感動し、どんな形で一族の団結をはかったかを知るように努めた。その結果、金属精錬や農業生産あるいは安全な海上交通の技術などが大きな意味をもっていたことがわかってきた。そういう面に目を向けることこそ古代人の心をつかみ、日本民族の連帯の秘密に迫るために不可欠な正しい方法だということに気がついた。

そして、もう一つ、『記・紀』の記述を鵜呑みにしたり、反対に否定しさえすればよいというのではなく、そこで展開されている物語がどういう出来事をふまえているかについて合理的な解釈をほどこすことが重要だということを言いたい。それとともに、近年の多くの歴史論が不用意にも当然としてきた解釈や検討を放棄しているテーマについても、積極的に取り組んでいくことが大切だと思う。

前著でも指摘したが、「魏使が上陸した末盧国《マツロ》は松浦半島ではありえない」というような自明のことさえ、邪馬台国論者の多くは目をつぶっている。そして、筆者が最も強く主張する点――「部分像ではなく全体像を」という提言についても、ほとんどの論者は手をこまねき、自分の狭い領域に立て籠《こも》っている。「知らないことは論じない」のではなく、「知っている限りのことを最大限に動員」して、歴史の流れの中に、それぞれの時代の社会の具体的なイメージをはめ込んでいかなくてはいけないと思う。考古学者が壺の断片から全体を復元するように、不足するピースとしての資料を、全体像のイメージによって補い、壮大なジグソー・パズルを完成させるという方式こそ、古代史を探求し成果を挙げる唯一の方法ではなかろうか。

本書では、最後の三章において謎に包まれている西暦紀元前後から五、六世紀ごろにかけての日本古代史の真実の姿を復元してみることを試みてみた。そのことは、前著でも取り扱ったが、今回は視点を変え、近年になって新しく解明された事実や知りえた資料などを加え、日本列島の文化が朝鮮半島のそれとどうつながっていたかを軸に、多くの人にとってより一層理解しやすい形のものにするため、思いきり大胆な仮説を導入しながら、具体的に描きあげるように企てることとした。拙著『伽耶は日本のルーツ』(新泉社)で述べてあるように、韓国南部の遺跡の発掘物が北九州など日本列島からの出土品と共通するものが多い事実からは、歴史の謎の解明にとって極めて有力な示唆が得られると思う。

つまり、批判を恐れず、専門などという逃げ城を捨て、広い天地に出て模索するのでなければ

「群盲象《ぐんもう》を撫《な》ずる」という悲しい結果に陥るのではないだろうか。確立された研究方法論などというものは、こと古代史に関する限りありはしない。そういう認識に立ち、利用できる資料はすべて用い、独断のそしりを受けようとも、自分の頭で考えることによって、初めて視界が開け、他者にも納得がいく「明察」が得られるものと信じている。

本書は、その意味からすれば、微々たる問題提起にしかならないかもしれない。しかし、筆者が先に提出した『天皇家と卑弥呼の系図』と、後で書いた『伽耶は日本のルーツ』の所論を、並べて見ていただければ、相互に論旨を補強し合い、読者諸賢が日本古代史の全体像を描くために、一つの有力な手がかりとなりうるものと考えている。

諸先輩や同好の方々のご好意にもとづくご叱正とご批判をお待ちしている。

一九九四年　初夏

著　者

ヤマト国家成立の秘密●目次

装幀　勝木　雄二

ヤマト国家成立の秘密

第一章　伊勢神宮の謎——天照大神は皇祖神なのか？

●崇仏派と排仏派の争い

『日本書紀』が伝えるわが国の歴史記事の年代がほぼ信頼できるようになるのは、六世紀の半ば近く、欽明天皇の時代からというのが定説になっている。そして、国内の事件として最初に掲げられているのが、百済《くだら》の聖明王から献上された仏像と経典の受容をめぐって天皇の前で闘われた崇仏派の蘇我氏と排仏派の物部・中臣氏との間の論争だった。

欽明一三（五五二）年、蘇我稲目《イナメ》が、「諸国はみな仏を敬っているのに、日本だけがそれに背《そむ》いていいのか」と述べたのに対して、物部尾輿《オコシ》と中臣勝海は「わが国家が天の下で王としていられるのは、常に天地社稷《しゃしょく》の百八十神をもって春夏秋冬に祭拝することを事としているからだ。いま、蕃神を拝むなら国神の怒りを致すだろう」と言ってこれに反対したとしている。そして、天皇は稲目に向かって「試みに礼拝させよう」ということで、ひとまずは決着がついた。

ところが、その後、災害や疫病が起こると、物部氏は「これは蕃神を祀《まつ》ったせいだ」とし、勅命を得て仏像を難波の堀江に捨て、寺を焼き払っている。敏達天皇の時代にも、皇位継承問題とからんで崇仏・排仏両派の争いが起こり、結局は、蘇我馬子が巧みな術策をもって多数の氏族の支持を取りつけ、物部守屋を反逆者として葬り去ることに成功している。若き日の聖徳太子は、馬子とともに守屋討伐の軍に参加したように伝えられている。

文献と伝説では、太子は熱心に仏教に帰依し、四天王寺などを建て、晩年には法隆寺に籠《こも》って経典の研究にいそしんだという。また、仏教は蘇我氏だけでなく、飛鳥の都において多くの氏族の尊崇を受け、さらに奈良時代になると、聖武天皇と光明皇后によって鎮護国家の役割を担う国教的地位を獲得し、全国に国分寺が建てられ、僧侶の権威も高まり庶民の上に立つことになる。

ところが、奈良時代から平安時代にかけて朝廷の実権を握っていたのは、絶えず皇室の外戚的立場にあった藤原氏で、その前身の中臣氏以来の国神を祀る家柄であったため、律令制度の中に神祇官を置き、朝廷の儀式を神道に則《のっと》ってとり行い、それによって天皇の権威を保ち、国家体制を維持する基本としている。

このように相《あい》矛盾する二つの宗教を同時に国家が保護し、統治に利用してきたことは世界に類例が無い奇妙な事実であり、日本人がそれを不思議に思わないことは、どこの外国人にとっても理解に絶する奇怪千万なことに違いない。しかも、このような宗教に関する日本人の無原則で不徹底な態度は、古代のことだけではなく、千年以上たった今日まで続いている。

では、なぜこういうことになったのだろうか？　そして、そのことは日本人の一体性にとって、どういう意味をもっているのだろうか？　さらに問うならば、今後、国際社会で諸外国の理解を支えとして活躍していかねばならない日本人は、宗教問題について、自らのあり方を世界に対して説明できるようにする必要があるのではないか、というところまで発展していくことになるだろう。特に、神道は天皇制度と結びついているだけに、外国人の関心はとりわけ深いと思われる。それだけではなく、天皇の葬儀や即位の儀式に反対する「過激派」なるものの活動が現に無視できない状況にあることについても、何らかの解明が求められているのではなかろうか。

そこで、本章では、教義が比較的明白な仏教はしばらく措《お》き、日本古来の信仰だとされている神道の性格をまず探ってみたいと思う。その理由を問われるなら、仏教徒やクリスチャンである日本人が、それほど心に矛盾を感じないで、初詣に神社に参詣したり、神前結婚式や地鎮祭などの神道行事に参列できるのは、「日本人だから当然だ」というような、内容の欠けた説明で納得させられていることの不思議さの背景を知るためにも意義があるからと答えておこう。

そして、それによって、日本という民族と国家がどのようにして成立してきたかという歴史探求の道を見直し、これまで欠けていた視点が発見されるならば、邪馬台国を論じる場合においても、『記・紀』を読むに当たっても、極めて有益なことだと思う。というより、そのことを怠っていたのでは、実は、身勝手な解釈を楽しむだけで、日本民族の心を捉えることができないだけでなく、歴史の動きの原動力を度外視した妄論に陥ってしまうのではなかろうか。

●伊勢神宮の謎

天皇家の始祖とされる天照大神《アマテラスオオミカミ》を祀る皇大神宮（内宮・伊勢市宇治）と、その御饌《みけつ》神——食べ物の世話をする神を祀るとされる豊受《とようけ》大神宮（外宮・伊勢市山田）の二つを総称して伊勢神宮とよ

伊勢神宮（外宮）

んでいる。そして、今日では、伊勢神宮は神社本庁に属する全国七万九千余の神社の本宗とし、最高の格をもつ神社とされている。

戦前の教育を受けた者にとって、伊勢は日本の聖地であり、日本国民たる者は、一生に一度は必ず大神宮に参詣すべきものとされ、小学生の修学旅行のメッカとなっていた。そのため、この神宮の存在意義は自明のものとされ、国民はただ崇拝するだけで、特別の疑問を抱いたりする余地の無いものとされていた。また、戦後の学校では、天照大神という名前は教えられていないものの、子どもたちは伊勢神宮とは新たに首相になった人が参拝する所であり、「きっと日本の古い神様を祀る神社であり、皇室が尊敬している所」くらいに考えていれば知識のある方だろう。古代史に関心のある高校生あたりでも、邪馬台国ほどの関心はもっていないに違いない。

普通の人は、「伊勢神宮については古くから詳しい研究がなされているから、今さら解明されるべき謎などあるはずはない」くらいに思っていることだろう。しかし、この神宮には秘められた多くの謎があり、しかも、それは日本古代史の核心に迫るものだ、ということを指摘しよう。

第一の謎は、皇大神宮の神体とされる八咫鏡《やたのかがみ》は、皇祖のアマテラス大神が孫のニニギノミコトに対し、「この鏡を視《み》ること、われを視るごとくせよ」と命じたにもかかわらず、皇居から隔離されて伊勢に置かれていることだ。このことに関しては、『日本書紀』の「崇神紀」に、アマテラスと倭大国魂《ヤマトオオクニタマ》の二神を同床させることは「神の勢いを畏《おそ》りて共に住みたまふに安からず」というので、皇女をつけてアマテラスを宮廷の外に遷《うつ》し、その後、伊勢に鎮座されたとしている。

第二に、伊勢神宮は一般人はもとより三后・皇太子以外の皇族さえも幣帛《へいはく》を捧げることが禁じられ、この神社へ参詣した天皇は持統天皇を除くと、明治天皇が最初であることだ。

第三に、伊勢神宮には七世紀に斎宮《さいぐう》制が布かれ、独身の皇女が斎女として奉仕することにされた。このことは、伊勢神宮はあたかも天皇家に祟《たた》りをする神を封じ込んだものであるかに見える。斎女とは、恐ろしい神に捧げられた「生け贄《にえ》」であったとさえ思われる。

第四に、内宮と外宮は仲が悪く、中世以来、宇治と山田の町人たちの抗争には何度となく血が流されている。しかも、伊勢では、「外宮先祀」という慣行があり、御饌神に過ぎないはずの外宮のほうが内宮に優位するという原則が確立されているのも不思議だ。

第五に、室町後期以来、民衆の伊勢詣りが盛んとなったことがあげられる。それは天皇家の権威が地に落ちた時代のことで、民衆には皇室崇拝の念が欠けていての話だから奇怪だ。

第六に、「本地垂迹説《ほんちすいじゃく》」といって、各地の神社には神護寺が設けられ、神道は仏教に従属させられた感があったにもかかわらず、伊勢神宮は仏教との習合を頑強に拒み続け、外宮で説かれ始めた度会《わたらい》神道は「伊勢神道」とよばれ、宇宙の本源は国常立命《クニノトコタチノミコト》とし、「神儒《しんじゅ》習合説」を立てている。

元伊勢神宮（内宮）

それだけの主張ができた根拠が何か説明されていない。

第七に、丹後の国（京都府北部）に元伊勢皇大神宮があることにも注目すべきだ。そして、延暦二十三（八〇四）年に撰上された『土由気《とゆけ》大神宮儀式帳』には、「雄略天皇二十三年に、天皇の夢に天照大神が現われ、丹波の比治真《ひじのま》奈井原《ないはら》にいる豊受大神を伊勢に迎えたい、という神託があった」としている。この真奈井は元伊勢皇大神宮のある場所からは離れているが、そこにはトヨウカノメという天女が舞い降りたという伝説がある。豊受大神は丹波にいたわけだ。

第八に、内宮と外宮を結ぶ参道の石灯籠の窓に「ひまわり紋（ヘロデの文様）」、台座に「カゴメ印（ダビデの文様）」があることは理解しがたい。また、伊勢音頭の囃子《はやし》については、それが古代ヘブライ語であり、ヨシュアというユダヤの名に由来すると説く人もいる。

このように、伊勢神宮には数多くの謎が秘められているが、一部の学者や研究者以外は何故かこの問題には触れたがらない。実は、そのことが最も奇怪なことなのかもしれない。

●天照大神とは何か？

伊勢神宮の謎を解明するためには、内宮の祭神であるアマテラス大神とはいったいどんな神なのかということを明らかにしなくてはならないだろう。そのことなら、『記・紀』を見さえすれば自ら明らかなことのように見えるが、実は、必ずしもそうではないのだ。

『古事記』では、日本列島や草木あるいは海神・風神などを産み終わり、最後に火の神を産んで死んだイザナミのあとを追って黄泉《よみ》の国に行き、そこから逃げ帰って来たイザナギが禊《みそぎ》をした際に、左の目を洗うとアマテラス大神、右の目を洗うとツクヨミ（月読）、鼻を洗うとスサノオが生まれたということになっている。そして、アマテラスは「高天原」を、ツクヨミは「夜の食《お》す国」を、スサノオは「海原」を治めることになる。しかし、スサノオは乱暴を働き高天原から追放され、出雲に行ってヤマタ大蛇を退治たりすることになる。

『古事記』の話は簡潔で明瞭な筋になっており、「出雲神話」のあとには、アマテラスの命令で孫のニニギノミコトが高天原から下界である葦原中国に降臨し、三代を日向で過ごした後、カム・ヤマト・イワレ彦すなわち神武天皇が大和に東征し、以後、その子孫が天皇家として大倭《オオヤマト》、つまり日本を統治することになったとされている。『古事記』を見る限り、アマテラスとは天上界の人格神で、天の石屋戸に隠れると天地が暗くなったとしてはいるものの、特に「日神」ということは強調されていない。あくまで天皇家の祖先の神で、高天原の最高の神とされている。

ところが『日本書紀』では、イザナギとイザナミは相談して「天下の主たる者を生もう」というので、「日の神」としてアマテラスを生んだとしている。しかも、その名もオオヒルメムチ（大日孁貴）と記し、女性であるとしている。そして、この太陽神は高天原で田を作ったり、神衣を織ったりし、祭祀を司《つかさど》る神にもなっている。そして、『古事記』同様、天孫を下界に下す命令を発し、その子孫が日本の統治者となるべき根拠としての「神勅」を与えた最高権威者であるという建前がことさらに重視されて話が構成されている。

ところが、『書紀』の歴史時代になっても、アマテラスは時々姿を現わす。「神武東征」の場合や「神功皇后の九州からの帰還」の話にも、力を貸したり助言をしたりしている。ヤマトタケル（日本武尊・倭建命）の東征の際にも伊勢大宮に立ち寄っている。一方、前に見たように、崇神天皇は宮廷からアマテラスを外に出し、次の垂仁天皇がそれを伊勢に鎮座させている。

そして、天武天皇が壬申《じんしん》の乱で旗揚げした際に、伊勢の朝明《あさけ》郡の迹太《とお》川のほとりでアマテラスを遙拝《ようはい》している。さらに、その皇后だった持統天皇は伊勢に使いや貢ぎ物をしたことと、天皇自身も伊勢に参っている。この二人は例外で、それ以外には伊勢神宮は無視されている。

このように、『記・紀』を見る限り、アマテラスを神として崇めたのは、天武天皇が最初であり、持統天皇以後は、そういうことは絶えている。また、『書紀』でアマテラスが現われているのは、右の例のように「神威」を輝かせる意味のある場合に限られ、しかも、事実としてではなく編者が意識的に脚色して書き入れたものになっている。つまり、『書紀』に現われるアマテラスは、民族的伝承によるものではなく、明らかに観念的な創作によるものになっている。

もう一つ、アマテラスとスサノオの関係については、姉・弟ということだけではなく、二人の間で身の潔白を証明するための誓約《うけい》によって、子供が生まれる話が挿入されている。この話は、生まれた子がアマテラスの場合は皇統につながる者であるのに対して、スサノオの子とされたのは宗像《むなかた》三女神となっていることから、天皇家と、宗像氏で代表される国つ神系の氏族とが擬似的な同族関係にあるという、擬制を書き記したものと考えていいだろう。ただし、筆者はこの誓約について、前著で「宇佐女王と誉田真若との結婚」という歴史的事実をも併せて述べているという解釈をくだしていることも付け加えておきたい。

アマテラスとスサノオの性格については、後にあらためて考察するが、この二つの神を特定の実在した人物――例えば邪馬台国の卑弥呼だとか、出雲の国の大王をモデルとして描いたものだというふうに短絡させて考える見解も行われているが、それは素朴過ぎるもので、そういう危険な誘惑に陥ることは厳に慎むべきだということも強調しておきたい。

●天武天皇の宗教改革

ある完成されたものを見ると、われわれはとかくそれが最初からその通りの形で存在していたかのように思いがちだ。しかし、それは多くの場合、錯覚であって、現在のものが当初のものと異り、いつのころか根本的な変化が加えられているかもしれないと思うべきだ。

伊勢神宮のあり方についても、そういう視点から見る必要があることを示唆に富む解釈によって教えてくれるのは、民俗学者の吉野裕子氏だ。そこで、その核心的な部分を『隠された神々』（講談社現代新書）によって紹介しておこう。

吉野氏は、伊勢神宮に宗教改革的な新要素を採り入れたのは天武天皇であるという。それは、

「天皇を神とし、伊勢の皇大神宮をその祖廟であると同時に宇宙の中心である」とするもので、その思想の根源には、中国の陰陽五行説があったとしている。

天武天皇は、『日本書紀』に「天文遁甲《とんこう》を能《よ》くしたまふ」とある。遁甲というのは忍術のようなものとされているが、それは「方位学」に基礎をおく「道教」的なものだ。

古代中国の哲理では、宇宙の原初唯一絶対の存在を「太極」(『易』の言葉)とよび、それから陰陽に分かれて天地が派生し「乾」と「坤」とになるとする。この「太極」を神格化したのを「太《たい》一《いつ》」とよんだ。そして、大空に不動のまま輝く北極星を「太一」になぞらえ、それを軸として万物は輪廻・転生するものとしている。この北極星の周囲を巡る北斗七星は、天帝である「太一」の乗車であり、天帝はこれに御《ぎょ》して宇宙に乗り出し四方上下を治めると考えた。

北極星は「北辰」ともよばれ、古くから君主にたとえられている。『春秋合誠図』という書物には、「天皇大帝は北辰の星なり」と記されている。大和王朝の大王が自ら「天皇」を名乗るようになったのは、聖徳太子が隋《ずい》に遣った「国書」の中に、「東天皇敬白西皇帝」とあるのが最初だとされているが、自ら強く「天皇」と意識したのは天武天皇以来のことだ。

『書紀』によれば、壬申の乱の際に天照大神を拝し勝利を得た天武天皇は、即位三年、大来《オオク》皇女を泊瀬《ハセ》の斎宮から伊勢神宮に向けている。吉野氏によれば、これは天武天皇がアマテラスを「太一」であるとしたことに基づくものだという。そして、中国思想では、「天」を象徴する方位は「乾(いぬい・西北)」であるから、斎宮があった場所(現・多気郡明和町大字斎および竹川)から見て西北~東南に当たる五十鈴川のほとりに皇大神宮を置き内宮とするとともに、その西北~東南に当たる度会の地に外宮として豊受大神を勧請したのだという。

　伊勢神宮の祭りで最も重視される神嘗祭《かんなめさい》は、旧暦の九月十五日から十七日にかけて行なわれている。この日の子《ね》の刻（午前〇時）には、北斗七星の柄杓の端は子午線にスレスレにかかり、北極星の左上（西北）に位置する。この時刻を挟んで、「宵暁《よいあけ》の大御饌《みけ》」の儀が営まれる。この儀式は、

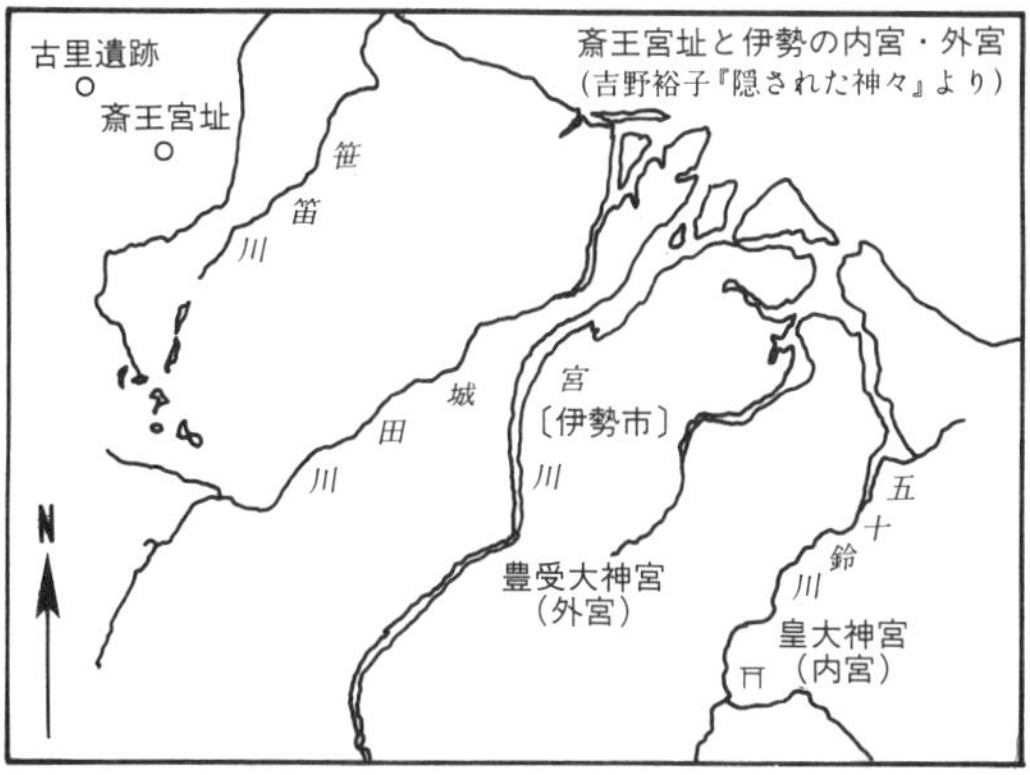

斎王宮址と伊勢の内宮・外宮
（吉野裕子『隠された神々』より）

「由貴《ゆき》の大神饌」とよばれている。それは、内宮のアマテラス大神が外宮のトヨウケ大神の神坐の前で調理された神田の御稲《みしね》を食べるというものだ。つまり、外宮は「由貴の宮」ということになる。

　吉野氏は、「ユキ」という言葉の語源を北斗七星に物を送るという意味をもつ「輸璣」という言葉に由来するものであろうとしている。「天武五年紀」には、「斎忌を踰既といふ」という註記があり、これに近い文字が使われている。なお、トヨウケ大神は丹波の国から伊勢に呼ばれて来たことになっているが、その位置関係もまた西北→東南になっていることも興味深い。

　このように見てくると、伊勢神宮と天皇制とを固く結びつけ、それに国家最高の神社としての地位を与えたのは天武天皇だったことになる。しかしそのことは、本来の伊勢

神宮はそのようなものではなかったことを意味していることになる。では、それはいったい何だったのだろうか？

また、天武天皇の皇后だった持統天皇の伊勢巡幸以後、明治に至るまで、伊勢の土地は天皇家にとって禁忌《きんき》の地であり、天皇の参拝も無く勅使しか派遣されておらず、皇室からはおよそ無関心の状態におかれていたことこそ重大な意味をもつことを確認しておきたい。

●大嘗祭に見る古代の祭儀

平成二年十一月、天皇即位の礼について、皇居において大嘗祭（おおにえのまつり）が古式に則り行なわれた。この儀式は、先の天皇の喪が明けた年の秋に行なわれるもので、その様式は毎年、天皇が新穀を食べる新嘗祭《にいなめさい》に即したものとされている。

戦前の日本では、十月十七日が神嘗祭、十一月二十三日が新嘗祭という祭日（祝日とは言わなかった）だった。後者は、現在の勤労感謝の日として受け継がれている。

『古事記』には、「アマテラス大神の大嘗殿をスサノオが荒らした」という記事があり、『日本書紀』にも、「天の狭田・長田の穂をもって御田とし」その田から取れた稲を「アマテラスが新嘗をきこしめす」というふうに書かれている。

そして、「大嘗に侍奉る中臣・忌部及び神官等ならびに播磨・丹波二国……」という文字が連ねられており、これが天皇即位の祭儀に関する最初の記事となっている。

さて、大嘗祭は宮廷の秘儀であり、その様子は公開されていないが、『宮主秘事口伝』などの古書の伝えるところから窺い知ることができる。この祭りに先立ち、新天皇の禊《みそぎ》の儀が行なわれる。この禊は十七世紀までは平安京の川原で営まれたが、以後、今日まで宮中の清涼殿の東庭ですることになっている。

大嘗祭は、十一月の卯《う》の日に始められる。新しく設営される祭場は、北面の廻立殿とその南側に

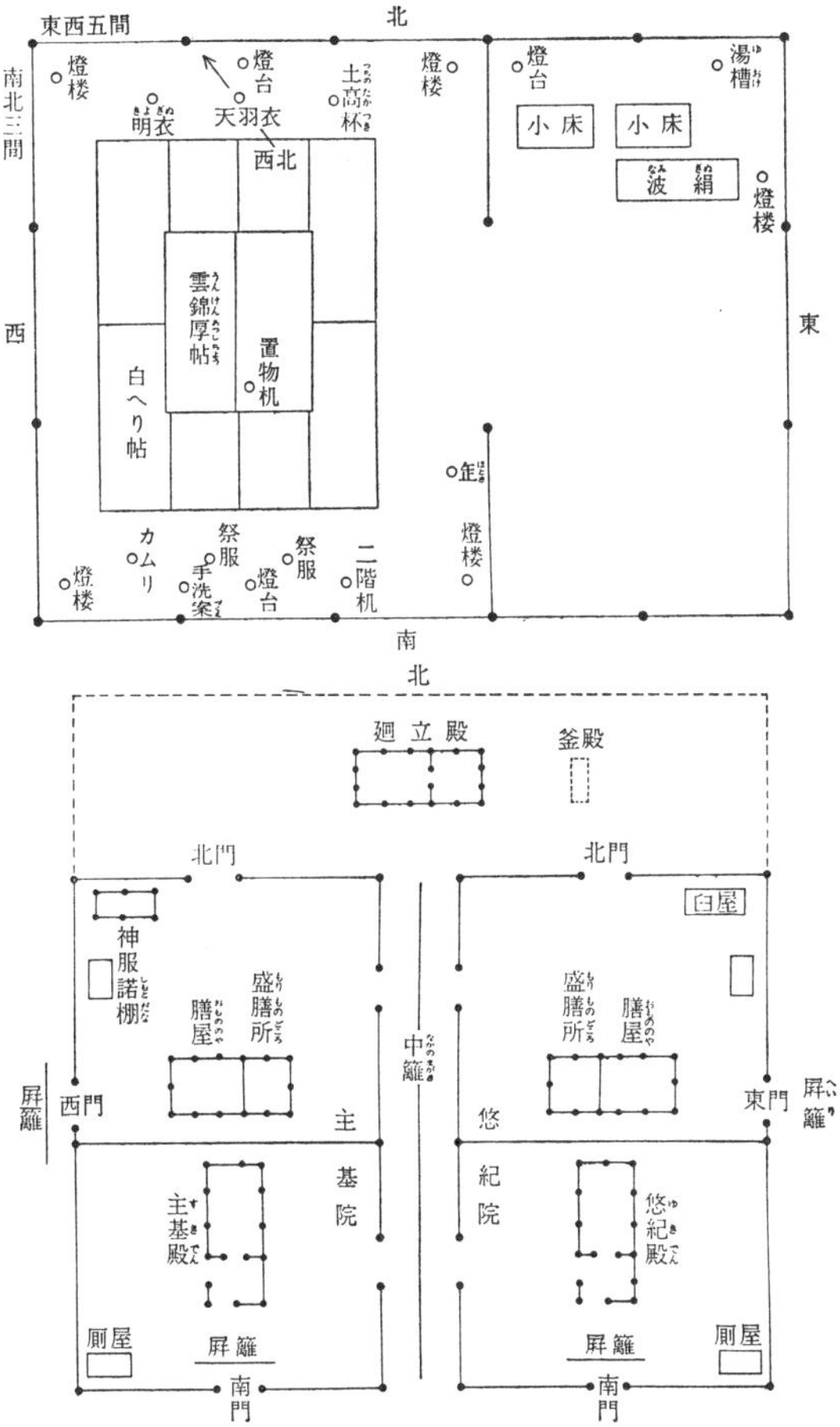

上：廻立殿の内部構成（『古事類苑』による）
下：廻立殿と大嘗宮殿の位置を示す
（『貞観儀式』『古事類苑』による）
（いずれも吉野裕子『隠された神々』より）

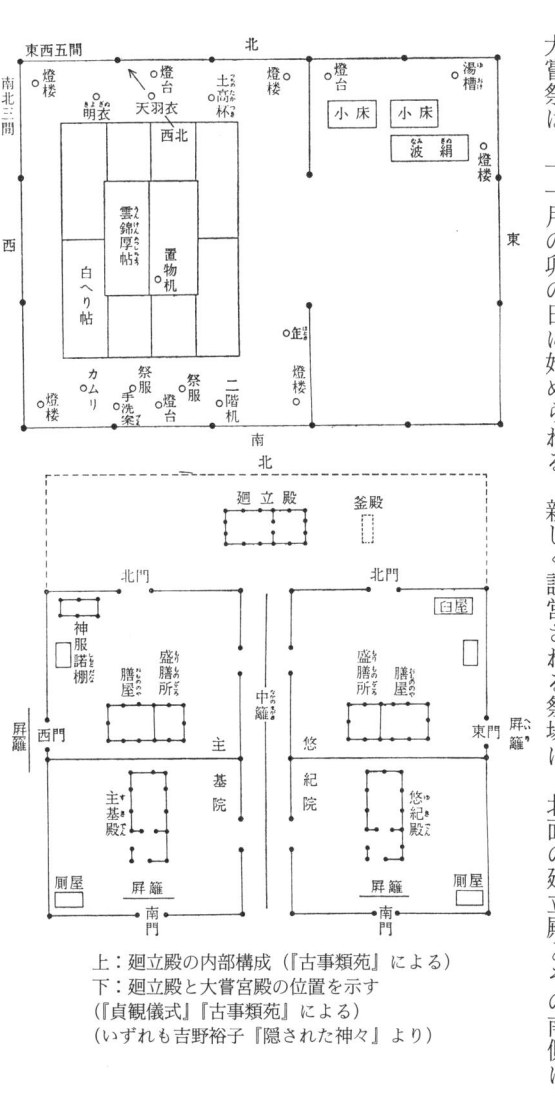

悠紀《ゆき》・主基《すき》の二殿で構成される。
新天皇は、まず廻立殿に御し、そこで「天の羽衣」という湯帷子《ゆかたびら》を召し沐浴した後、明衣《きよぎぬ》という生絹《すずし》に着替え、沓《くつ》を履かず一人で悠紀殿に渡る。その道には、薦《むしろ》が前方に展《の》べられて行き、歩みにしたがって後方から捲き取られていく。それは聖なる道を用済みとともに消してしまうためのものだという。

悠紀殿では、「宵の御饌」という神饌・神酒が備えられ、深夜にわたって天皇と神との供食がおこなわれる。神膳は六膳あり、その一つが天皇用だという。ついで、いったん廻立殿に戻った天皇は、再び沐浴し祭服を改めて主基殿に渡御し、同じく「暁の御饌」を召す。

この儀式は、卯・辰の二日にわたり、子の刻から午の刻にまたがって行なわれるが、それは陰陽五行思想でいう「陽遁《ようとん》——陰から陽への転換」を意味しているという。つまり、それは懐妊から誕生を象徴するもので、大嘗祭とは新天皇の誕生を象《かたど》ったものだとされている。

そして、吉野裕子氏は、この儀式は「天皇が北斗の精であるトヨウケ大神になり代わってアマテラス大神に神饌を捧げるもの」と解釈している。その当否はともあれ、天皇が「羽衣」を着ることの意味は注目に値する。それは、『丹後国風土記』にある「羽衣伝説」と関連があると思われるからだ。羽衣を失って土地にとり残された天女がトヨウカノメ（豊宇賀能売）という名なのである。それがトヨウケ大神のことをさしていることは明らかだ。

伊勢神宮の御饌が「由貴大御饌」とよばれ、大嘗祭にも悠紀殿が建てられている。この二つの「ユキ」は同じく北斗を象徴するものと考えられる。なお、「スキ」は「次ぎ」という意味だと吉野氏は解している。

このように、新天皇の即位は、新生命の誕生を表わすとともに、米という日本の弥生時代以後の伝統的食物を神に捧げる儀式になっているから、それが紀元前後に外から日本列島に渡来して来た農耕民族の儀式であることは間違いない。しかし、その背景が中国の陰陽五行思想であることは軽視できない。それは単に、七世紀末における海外思想を導入して採用したままのものとして見過ごすわけにはいかない。この儀式は、けっして当時としての新しい輸入思想だけによって形式化されたものではなく、その根底には国家形成以前からの日本列島古来の宗教的土壌に由来するものがあったことを、吉野氏は指摘している。その点については、次章で見ることにしたい。

●藤の木古墳の道教的出土品

これは伊勢神宮とは直接関係は無いが、古代日本に中国思想がどのように入り込んでいたかを知る上で是非とも見落とすことができない話題について、ちょっとばかり触れておこう。

聖徳太子の寺として名高い法隆寺のある斑鳩《いかるが》の藤の木古墳は、盗掘を免れており遺体とともに金銅製の鞍《くら》や装飾品を含む多数の副葬品が石棺の中から取り出され、考古学者・歴史学者や古代美術の研究家を驚かせ、喜ばせたのは一九八一年のことだった。

奈良女子大教授の千田稔氏は、その出土品のうちの鞍の後輪《しずわ》の金具部分に施された文様に注目した。そこには何やら怪しげな生き物の姿が刻まれていた。それは、鉞《まさかり》を担《かつ》いだ鬼神を思わせるものだった。その鬼神らしいものが何であるかについて諸説があったが、千田氏は「それは蚩尤《シユウ》の像である」と直感したという。そしてその写真を携えて中国に行き、その道の専門家の意見を聴き、その想定が正しかったことを確認したという。

「蚩尤」というのは、『史記』の「五帝本紀」に「黄帝と戦って殺された」とされる鬼神で、『山海経』にも同じことが書かれている。黄帝というのは、中国の伝説的な三皇・五帝（伏羲・女媧・神

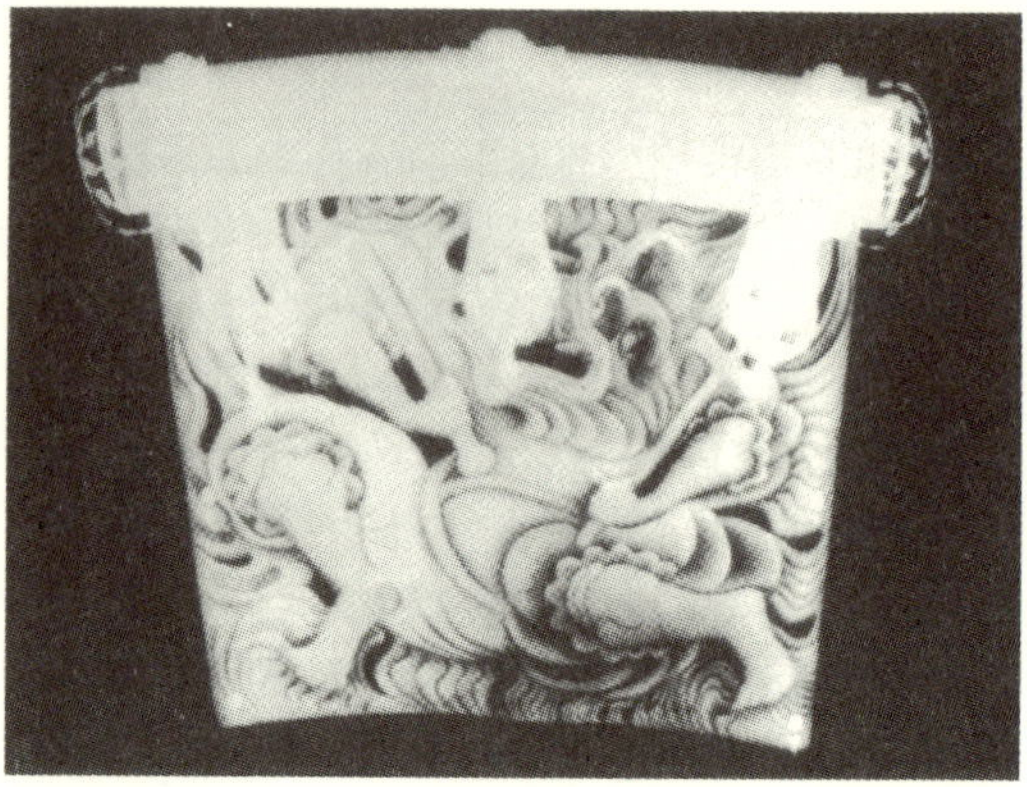

藤の木古墳出土の金銅装鞍金具の後輪海金具部分より
「鞍の鬼神」（X線写真，橿原考古学研究所）

蚩尤の図像　上：後漢初期　下：後漢
（いずれも小杉一雄氏による）

農など）の一人で、聖天子とされている神的な存在のことだ。蚩尤は、また「フイゴの技術によって青銅の兵器を製造した部族の代表者である」というのが貝塚茂樹氏の説くところだ。

そして、『史記』によると秦の始皇帝は即位二十八（BC二一九）年に、山東半島の付け根にある泰山に登り、封禅《ほうぜん》（土を盛り祭壇を築く）を営み、天を祀り歴代皇帝のために儀式を行なった、とある。その祭りの後、始皇帝は道中・名山・大川および八神を祀ったという。その八神とは、天主・地主・兵主・陰主・陽主・月主・日主そして四時主といい、それらを祀る祠《ほこら》が山東半島を貫くように配置されている。そのうちの兵主こそ、蚩尤のことだという。

黄帝は実在した王者とは言えないが、古代中国では暦数・音楽・文字・医薬などの広い分野で新しい制度を創始した理想的君主として、庶民の篤《あつ》い信仰の対象とされている。蚩尤はその聖天子に敵対したのだから、民衆の敵にされてもよさそうだが、その高い技術力はかえって頼もしい英雄的存在として崇拝されたに違いない。

藤の木古墳から中国の伝説上の鬼神の像を刻んだ鞍が出たというだけのことなら、その被葬者がたまたま新し好きであり、異国趣味の一つとしてこの図柄を選んだまでのことと言えるかもしれない。しかし、そう言ってこれを見過ごすわけにはいかない理由があるのだ。

というのは、蚩尤の異名である「兵主《ひょうず》」という名前の神を祀った神社が、奈良盆地をはじめ西日本各地に数多く見られるからだ。しかも、これらの「兵主神社」は、すべて金属精錬技術と関係の深い氏族に因《ちな》むものであるという重大な事実がある。このことは、蚩尤が青銅の兵器の製造者だったという伝承を裏付けるとともに、古代日本には、蚩尤伝説と青銅精錬技術という文化をもった中国系の人たちが多数渡来していたという事実を支持しているからだ。

馬の鞍だけが海を渡って来たのではなく、中国系の文化をもつ人たちが七世紀より以前——おそらくは青銅技術のことだから、それより数世紀も前に日本にやって来ていたということは、日本古代史に対して、新しい視点を提供してくれると言いたい。

なぜかというと、銅や鉄を精錬する技術は馬の鞍だけではなく、農具や武器を製造する力であり、それは、その技術をもたない人々を政治的・経済的に支配下におく能力を意味している。つまり、弥生時代の小国家群の主人公は、こういう技術者集団を伴なった部族だったことを意味していることになる。そして、彼らは当然のこととして、「精銅の神」をも祀っていたはずだ。それが各地の「兵主神社」に違いない。

なお、蚩尤は古代韓国でも神として信仰されていたということも付記しておく。

●古代日本と道教

「兵主」の神が金属技術に関連していることと、それに携わった氏族については、第四章以下であらためて考察することとし、伊勢神宮や大嘗祭などの宮廷儀礼の背後にある「陰陽五行説」などの中国思想について少し目を向けることとしたい。

とかくわが国では、中国から直接・間接に伝えられた思想というと、すぐに仏教と儒教のことを頭に描く傾向がある。しかし、日本人の民族性の形成に及ぼした影響力という点から考えると、この見解はけっして正しくはないどころか誤りだとさえ言える。実は、弥生時代から日本列島の住民の心に、最も根強く食い込んでいたのは道教だったということを指摘しないわけにはいかない。

ところが、多くの人たちは「道教」というものについて、見当はずれの認識しかもっていないのが現実のように思われる。高校あたりの教科書を学んだだけでは、道教とは「老荘の教え」のことだと考えてしまうことだろう。確かに、「老荘の教え」すなわち紀元前数世紀の道家の思想は道教の思想的源流に違いないし、老子の『道徳経』は道教の教典の一つであることも事実だ。無為自然を貴び、名利を嫌う脱俗的心境は道教の教理に沿うものでもある。

しかし、歴史的に道教とよばれているのは、後漢時代に民間宗教として猛威をふるった張角《ちょうかく》の太平道や、革命的な運動を展開した五斗米道《ごとべいどう》のことだ。これらは、長らく中国の民衆の心の中に浸透し、仏教と争ったり国家権力によって弾圧されたりしている。海を渡ってわが国に伝えられた文化は、支配層のもつ高尚なものだけではなく、こういう民衆を基盤とするものもあったことを忘れることは許されないだろう。

この道教というのは、けっして組織も系統も無いものではなく、経典もあれば道観という礼拝所もあったし、道士という専門の布教師もいた。その意味からは、出家主義の仏教や官吏の道徳律のような儒教より、格段に宗教としての実質をもったものだった。しかし、道教の普及は時代によって盛衰があり、地域的にも偏《かたよ》っていたことと、その信仰形態に呪術的要素が色濃かったことなどから、とかく低級な宗教とみなされてきたのだった。しかし、そのことは逆に民衆の心の底に深く定着し、今日に至るまで中国文化の中で生き続けていると言えよう。

さて、道教の内容はというと、その経典は唐代に十二分類に集大成されており、老荘の教えや陰陽五行説・易など、わが国でもなじみの深いものは、そのうちの哲理部門に属する。

そして、道教の伝記部門には神仙や道士の言行が記され、さらに、心身鍛練や不老不死の秘術などのマジック的部門や漢方の医術部門まで含まれており、その領域は民衆の生活の全分野にわたっている。現代中国で流行している気功術や民間医療なども、道教の伝統をふまえたものだ。だから、道教の根本思想を一言で表わすとすれば、「人間は宇宙の本体たる道に帰すべきだ」ということになるだろう。

このことに関して、秦の始皇帝の時代に、不老不死の霊薬を求めて東海の蓬莱《ほうらい》を目指して船出し、日本に到着したという伝説のある徐福《ジョフク》は道教の方士だった。また、『記・紀』には、しばしば「常世《とこよ》の国」という言葉が出てくる。例えば、「神武天皇の東征」の際には、三毛入野命《ミケイリヌノミコト》は「波の穂を踏んで常世の国に行った」とあるし、「垂仁紀」には田道間守《タジマモリ》が「非時香菓《ときじくのかくのみ》」を求めて常世国に出向いている。さらに、大化の改新の前年にも、駿河の国で「常世の虫」を飼うことに農民が熱狂したと記されている。『万葉集』にも、大伴旅人の「松浦娘子《まつらのいらつこ》」と遊んだ歌がある。

こうした「常世の国」という考え方は、道教で神仙が住むとしている桃源郷と関係があるとしていいだろう。日本の神話やお伽話に出てくる「海幸・山幸」や「浦島太郎」の訪れた龍宮城についても同じことが言えそうだ。

それ以外でも、七夕をはじめとする各種の行事や、民間の遊戯やマジナイなどにも道教的なものは数多く見られ、それらが遣隋使や遣唐使などによってもたらされたとするのは無理で、中国と日本との間には、それ以前からもっと根本的な関係があったとしなくてはならないだろう。

●伊勢神宮の謎をどう解く

最初に掲げた「伊勢神宮の謎」について答えるためには、まだまだ多くのことを調べる必要がある。何の問題についても、その対象とされているもの自体をいくら精密に分析しても、そこから得られるものは多寡《たか》が知れている。そういう方法ではなく、その対象を包む広い分野について探求の目をむけなくては、本質的なものは見つからないだろう。例えば、人間の生理について学ぶには、人間そのものだけではなく、他の哺乳動物からすべての生き物について、その体の構造だけでなく、進化の過程なども探り、さらに生体を構成する物質の化学的性質まで研究しなくてはならないのと同じだ、というわけだ。

だから、伊勢神宮についても、その特殊性にのみこだわらず、広く日本の神社全体に目を向けるだけでなく、神道とは関係の無い民間信仰やさらには民衆の風俗・習慣などについても、それを外国と比較しながら検討していくべきことになる。

しかし、そのような研究方法は理想であって、とうてい一人や二人の人間が一生を賭けたくらいでは達成できるものではない。本書では、少しでもその目的に沿うように視野を広める努力をしていきたいと思っている。

さて、「伊勢神宮の謎」の解明をはかるとすれば、最も確実な手懸りは何だろうか？　それは第一には、「内宮と外宮がペアになっていること」であり、その一対は「日輪と神饌」という関係にあると言えることではなかろうか？　そして、第二には、「アマテラスとヤマト・オオクニタマの

比治の真名井神社

対立」という図式に注目すべきではなかろうか？　そして、その本来の姿に辿り着きたいと思うならば、努めて『記・紀』の説く「天皇家の祖先の権威」といった装いに惑わされず、あくまで虚心にこの問題に立ち向かうことが大切だと思う。

つまり、アマテラスというのは、かならずしも天皇家の祖先神としてではなく、「本来は別の氏族の神だったかもしれない」という発想があって然るべきだということになる。その場合、いわゆる「神武東征」とはどういう史実だったのか、ということが当然問題になるだろう。もし、そういう「東征」があったとすれば、征服者である「神武」と、被征服者である氏族とは、それぞれの「神」の地位に変更が加えられることが予想されるだろう。この場合、「神武」に降伏したのは物部氏の祖先神とされるニギハヤヒ（饒速日）であることは、当然のこととして「アマテラスの謎」を解く鍵になるだろう、という予測が立つと思う。

また、前に見たように、「アマテラス大神がトヨウケ大神を伊勢に呼んだ」という伝承や、丹後の比治《ひじ》の真奈井《まない》に降りた「天女伝説」の関係から、「豊」という文字に注目するならば、トヨウケ大神を「豊の国」に結びつける発想も浮かんでくることだろう。

こうしたことを念頭に置き、この問題について追求していくとすれば、どうしても、大和や伊勢の神々は「もともとは九州からやって来た」という想定をしなくてはならないことになってくる。この件については、前著『天皇家と卑弥呼の系図』でも論じたことだし、本書では第七章以下でさらに詳しく探求してみたい。

ただ、ここで言えることは、日輪に関わるアマテラスという最高神を創造した部族は、天皇家そのものではなくとも、弥生時代から多くの氏族にぬきん出る実力と権威を有していたものであることは確実だから、その経済力も武力も抜群だっただろうということだ。そして、彼らは生産力と社会の統制に必要な金属精錬集団とも固い絆《きずな》で結ばれていたに違いない。

そこで、そういう方面からこの問題の検討に入りたいが、それに先立ち、支配される側の民衆にはどんな信仰が行なわれていたかについて、まず調べてみることにしたい。

第二章　原始信仰の復元——神社より前の日本では何を祀っていたか？

●神社の新羅起源説

世界中の神を祀《まつ》る神殿で日本の神社に似たものは、紀元前十世紀ごろのイスラエル王国のものしかない。それは、鳥居に似た二本の柱を立て、檜《ひのき》造りの拝殿が建てられていたという。その神官は禊《みそぎ》をし、白の着物を着るし、神に酒と初穂《はつほ》を捧げ、柏手《かしわで》を打って拝んだという。また、塩を浄めに用い、榊《さかき》に似た小枝で祓《はら》いをしたという。こうしたことから、日本の神道は古代のユダヤ人が持ち込んだものだとする説を昭和の初期に唱えたのは小谷部全一郎という人だった。

その見解については第八章で紹介するが、日本で神社が造られ、神主による神事が営まれるようになったのは、古墳時代以後のことだから、ユダヤ人が直接、日本に神社神道をもたらしたということはありえない。もし、そういうことがあるとすれば、日本に近いどこかにユダヤ的神事が伝えられ保存されており、それが海を渡ってやって来たということになるだろう。

神社の起源が日本列島の内部でなかったとすると、最も考えやすいのは、朝鮮半島から渡来したということだろう。江戸時代にも新井白石は、朝鮮の檀君《タンクン》神話に出てくる熊が「コム」とよばれ、それが転じて「カム」となり、日本語の「カミ」になったとしている。また、藤井貞幹も、日本の文化や言語の起源を朝鮮に求め、古く日本で「神が宿るもの」とされていた神籬《ひもろぎ》も本来は新羅の言葉だったとしている。また、現代でも言語学者の金沢庄三郎博士は、新羅の民族名は「ソ」で、丹後の与謝（余社）・宇佐・伊勢・阿蘇などの地名の語尾に付いている「サ・セ・ソ」は、渡来新羅人が名付けたことの証拠だとしている。

さらに、民俗学者の谷川健一氏は、日本各地の神社の境内に古墳が多い事実に注目し、神社の起源を、その土地の人たちが有力者の祖先を神と考え「祖神廟」を営んだことにあったとしている。「神社は聖で、墓地は穢《え》である」という考えは、仏教渡来以後のもので、後世の神主たちが産み出した観念に過ぎないと谷川氏は言う。

ところで、朝鮮の正史である『三国史記』によると、新羅初代の赫居世《パクヒョコセ》が死んだ後、二代目の王の南解《ナムヘ》次次雄《チャチャウン》はその霊を祀る「祖神廟」を造り、王妹の阿老に祭らせたという記事がある。そして、この「祖神廟」は、四八七年に「神宮を奈乙（現・慶州）においた」と記している。

日本で少年時代以後の生活を送った金達寿氏は、これらの記事を根拠に挙げ、日本語で「社」のことを「コソ」と読ませるのは、赫居世の名前に起源があるとしている。

これと関連して、江戸時代に大伴信友は、『神社を古曾《こそ》と云ふ事』という書物で、比売許曾《ひめこそ》神社がその起源であると説いている。比売許曾神社というのは、豊後の国東《くにさき》半島の沖にある姫島や摂津にある神社で、その祭神は新羅からわが国まで天《アメ》の日矛《ヒボコ》が追って来た赤留《アカル》比売《ヒメ》という女性だということになっている。いずれにしても、「コソ」の起源が朝鮮にあることは確かだ。

では、神社という日本固有とされる神殿の起源は本当に朝鮮に由来するものなのだろうか？　現在の朝鮮には「祖神廟」はあるが、日本の神社のような様式の祭礼場は無い。また、朝鮮の庶民に信仰されているムーダンとよばれるシャーマンの祭祀場の城隍神《ソンハンシン》は、木に標縄を張っているが、日本の神社とはまるで雰囲気が違う。

　金達寿氏は、「朝鮮人は、よく言えば論理的、悪く言えば対決的である」という民族性から、仏教の伝来とともに旧《ふる》い神社を破壊してしまったのだ、としている。しかし、その説明は説得力に乏しいと思う。『三国史記』の「神宮」が日本の「神社」の起源であると決めてかかることは、いささか冒険ではなかろうか。

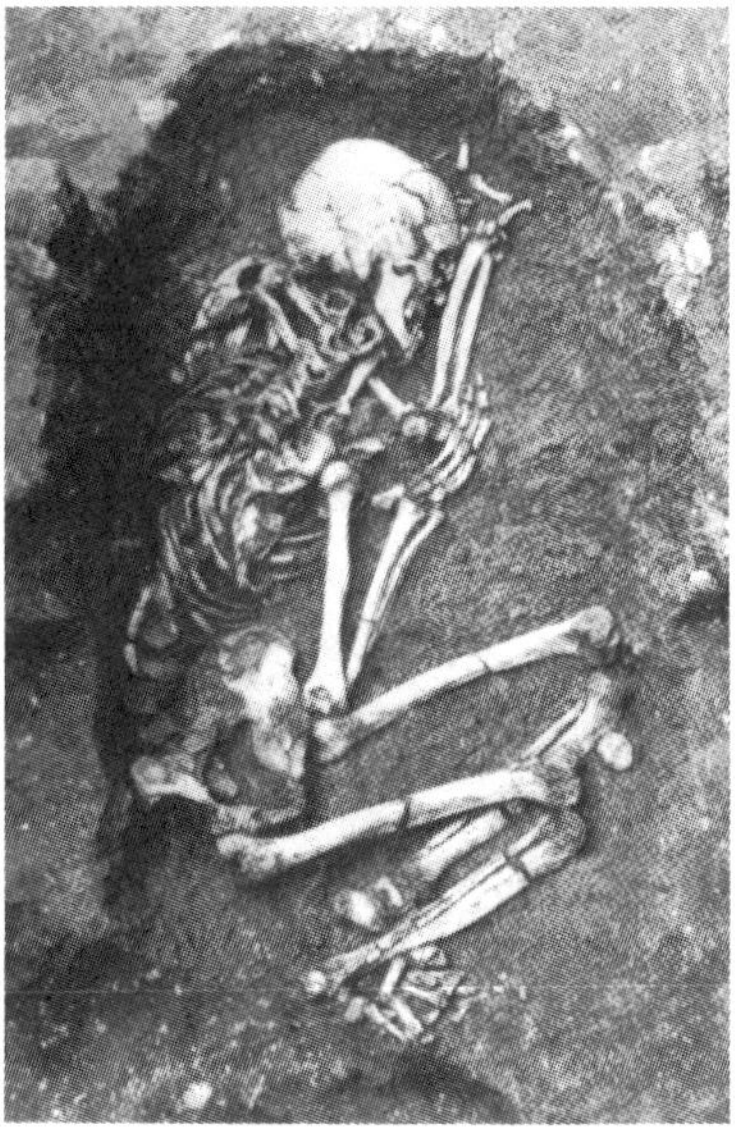

屈葬（縄文後期・宮城県）

●縄文人とアイヌ

日本人が神社に神を祀るようになる以前には、どんな宗教的な心をもっていたのだろうか？　そのことを知るためには、考古学上の縄文時代つまり紀元前三世紀に先立つ一万年の文化を復元することができなくてはならない。

　縄文人と言えば、海岸の台地や川沿いの平地に住み、木の実や根菜類を集めたり、

頭骨計測値のＱモード相関係数に基づく
樹状図（埴原和郎氏原図）

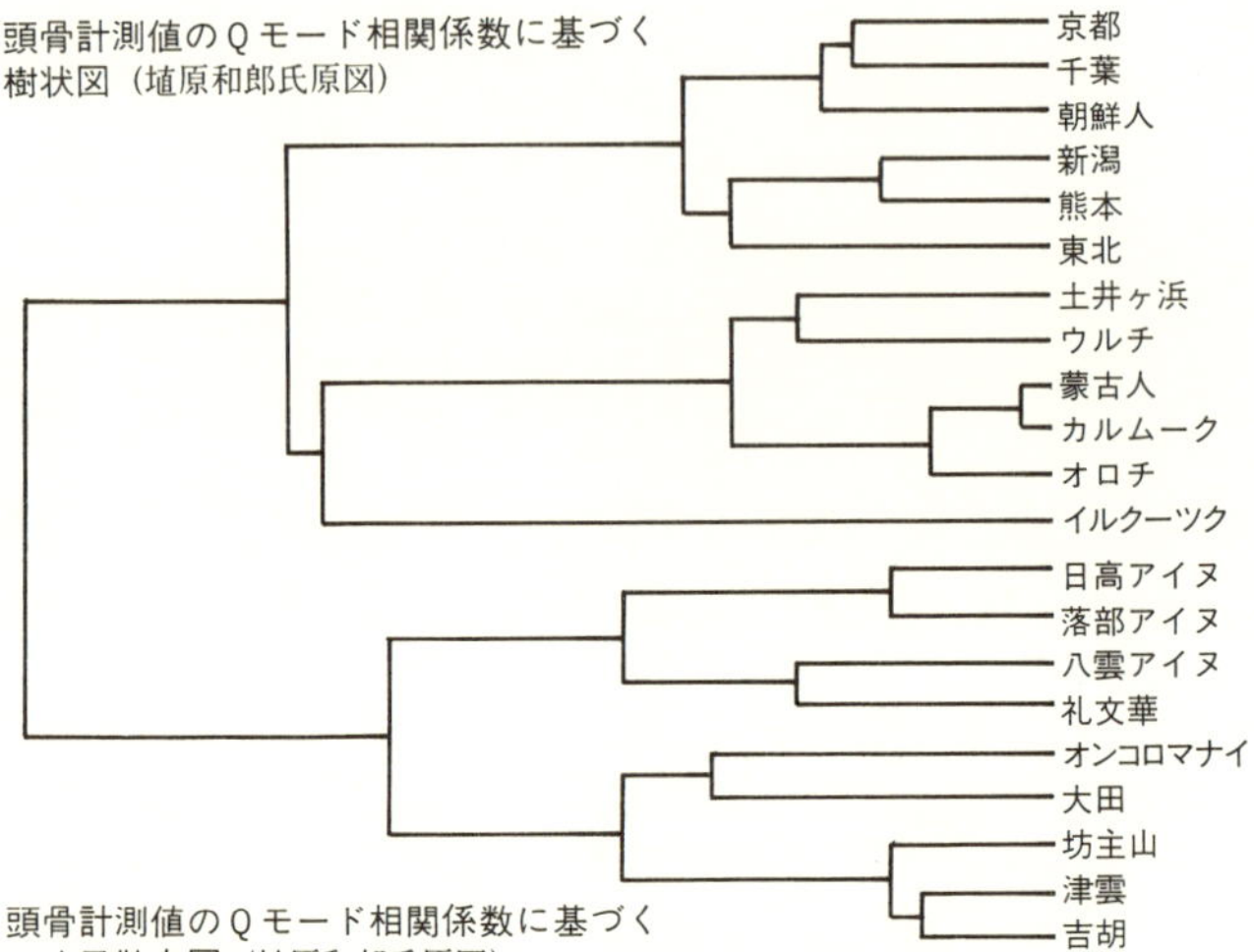

頭骨計測値のＱモード相関係数に基づく
二次元散布図（埴原和郎氏原図）

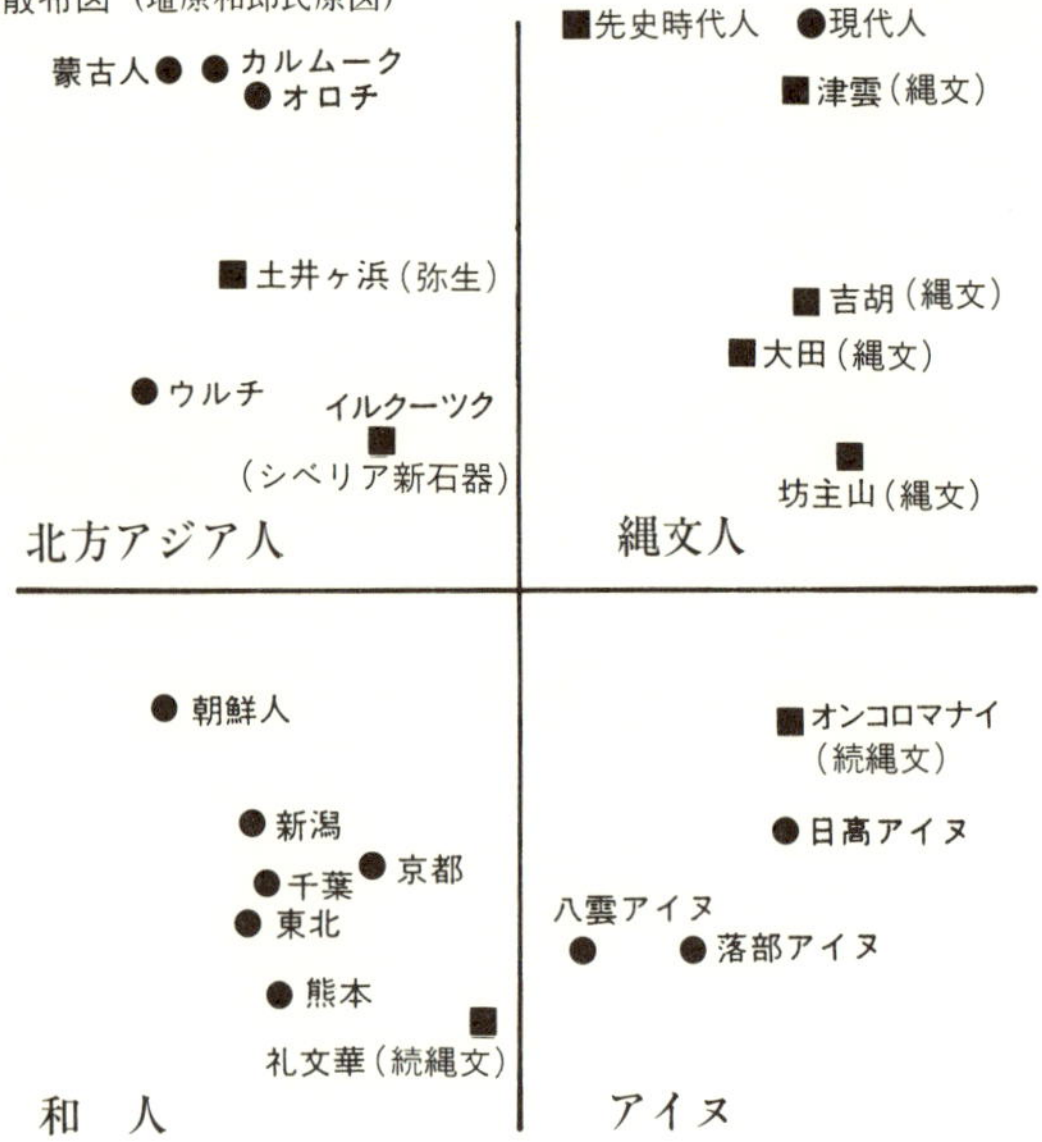

魚貝類や小動物を捕らえる貧しい生活をしていたと思われてきた。しかし、近年の研究では、日本の新石器時代の文化の水準は極めて高く、摂取カロリーも想像以上に高かったことがわかっている。

また、出土する土偶《どぐう》を見ると、一種の呪術が行なわれていたと思われる。そして、縄文中期以後になると、死者に甕《かめ》を被せた埋葬例も現われ、後期になると手足を折り曲げた屈葬《くっそう》が行なわれるようになる。これは、死霊を封じ込むためのものと考えられるし、共同墓地からは何らかの儀式に使われたと想像される道具も発見されている。しかし、縄文人の原始的な信仰がどのようなものだったかについては、それ以上、確定的な推測をすることはできない。

自然人類学者の埴原《はにはら》和郎氏は、脳頭蓋の長さ・幅・高さと顔面全体、鼻および眼窩《がんか》の高さなどの九項目の計測値の資料を用い、類似度を表わすQモード相関係数を算出した。その結論として、埴原氏は、①アイヌは縄文人を祖先とし、時代的小変化を経て現代に至っている。②縄文人は中国南部から渡来した可能性が強いが、かなり複雑な構成要素をもつ。③和人（弥生時代以後の日本列島の住民）は北方アジアからの渡来者と、本州に残存したアイヌとの混血が考えられる。④アイヌが和人と体型的に分かれ始めたのは、縄文後期からと思われる――と述べている。

縄文人が現代のアイヌの祖先だとする説は古くから唱えられている。その根拠の一つとして、本州から九州に至る各地の地名に、和語では意味不明だがアイヌ語ではよく地形を示している例が数多く指摘されていることが挙げられる。特に、東北地方にはその例が多い。「ナイ」というのがアイヌ語で「川・沢」を表わすとか、能登は「岬」を意味するとかいうものだ。

地名以外でも、日本語からの明らかな借用語を除いても、アイヌ語と和語が一致する例はかなりである。しかし、金田一京助博士らの言語学者は、世界の言語を「屈折語（印欧語）」・「膠着語《こうちゃくご》（ウラル・アルタイ語）」・「孤立語（中国語）」と「抱合語（バスク語）」とに四分類し、「アイヌ語は抱合語であり、膠着語の日本語とは違う」としてきた。

ところが、近年の研究では、万葉時代の日本語に膠着語としての特質である「母音調和」があったというのは、日本列島に移住して来た百済・新羅系の人の文字表記法によるもので、平安時代以後にそれが消滅したことからも、本来の和語にはそういう発音上の習慣は無かったということが認められるようになっている。また、『アイヌ語文法辞典』の著者の服部四郎氏も、『日本語の系譜』という著書で、「アイヌ語と日本語との間には語根を共通するものが多く、両者は親戚関係にある」ことを認めている。

そして、哲学者の梅原猛氏らの最近の研究により、縄文人すなわち原日本列島人と現在のアイヌの祖先は共通であることが論証されるようになった。こうした中で、注目すべき事実は、アイヌ研究家の藤村久和氏が、「霊」を表わすアイヌ語は十一あり、そのうち生霊・死霊に共通する言葉は、「カムイ・ピト・イノツ・ラマト・タマ・クル」の六語を挙げたことだった。梅原氏は、それらの言葉は和語の「神・人・命・らまと・魂・黒」と同じであるという。古代の宣命に「おお大和らまと」とか「奴《やっこ》らまと」という言葉があり、「魂」と似た意味に用いられているし、「クル」はアイヌ語でも「雲・黒・陰」を表わし、古代日本語と使われ方が共通しているという。

つまり、アイヌと古代日本人は「霊」という精神世界における共通概念をもっていたことになる。生産用具とか社会制度とかについては、異文化を採り入れることはあっても、「精神世界では言葉の借用は起こりえない」というのが梅原氏らの主張で、アイヌと縄文人とは文化的に同系であることは確実だということになる。

●沖縄に見る原始信仰

大和に王朝を開いた人たちは、南島（薩南諸島と沖縄諸島）に住む人たちを異人種のように考えていた。「大宝律令」の注釈書である『令集義』という書物には、「夷人・雑類」として「毛人・肥人・阿麻弥」の三種をあげている。そのうち「毛人」とは「蝦夷」とよばれた東北の住民で、これこそ列島先住民つまりアイヌの祖先であり、弥生人に住む土地を奪われた人たちのことだ。そして、「肥人」というのは、「熊襲・隼人」とよばれた人たちであり、「阿麻弥」とは奄美大島などに住む人たちのことをさしていることは明らかだ。

七世紀になるころから、久米島や石垣島の名は『書紀』に見えるが、沖縄の名は出てこない。天平勝宝五（七五三）年になって、遣唐使の船が「阿児奈波嶋」に漂着したとして、やっと顔をだすくらいだ。つまり、歴史時代に入って後しばらくは、倭国から大和王朝にかけては沖縄や薩南諸島とは文化的交流は途絶えているが、それ以前には両者の関係はかなり密だったはずだ。

というのは、比較言語学が教えるところでは、沖縄の言語は日本の祖語から一七〇〇年前、つまり魏使が邪馬台国を訪れたころに分離したものとしているからだ。そのことは今日の沖縄方言に、上代日本語が、東京の言葉よりはるかに色濃く残っていることからもわかる。

ということは、縄文時代から弥生時代の初期にかけては、南は沖縄から北は北海道に至るまでいくつかの言葉のグループがあったにしても、話が通じる共通の文化圏に属していたことがわかる。そのことの意味は重大だ。三世紀以後の日本には、朝鮮半島を通じて仏教や儒教・道教などの華北系の文化が大量に流入しているが、沖縄にはそれが無く、華南から多少の影響はあったにしても、沖縄には弥生時代以前の列島文化が多少の変化を経たとしても比較的純粋に保存されていると考えられているからだ。つまり、沖縄や南島には、弥生文化によって変質される前の原列島人の文化を知る上で、有力な手懸りが隠されていることがわかる。

原倭人の原始信仰を知るために極めて示唆的なものとして、沖縄に伝わる「ニライカナイ」という空想的世界がある。これは東の海の彼方にあるとされる理想郷のことだ。沖縄では、東を「アガリ」、西を「イリ」というが、それは明らかに太陽の出入りをさしている。西に沈んだ太陽は「テダガカマ（テダは太陽、カマは洞穴）」とよばれる洞窟を通り、再び東に新生すると信じられていた。つまり、太陽は不断の輪廻転生をするというわけだ。

斎場御嶽（沖縄県知念村）

それと同じく、植物も秋には枯れて暗い穴に納まり、春には芽をふいて再生する。人間もまた、男女交合によって暗い母胎に入り、そこから生まれてくる。

さて、ニライカナイこそ沖縄人にとって太陽が昇る所であるばかりでなく、祖先の神や火の神・水の神が住む所でもある。そして、人間にとって福であり幸である豊作・大漁あるいは航海の安全などをもたらしてくれるのは、ニライカナイからの訪問者ということだ。

沖縄の島には「御嶽《ウタキ》」という聖域があり、そこには蒲葵《びろう》という聖なる神木がある。そこで巫女が神がかりして人間どもに幸を伝えもたらすことになる。

このような理想郷は、わが国では「常世の国」ということはすでに述べた。しかも、そういう理想郷は中国にも存するものだが、道教とは別系のものと考えられる。

ところで、この沖縄のウタキは、近畿地方ではアタゴ（愛宕）となり、東北ではイタコとなり、九州から本州各地の御嶽（オンタケ・ミタケ）として広く分布している。つまり、ニライカナイは日本列島の本源的な信仰だということになる。それだけでなく、大嘗祭に先立つ天皇の禊《みそぎ》の場も、神が来る東側は川に面して空けられており、蒲葵に似た植物の葉で葺《ふ》かれた百子帳《ひゃくしちょう》という仮屋が張られる。天皇がそこに入るのは、母胎にこもって新生児として生まれ変わることを意味している。つまり、この行事には北方の文化ではない南方系の要素も加わっているのだ。

このように、沖縄に残る巫女による呪術的信仰儀礼は、今日まで本州などにも民間信仰として残されており、日本列島の信仰は弥生渡来文化一色ではないことに注目したい。

●海人族の社会意識と信仰

一口に縄文人といっても、それが単一な人種であるとか、完全に共通した文化をもっていたとかいうことは常識的にもありえない。現代でも、社会の地域差は相当に強いのだから、同じ日本列島でも、北と南、東と西の相違はずっと大きかったことだろう。

とはいうものの、周囲を海に囲まれていた日本列島各地では、想像以上に遠い土地との間に親密なコミュニケーションが発達しており、特に、優れた生産技術は比較的早く、しかも広い範囲に普及して行ったことがいろいろな面で確認されている。

とりわけ縄文後期から弥生初期にかけて、各地間の交流は一層盛んになっている。そこで、そのころの海人族と農耕族の生態や信仰などについて、知ることのできるものを探ってみることにしたい。最初に海人について見ることにしよう。

その前に、縄文時代の日本列島の人口はどのくらいだったのかを知りたいはずだ。国立民族博物館の小山修三氏によると、一平方キロメートル当たり、東日本では三人、西日本では〇・〇九人住んでいたという。その比率が三〇倍も開いていた理由は、東日本ではサケ・マス漁が行なわれていたからだという。アイヌとサケの関係を知る人なら、なるほどと思うだろう。

サケは川で取る魚だが、縄文遺跡が伊豆大島にもあり、そこから七〇キロも離れた神津島の黒曜石の砕片が大島から出土しているから、縄文人の航海技術はかなり高かったことが知られる。同じことは日本海の隠岐島についても言える。

民族学者の大林太良氏によると、古代日本の海人の信仰には、大きく分けて二つの源流があったという。その第一のものは「南島的な流れ」で、「常世の国」やニライカナイに見られ、海を「根の国」あるいは「妣《はは》の国」とするものだったという。そして、第二のものは「ヤマト的な流れ」で、「漁神」とか「船神・船霊」の信仰をもつものだという。

前者では、海の彼方は「あの世」であり、不老不死の理想郷であり、現世は束《つか》の間《ま》のものであるとするもので、霊魂不滅の思想とつながりをもっている。亀に導かれて龍宮城に行った浦島太郎の話は、このことを物語っている。なお、『丹後国風土記』や「雄略紀」には「水の江嶋子」が海神の宮に行ったことを史実であるかのように記している。

「ヤマト的な流れ」のほうは、今日でも一部で行なわれているように、収穫した魚介類に臓物などを供えることや、船に「船神様（船霊）」を祀るものが基本型で、漁の神として龍宮様やエビス様を祀り、船神様のために船霊社を建てて拝んだりしている。

『記・紀』では、海の神はイザナギ・イザナミの子として扱い、アマテラスやスサノオよりも早く生まれたように描いている。ここで興味のあることは、海を「底・中・上（表）」の三つに分けていることだ。博多湾の志賀島《しかのしま》を根拠地とした安曇《あづみ》海人族の神のワタツミ（『記』では綿津見、『紀』では少童）の神も、「神功皇后」の「三韓行き」を助けたという住吉（墨の江）の海神にしても、それぞれ三柱の神がセットとして記されている。

今日でも、海辺に漂流物があると、それを「寄り神」として崇《あが》めたり、海から拾った石をエビス様として祀ったりすることは実際に行なわれている。エビス様とは、「蝦」とか「戎」とかいう文字で表わされるように、「異人・外来者」という意味がこもっている。海岸に住む人にとって、遙か洋上から来る客人は、貴重な情報やめずらしい品物を贈ってくれる「寄り神」として崇めるわけ

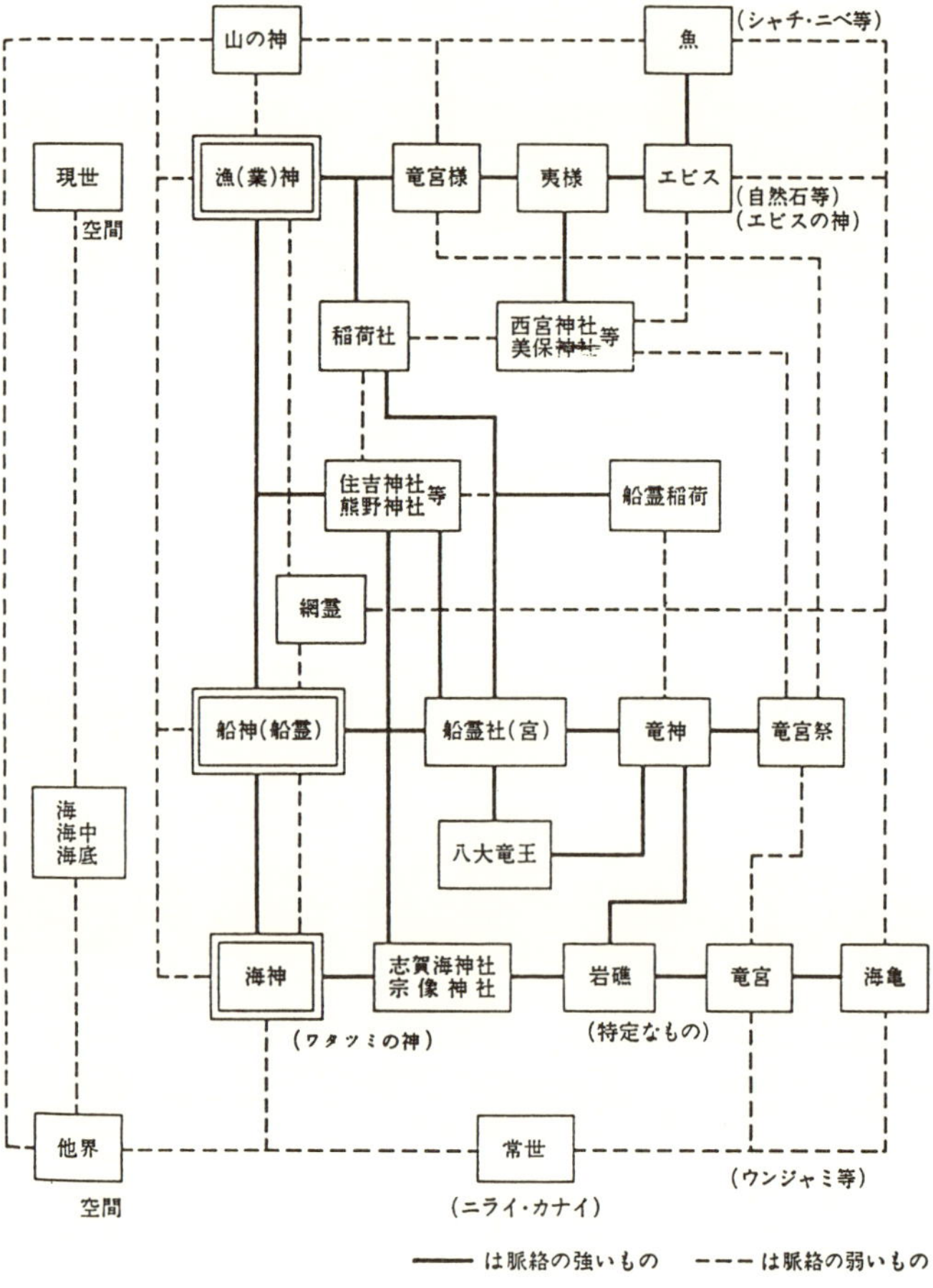

海神・漁神と船神（船霊）信仰模式図（田辺悟氏原図）

だ。古来、日本人は外国人を怖がりながら必要以上に歓迎したり、卑屈なくらい外来文化を尊重するのは、こうした伝統的・海人的な潜在心理が働いているからに違いない。

現代のわれわれ日本人の「島国根性」などと言って批判される国民性も、縄文時代以来の海人族の心理がそのまま残っているからだと考えて、はじめて理解できるだろう。

●稲作以前からの精霊崇拝

日本で栽培農業が始まった時期について、つい数十年前までは、それは弥生時代から以後のことと信じられてきた。しかし、百年ほど前まで全国の山地で焼畑農業が行なわれていた事実から考えても、縄文後期ごろから山地を切り開いて焼き、そこにイモなどの根菜類やアワ・ヒエなどの雑穀を植える原始農業が営まれていた。そのことは、福井県の鳥浜遺跡などから「稲作以前」の農耕を証明する栽培種の植物の種子や花粉が採集され、縄文農業の存在は確認されている。

しかも、その種類は豊富で瓜・豆・菜など多数が見つかっており、それに狩猟・採集物を加えれば、かなり豊かな食生活をしていたことが判明している。

焼畑農業は、アジアではヒマラヤ山麓から中国南部を経て、日本の本州中部に至る照葉樹林地帯（カシ・シイ・クスなど厚い葉の常緑樹が生える）に広く行なわれていた。そのため、大陸のこの地帯の原住民の暮らしぶりから、日本の縄文後期から晩期にかけての山に住んでいた人たちの生活の実態や、ものの考え方などを探る手懸りを摑むことができる。

日本での焼畑については、今日でも正月の祝いなどにサトイモを雑煮に入れて食べる風習（西日

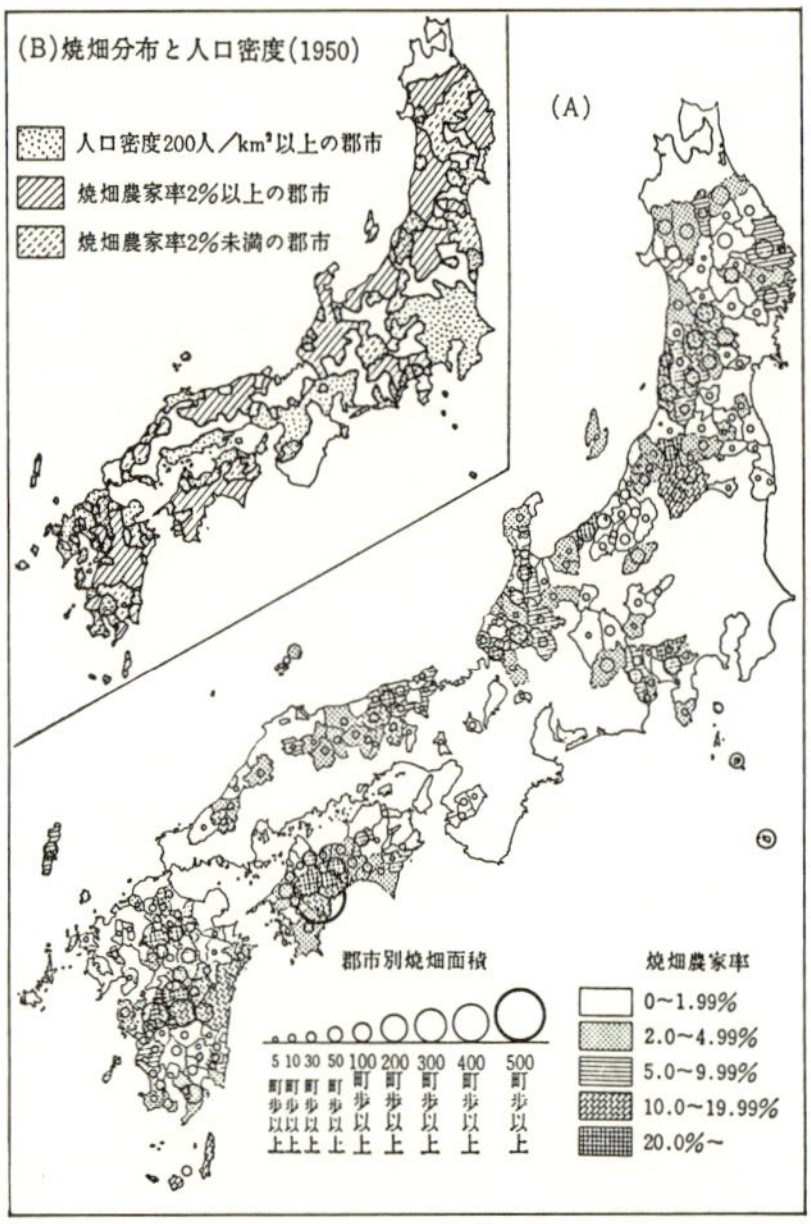

日本における焼畑の分布（佐々木高明氏原図）

本）などが残されていることによって知ることができる。また、『古事記』などの説話や伝承からも焼畑農業が実際にあったことを窺い知ることができる。例えば、スサノオはオオゲツ（大気都）姫が鼻・口・尻からタナツモノ（うまい物）を出したので穢《きたな》いと言ってこの女神を殺したところが、その頭に蚕が生まれ、目に稲穂、耳に粟、鼻に小豆、陰部に麦、尻に大豆が出来た。そこで、カンムスビ神がそれを取って種としたという。これは弥生文化をもった支配者が、原始農業をしていた人たちを征服した事実を物語る話になっている。

縄文時代の山に住む人たちは、焼畑と同時に狩猟をしていたので、「山の神」に捧げ物をしてから狩りに出たものと思われる。その名残りと考えられるのは「山の口あけ」行事で、近年まで山村で行なわれていた。また、『播磨国風土記』には、生け捕りにした鹿の腹を割いて出た血を田にまいて稲を作ったことが記されている。これと同じしきたりは、戦前まで愛知県などの山奥で実際に行なわれていた。

インドのバーリア族は、ゴサインという山の神を信じており、村の中に一本の高い竹を立て、それを「神の依り代《よりしろ》」だとしており、それ以外にも、山中の大木や巨石などもゴサインが宿るとして拝んでいるという。現代の日本でも、神木とされる樹木を伐採することは、都会人でも「祟《たた》り」があると心配する。また、巨石信仰は全国各地にその例が見られる。

狩猟民が信仰していた「山の神」と、焼畑農民の「山の神」とは同じものと考えられる。そのことから、さらに推理を進めると、山に住んでいた民が焼畑農業を止めて平地で農業をするようになっても、「田の神」は秋の暮れの祭りが済むと山に帰って「山の神」となり、また春が来ると再び里に下りて「田の神」となる、というふうな考え方も生まれてきたということになる。このことは証明の限りではないが、十分に説得力のある推定と言っていいだろう。

アイヌは農業をしないとされているが、アイヌ語と縄文語に共通する「イノツ・イノチ」とは生き物に宿るアニマ、すなわち精霊のことだったはずだ。「チ」とは、ククノチは木の霊、オロチ（大蛇）は水の霊、カグツチは火の霊、イカヅチは雷で天神の霊ということだろう。また、クシビ（奇霊）・マガツヒ（禍霊）だとか、ヒコ（彦）・ヒメ（姫）などの「ヒ」や、ワタツミ（大海）の「ミ」、コダマ（木霊）・タマシイ（魂）の「タマ」、モノノケ（物奇）などの「モノ」という言葉はすべてアニマ（精霊）のことをさす言葉だった。

このように、縄文人の精神には、後に「八百万《やおよろず》の神」とよばれるように、自然のすべてに霊が宿っているという考え方があった。これは、文明以前の世界のどこでも見られるアニミズム（精霊崇拝）の段階の信仰が、日本でも行なわれていたということになる。そして、それを征服したのが弥生文化をもった大陸からの渡来人だった、ということになる。

●弥生人と「蛇の穴」

古代インドでは、ナーガ（毒蛇のコブラの霊）が崇められ、メキシコではケツアルコアトルという、羽をもった蛇神が天地を結ぶ最高神とされていた。中国でも、伏羲《ふっき》や女媧《じょか》は人面蛇体の夫婦神で、民族の祖先神として信仰の対象とされていた。このように「蛇神信仰」は世界普遍のことであり、わが国もその例外ではない。

蛇が古代人に崇められたのは、手足の無い異様な姿態もさることながら「脱皮」という奇跡的な変身をすることや、田畑にとって加害者である鼠を捕食してくれる点で農耕民の味方だったからと考えられる。そのため、蛇は「豊穣の神」であり、土地や屋敷の「守り神」でもあった。さらに、その転生する事実は生命力の根源を思わせることから、太陽や火と観念的に同一視されたり、蛇の棲む沼や山は聖地とされていた。

日本の「蛇信仰」で有名なのは、大和の三輪山だ。この山は、山そのものが神体とされ、全山が禁足地とされているが、そこには実際に多数の蛇が棲んでいる。『古事記』では、イクタマヨリ（活玉依）姫の所に毎夜通って来る男があり、その衣の裾に糸を付けておき、翌朝、その糸をたぐって行くと、戸の鍵穴を抜け美和（三輪）山まで続いていたので、その男は「神の御子」であることがわかったとしている。それがミワのオオモノヌシ（大物主）だったという話だ。このオオモノヌシはどうやら、アマテラスに祟《たた》ったヤマト・オオクニタマの神と重なるし、物部氏とも関係がありそうなので、後にまた検討することになるだろう。

　ところで、前に紹介した吉野裕子氏は、日本では人が母胎という暗がりから生まれ出ることから、穴ぐらのことを「クラ」とよび、それを「神の座」として信仰していたという。『古事記』にも、アメノクラド（天闇戸）・クラオカミ（闇於加美）・クラミツハ（闇美津羽）という名の神が出てくる。

大神神社（右の囲いが蛇の住みか）

また、「神座」と書いて「カミクラ」と読むし、「磐（岩）座」と書いて「イワクラ」と読んでいる。どちらも神が降りる所をさしている。秋田地方で小正月の時に造る雪の洞穴であるカマクラも、おそらくは「神クラ」という意味だと思われる。

　豊前の宇佐神宮は、もともとは後ろの山——御許山《おもとやま》を神とする信仰があったといわれる。現に、その山には磐座らしい巨岩がある。宇佐神宮については第七章で詳しくその「謎」について探るが、八世紀にはその宮の神職は宇佐氏・辛島氏・大神《おおが》氏の三氏族が担当していた。そのうちの大神氏は宇佐の西南方の大野川の上流の出で、蛇神族だった。そのことは、大和の三輪山の神を祀る氏族の名が大三輪氏であり、大神《おおみわ》氏とも書いているから、この両者は氏族名の文字でも、「蛇信仰」の面でも共通していることに気づく。

ただ、注意すべきことは、大和の三輪山の名前は土地固有のものではない、という点だ。筑前・甘木にも三輪山があり、その周囲には、朝倉・香《カグ》山・笠置山・三笠山など大和の三輪山の周囲と同じの地名が多数見られる。しかも、その配列順も両方で完全に一致している。このことは、筑紫から大和に大規模な人間集団の移動があったことを意味している。つまり、大和の三輪山だけを見つめていては事の真相を見誤ることになるということだ。

問題をもとに戻して、もう少し吉野氏の意見に耳を傾けよう。古代日本人の「太陽・神・人間の関係」についての考え方について、吉野氏は次のように説いている。

太陽も神も人間も、すべて、①東から来るもの、②常在するもの、③穴にこもるもの、という三つの共通点があると考えていたという。そして、東と西との間に穴があり、そこにしばらく留まってから、やがて生まれ変わることをくり返すというふうに考えていたという。穴の中は静かで「幽」、外は動きがあって「顕」ということになる。神を招く場合も、磐座という穴の中に坐ってもらえば、人間に関わりをもつことになる。

沖縄では、東方のニライカナイから来る神を海岸の洞穴に誘い、巫女が山手の御嶽《ウタキ》に招いて神祭りをする。

「大和は国のマホロバ」というが、「真秀」という当て字には意味が無く、本当は「神の坐す洞穴」という「ホラ」のことだ、と吉野氏は言う。国家成立後に、いろいろの要素は加わったことだろうが、「霊魂不滅」と「輪廻転生」こそ本来の列島原住民の信仰上の観念だったという。

●シャーマンによる祀り

世界各地の原始信仰では、ある人物がトランス（催眠に陥り人格が変わること）状態になり、死者の霊を呼んだり神のお告げを伝えたりすることが行なわれてきた。現在のわが国でも下北半島の恐山の巫女による魂呼《たまよ》びは有名だ。こういう術を行なう人はシャーマンとよばれている。

シャーマンには、魂が肉体から離脱して超自然界に赴く「脱魂型《だっこんがた》」と、神や死霊が乗り移る「憑依《ひょうい》型」の二通りのタイプがあるとされている。アメリカの人類学者のブールギニョン女史によると、採集・狩猟型社会では「脱魂型」が普通で、農耕社会に進化すると「憑依型」になるという。

『古事記』が伝える「日本神話」でも、アマテラスが天の岩屋戸に入った時、アメノウズメ（天宇受売）が「カズラをもって襷《たすき》と髪鬘《かづら》となし、笹の葉を手にし、中空の容器を伏せ、踏みとどろこし、神懸りして胸乳を掛き出し、裳《も》の緒を陰《ほと》に押し垂れき」と書かれている。これは脱魂してトランス状態になり、アマテラスを誘い出すための演技に打ち込んだことを物語っている。

また、歴史時代ということになっているが、仲哀天皇が熊襲を討とうというので、筑紫の訶志比《かしい》（香椎）宮に来た時、タケシウチ・スクネ（建内宿禰）が沙庭《さにわ》で神のお告げを乞うたところ、神功皇后が神懸りして「金銀が多い西に行け」と託宣したが、天皇がそれを無視したため琴を弾きながらその場で頓死してしまった、と記している。これは、皇后の身にカシイの神が憑依したということになる。

シャーマンは、古代人が神に祈りを捧げたり、神の命令を聞くための中継ぎをする役目を担っているわけだが、後世になると必ずしもトランス状態にならずに、正常なまま祭司を務める専門の担当者ができ、祭事が形式化するようになる。これは、トランスに入ることは特異体質や特殊技能が必要とされるため、その人を得ないとできなかったからとも考えられるが、天皇家の祭祀の場合には、中臣《なかとみ》氏が祝詞をあげ、忌部《いんべ》氏が祭具や調度・供物などを調《ととの》えるというふうに、祭司の職能分担が制度化されていたようだ。

そして、一般氏族の場合には、女性の祭祀担当者がいて、先祖の霊を祀っていたようだ。そのことは、『万葉集』にある大伴坂上郎女《サカノウエノイラツメ》の「神を祭る歌」(三七九・三八〇)を見てもわかる。その方法は、「奥山の賢木の枝に木綿《ゆう》を取り付け、斎瓮《いわいべ》を据え云々」という方式になっている。それは、ちょうど『日本書紀』の「神武東征」の際に、大伴氏の始祖である道臣命《ミチノオミノミコト》が、天皇の命令で吉野の奥の丹生《にう》の川上で行なった天神地祇を祀ったやり方とそっくりになっている。この話に関して興味あることは、天皇はミチノオミに対して、「お前を斎主として厳媛《イツヒメ》の名を与えよう」と言っていることだ。

男を仮に女として祭りをさせるということは、古代シャーマンは、すべてではないにしろ女の仕事と思われていたことを示すものと考えられる。シベリアや今日のインドネシアなど東アジアには、精霊の命令で女性になったとされる男が祭司を行なう例があるという。

七世紀ごろから後、次第に全国に神社らしいものが造られるようになるにしたがい、シャーマン的な祭司は影をひそめ、自分たちの祖先の霊を祀るのに、中臣氏や忌部氏によって様式化された祭事が営まれていくようになったものと思われる。つまり、神官は玉串を捧げ祝詞を読み、氏子の祓《はら》いをする男性職業家になっていったというわけだ。

そうした中にあって、ただ一つシャーマニズムの伝統を守り続けたのが宇佐神宮だった。そこでは、神懸りした女シャーマンが託宣を述べる。例の弓削道鏡が天皇になろうとした事件では、称徳（孝謙）天皇は宇佐神宮にその可否を尋ねている。天皇家の大事件について、なぜ皇祖神を祀ってあるはずの伊勢の皇大神宮ではなく、九州の一神社に伺いを立てたのかは重大な謎だ。

中国ではシャーマニズムのことを鬼道《きどう》とよんでいる。『魏志』で卑弥呼が「よく衆を惑わした」という鬼道とはシャーマニズムのことで、八世紀になるまでそれとつながる祭事をおこなっていたのは宇佐八幡しかない。なお、現代の朝鮮には日本的な神の祀りは無いが、ムーダン（巫堂）とよばれるシャーマンがいて民衆の信仰をかちえている。

●銅鐸の謎

縄文時代と古墳時代との間に弥生時代がある。その時代の祭祀を特徴づける青銅器として銅鐸《どうたく》があるので、古代人の心を知る上で、その謎にも触れないで済ますことはできないだろう。

銅鐸については、解明されていない謎は多々ある。その第一はその起源は何で、始期はいつごろかということだ。第二には、銅鐸の作成・使用の目的は何か。第三は、銅鐸が多くは村境などに埋められて発見されており、破砕されているものが多いのはなぜか。そして、第四には、『記・紀』が一言も銅鐸について語らない理由は何か、というような疑問である。

このことに関しては、近畿地方を中心として銅鐸を使用していた氏族群が、ある時、他の地方から来た勢力によって征服されてしまい、一斉に銅鐸を地中に埋蔵したか、強制廃棄させられたからだ、という仮説が唱えられている。もし、このような仮説が正しいとすれば、被征服者はどういう氏族で、その後どうなったのかも知りたくなる。

これらの疑問に対する矛盾を含まぬ解答は出されていないが、示唆的な見解についていくつか紹介しておこう。

第一の起源についての疑問には、朝鮮の鋸歯文をもつ馬鐸と、同じく朝鮮半島で発見されている

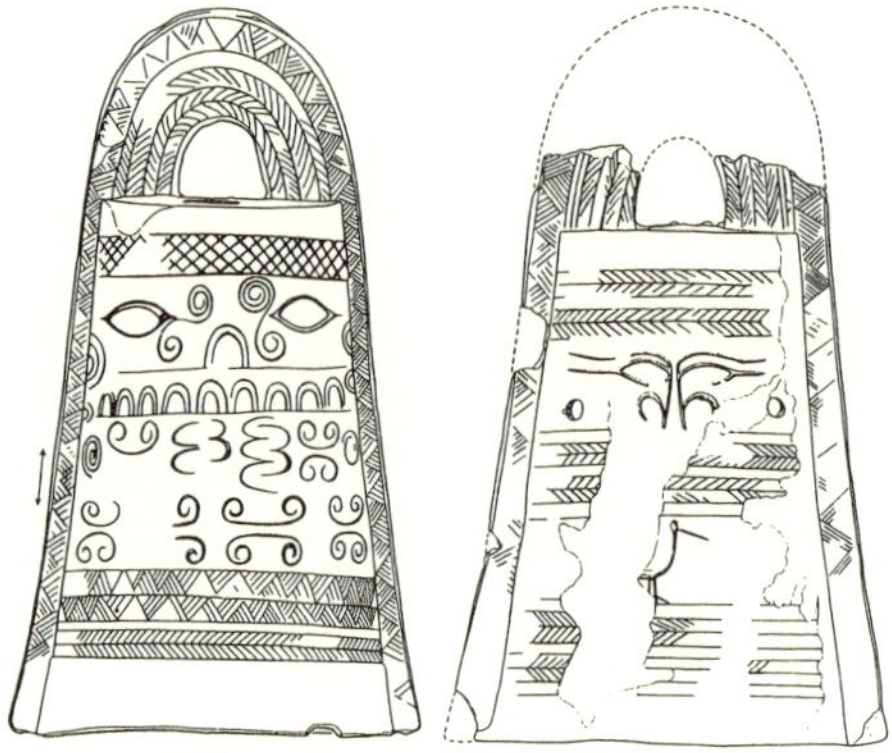

邪視文の銅鐸　左：広島県福田出土
右：推定島根県出土

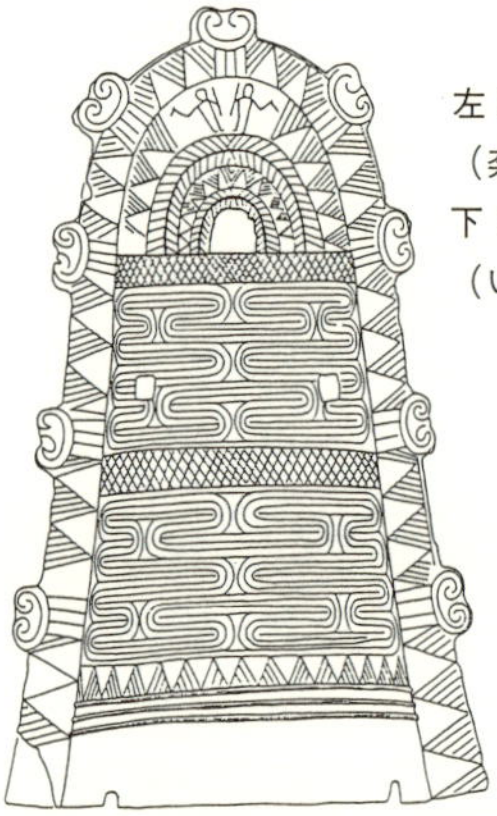

左：耳をもつ銅鐸（流水文）
（奈良・石上２号）
下：絵の描かれた銅鐸
（いずれも兵庫・桜ヶ丘５号）

小銅鐸が有力とされている。近年、大分県の別府遺跡から朝鮮式小銅鐸が見つかっている。また、中国の江南地方で、埋蔵された形で発掘される銅鼓《どうこ》を起源とする説もある。銅鐸のもつ鰭《ひれ》型の意匠《いしょう》は中国系を思わせるものがある。特に、初期銅鐸に見られる饕餮文《とうてつもん》などは明らかに中国系の文様だが、その起源については、いずれか決めがたいというのが実情だ。

第二の使用目的には、祭具・楽器の両説が有力だが、中には測量器具などという説もある。鐸という文字は「ぬて」と読むことがある。「ぬて」というのは大きな鈴のことだ。そして、忌部広成が編集した『古語拾遺』には、「鉄鐸」のことを「サナギ」と読ませている。これは、「サ鳴き」ということで、「サ」は金属音を表わすとし、銅鐸楽器説を唱える者もいる。なお、「さなぎ」に因む地名としては、佐奈具（伊賀上野）、佐鳴湖（静岡県細江町）、猿投神社（愛知県豊田市）など多数の例があり、いずれも銅鐸が出土している。

ところが、近畿方面では農耕祭祀用の「聞く銅鐸」だったと考えられるが、やがて東海方面に普及して行くにしたがい、「見る銅鐸」に変わっていったとする指摘もある。銅鐸の大型化とともに、その文様もトンボ・カメ・カマキリ・カエルなどの小動物で飾られるようになる。

銅鐸と関係のありそうな文献記事も無いわけではない。アメノウズメがアマテラスを迎え出すために石屋戸前で舞踊をした時、『日本書紀』には「茅纏之矛《ちまきのほこ》」を手にしたと書いてあるが、『古語拾遺』には、それを「着鐸の矛」というふうに記している。ここに「鐸」という文字が見られる。これはどういうわけだろうか？　『古語拾遺』を表わした忌部氏は祭祀を専門とする氏族だから、その主張は正しいと考えてよさそうだ。それに、忌部氏の分布する地域と銅鐸の出土地域とは重なっている。そうなると、八世紀の『書紀』編集段階で、「銅鐸は忌むべきもの」といったような何らかの事情があって、「鐸」の文字が削られたという想定も浮かび上ってくる。

しかし、初期銅鐸で、目や鼻らしいものがえがかれている「邪視文《じゃしもん》（ヤブニラミ）文様」は、前に述べた藤の木古墳の鞍に刻まれた「蚩尤」の顔を連想させるものがあるから、銅鐸祭祀氏族が蚩尤を神として祀っていたことが支配層にとって好ましくないと判断されたのかもしれない。

ともあれ、谷川健一氏のように、「銅鐸は地霊を鎮めるためのもの」とする解釈もあるし、森秀一氏のように「霊泉信仰にかかわる」とする考え方もあり、先走った解釈に飛びつく必要は無いという意見もあるだろう。ただ、銅鐸を何らかの目的で使用してきた氏族にとって、心に不満が残るような理由でそれを廃棄させられたという想定には魅力を感じないわけにいかない。

第三章　新しい神の登場——金属精錬技術が権力把握の鍵

●「火の神」と「雷神」

『記・紀』の神話には数えきれないほど多くの神々が登場してくる。その中には、アマテラスやスサノオのような人格神として活躍するものもあるが、天御中主神《アメノミナカヌシ》のように全く抽象的な観念を神としたものもある。また、風や雲あるいは草木のような自然を神としただけの「精霊崇拝」の名残とも言うべき神もある。その一方、アメノコヤネ（天児屋根）やフトダマ（太玉）のように、中臣氏や玉造氏などの祖先を神格化したものもある。

そうした神々は、全体として神話のストーリーの中に、『記・紀』の編者の意図にしたがってそれぞれ位置づけられている。とは言うものの、その話の筋が荒唐無稽であるだけに、その編集意図を見通すことは容易ではない。これらの神々が織りなす異様で野放図な模様の背後にあるものがどういう想念であり、神話が語る出来事がどういう具体的事実を象徴しているのかについて、何かしら論理的な筋道は付けられないものだろうか？

ここでは、今日まで伝えられている神話や伝説、そして各地の神社に残る伝承などのうち、特に金属精錬に関係深いものに対象をしぼり、古代社会の基盤に迫ってみたいと思う。それは、銅や鉄の農具や武器が弥生時代から古墳時代の権力支配関係を探る決め手となりそうだからだ。

『記・紀』によると、天地創造のあと、イザナギ・イザナミの男女神は日本列島を産み、ついで山川草木などの自然を産み、最後にカグツチ（軻遇突智・迦具土）という「火の神」を産んだ時、イザナミは女陰《ほと》を焼かれて死んでしまう。ホトという言葉は「火門」を連想させる。

その時、イザナギの口からは嘔吐物として、カナヤマ（金山）彦とカナヤマ姫という二神の鉱山の神が生まれ、その糞からはハニヤス（波迩夜須・埴安）彦・姫という土の神が生まれ、その尿からはミズハノメ（弥都波能売・罔象女）という水の神とワクムスビ（和久産巣日・稚産霊）という農業生産の神が生まれたことになっている。

この話には、高温の熱による金属精錬という技術が恐るべき力をもっており、田畑に糞尿を肥料として施すことによって作物が豊かに実る農業という再生産の神秘について、新鮮な驚きと感動がこもっている。そして、偉大な女神の死と引き換えに、人々は金属器具と食糧が与えられているという論理性さえうかがえるところに神話の説得性が潜んでいると言えるだろう。

ここで注目したいのは、『古事記』ではミズハノメとワクムスビの神の子としてトヨウケ（豊宇気）姫を位置づけていることだ。トヨウケは伊勢の外宮の神で、アマテラスの御饌（食事）を司《つかさど》る神だった。トヨウケが女性であるからには、『古事記』の著者は「アマテラスのことを男性として意識していた」ことになる。

妻に死なれたイザナギは、子のカグツチを十拳劔《とつかつるぎ》で斬り殺すと、ミカハヤビ（甕速日）・ヒハヤビ（樋速日）・タケミカヅチ（建御雷・武甕槌）という稲妻と雷鳴の神が生まれたとしている。このことは、「火」から「雷」を連想したものだろうが、鉄の精錬の際に発する火花や刀剣のもつ驚異的な威力に対して率直な感動を表わしているものだろう。

このうちタケミカヅチは、単なる観念上の神としてだけでなく、出雲の「国譲り」の時と「神武東征」の時に人格神としても登場してくる。そして、藤原氏の氏神である春日大社や常陸の鹿島神社の祭神がタケミカヅチであることは、『記・紀』編集時に藤原氏が自分たちの先祖を権威づけるために施した作為というべきだろう。

このように、『記・紀』の神話では、「火神」と「雷神」とを恐るべきものとして描いているが、それは単なる神話の構成について文学的な配慮をしたというだけのことではなく、古代社会において金属精錬技術をもつ氏族が大きな権威と高い地位を占めていたという事実の反映であるということを見落とすわけにはいかないだろう。

●香具山は銅の山

イザナミのイノチ取りになったのは最後に産んだカグツチという神だった。その名の「カグ」から誰でもすぐに連想するのは、耳成《みみなし》・畝傍《うねび》とならび「大和三山」に数えられる香具《かぐ》山ではなかろうか。この山は、「百人一首」の持統天皇の「春過ぎて　夏来にけらし　白妙の衣干したり　天の香具山」という歌から、いかにも優美で秀麗な山容が想像される。また、『万葉集』の第二歌の天智天皇の「国見の歌」として知られているし、三山が恋争いをする歌も思い出される。

藤原京跡からみた香具山

ところが、『記・紀』では、スサノオの暴状に怒ったアマテラスを誘い出すために神々が相談する場面にもこの山の名は出てくる。それは『古事記』によると、「天安之河原の河上の天堅石を取り、天カナヤマの鉄を取りて鍛人《かぬち》アマツマラ（天津麻羅）を求《ま》ぎて、イシコリドメ（伊斯許理度売・石凝姥）に科《おお》せて鏡を作らしめ、タマオヤ（玉祖）に科せて八尺《やさか》の勾玉《まがたま》の五百津《いおつ》の御統《みすまる》の珠を作らしめて、アメノコヤネ（天児屋）・フトダマ（布刀玉）を召して、天香具山の真男鹿《まおしか》の肩を内抜きに抜きて……」というふうに書かれている。

そして、この賢木の上枝にはミスマル、中枝には八咫鏡、下枝には白・青の丹寸手《にぎて》（和幣）を垂らし、供物を捧げてから、アメノウズメの舞踊が始まる。

この天石屋戸の祭りそのものは実際にあった事件ではないにしても、そこに登場する神々は、アメノコヤネは中臣（藤原）氏の、フトダマは忌部氏の、イシコリドメは鏡作氏の、アメノウズメは猿女氏の祖先だし、アマツマラは後に説くように物部氏の一族だから、この話はそれぞれの氏族の祖先が高天原にいて、天皇家とつながりが深い「天神族」であったということを記録する意味をもつものだ。特に、鏡と玉を造る氏族が重視されていることがわかる。

ところで、この時のことを『書紀』の「一書」には、「イシコリドメを冶工《かねち》となし、天香具山の金を採りて日矛を作らしむ」とあって、「これ紀伊国に坐す日前神《ひのくまのかみ》なり」と記されている。『古語拾遺』にも「イシコリドメは日像鏡を造った」と記されている。そして、今日でも、和歌山市にある日前神宮と国懸《くにかかす》神社では、「日矛と日鏡とが神体である」としている。

この二つの神社は歴史も古く格の高い社であり、古代社会で鏡や矛という金属器がいかに神聖なものとされ、それを造る技術が重要視されていたかがわかる。

ところで、話を戻して最初の疑問――「火の神カグツチと天香具山とは関係があるか」という問題について考えてみよう。右の話から両者はともに金属精錬に関わっている以上、無関係のはずはない。そのことを裏付けるのは、「カグ」という言葉の本来の意味でなくてはならない。

金思燁《キムサヨプ》氏に言わせると、「カグ」というのは、朝鮮語の「クリ（kwang）」から来ており、それは「鉱」のことをさしているという。そして、『記・紀』や『万葉集』で、「カゴ（鹿児）」とか、「カグ（香具）」という文字であらわされている地名・人名などは、すべて鉱石とその精錬に関係があるという。つまり、イザナミが最後に産んだのは「銅の鉱石」だったことになり、イザナミはそれを断ち斬ったため雷神が生まれたということになる。また、イシコリドメはカグ山の銅鉱から鏡を造ったというわけだ。

さらに、「クリ」という朝鮮語から派生する言葉として、「刀剣」をさす「カハル（khal）」というのがある。古代の筑紫で銅の主産地だった香春は、まさしく「カワラ」と発音しており、刀剣を鍛えるのにふさわしい名前になっている。また、古代の人名に多く見られる「軽」という字や、「刈・雁」という字も「カル・カリ」と読み、同じく刀剣をさす名前だという。

　製銅に関する倭語の起源が朝鮮語であることは、当然なこととして納得できるだろう。ちなみに、香春の地名の起源について『豊前国風土記』には、「昔、新羅の国の神、自ら度り到来りて此の河原に住みき。すなわち名づけて鹿春の神という」と記されている。古代においては、金属精錬技術は崇拝に値するもので、それができる者は生きたまま「神」だったことがわかる。

●鏡は何の道具か？

『魏志倭人伝』には、邪馬台国の女王卑弥呼は魏王から「汝の好物」として銅鏡百枚を賜与されたと記されている。また、『記・紀』には、アマテラスが孫のニニギノミコトに八咫鏡《やたのかがみ》を与え、「この鏡を見ること、われを見るごとく斎《いつ》きまつれ」と命じたとしている。そして、八咫鏡・八坂瓊勾《やさかにのまが》玉《たま》・草薙剱《くさなぎのつるぎ》は「三種の神器」として皇位継承のためのレガリアとされている。

　それだけでなく、『記・紀』の随所に鏡は顔を出すし、鏡・玉・剱の三点セットといえば、例えば、熊襲の反乱鎮圧のために筑紫に出陣した仲哀天皇と神功皇后を出迎えた熊鰐や五十迹手《いとで》たちは、船に立てた木の枝にこの三種の宝を掲げていた。そして、弥生遺跡や古墳の出土品にもこれらの品、とりわけ銅鏡は数多く見つかっている。このように、古代日本人は異様と思えるほど鏡好きだったことがわかる。では、いったい鏡は何に使われていたのだろうか？

　現代人なら、鏡といえば第一に装身具ということになる。古代においても、そういう使い方がされなかったとは言えないだろうが、ごく一般的に考えられることは、人の姿を映す鏡には霊を閉じこめる力があるとして、その持ち主の霊が憑り移った神聖なものとされたことだろう。

しかし、わが国で出土する鏡の多くは凸面鏡になっている。ということは、これは姿見ではないことを意味しているとしなくてはならない。この鏡を太陽に向けて立てると、どちらの方向からもギラギラと輝いて見える。というわけで、鏡は権力者の所在を誇示するためのものだったと考えても見当はずれではなさそうだ。

ところが、『古事記』の応神天皇の段に載っている、天の日矛が新羅から持って来た宝物の中に「瀛津鏡《おきつ》」と「辺津鏡《へつ》」とのセットがある。このことについて、古代史研究家の古村豊氏は、これらは「陸上鏡」と「海上鏡」とであるという。そして古村氏は、「そもそも鏡は勾玉・剱とともに測量器具として用いられていた」という興味ある仮説を立て、それを実証している。

鏡・玉・剱のセットをどのように測量に用いたかという方法については、古村氏の著作に委ねるが、誰しも否定できない事実として古代日本人が優れた測量技術をもっていたことがあげられる。そのことに関しては、三橋一夫氏の著書の『神社配置から天皇を読む』（六興出版）や小川光三氏の『大和の原像』（大和書房）、渡辺豊和氏の『大和に眠る太陽の都』（学芸出版社）などの多数の書物が刊行されている。

三橋氏によると、日本の神社や墓地などの霊域が一直線上に三つ並ぶ例が無数にあるので、これを「レイ・ライン」と名づけている。小川氏は、三輪山の山頂と鏡作神社と神武天皇陵を結ぶと正三角形になるというような例を多数あげている。また、渡辺氏は、大和三山が正確な二等辺三角形

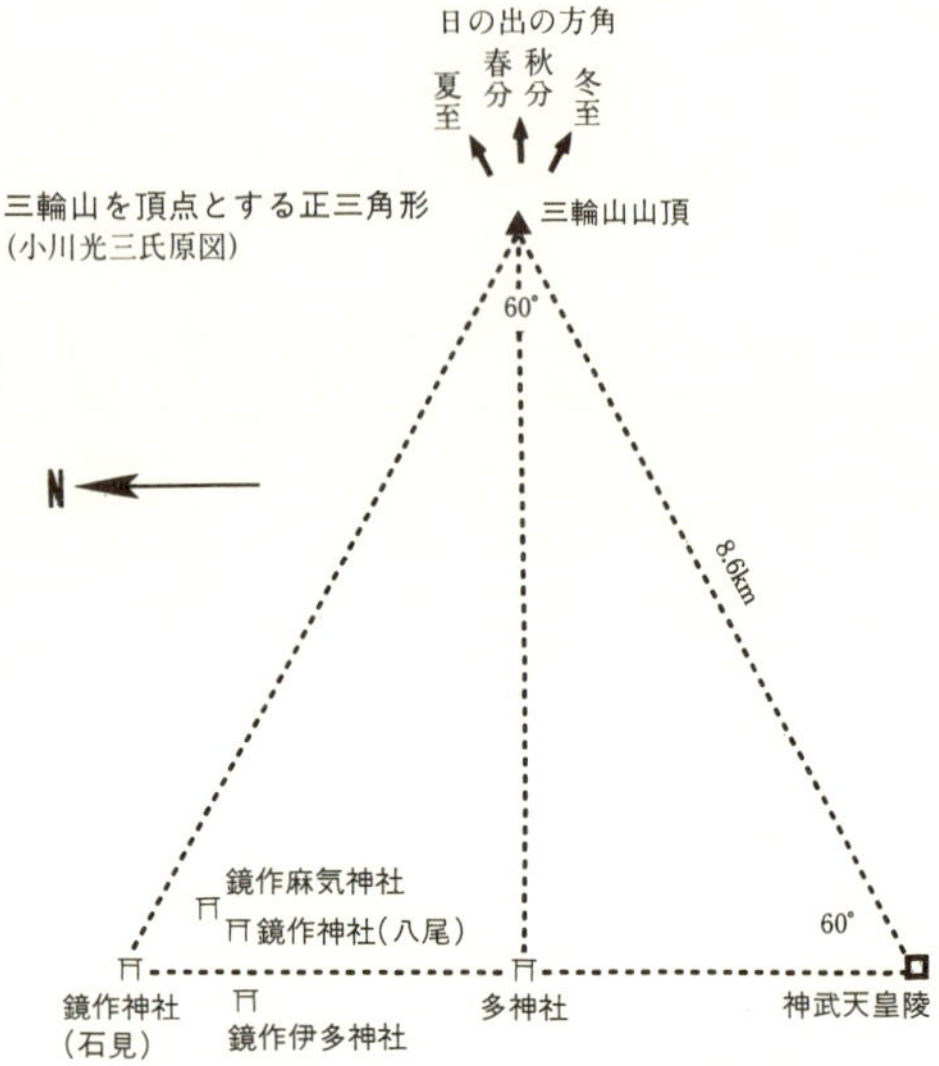

の頂点に位置している事実から、そのうちの香具山は自然のものではなく人工の山であると言っている。その他、東西の同緯度線上あるいは南北の子午線上に神社などが配置されている例は枚挙にいとまがないほどだ。

こうした事実はいかに強弁しようとも、絶対に偶然には起こりえないから、古代日本では方位感覚が現代人には考えられないほど発達しており、しかも、それを現実に活かすための高度の測量技術があって、その道具として「三種の神器」が用いられていたと考えざるをえない。

コンパスもトランシットも無い時代にこのような方位決定ができたということは、鏡による光の反射を利用したと考えなくては理解できない。そのようなことから、古村氏の想定はまず否定したくとも不可能であり、その信頼度はかなり高いとしか言うことはできない。

そして、方位決定の決め手は太陽など天体——特に太陽の運行にあるのだから、鏡を愛した古代の人たちが「太陽信仰」すなわち「日輪信仰」をもっていたことは間違いないと言えるだろう。鏡と「日輪信仰」は切っても切れない関係にあり、かつて「三種の神器」を大事にしていた人たちが、日輪にたとえられる神――アマテラスのイメージを創造したとしても、その気持ちは理解できるのではなかろうか？

●伊吹山と伊福部族

ヤマトタケルは、東征の帰途にミヤズ（宮簀）姫と結婚し、そこに草薙剱を預けて伊吹山に登り、さんざん苦しめられたと『古事記』は記している。ところが、この山の南東の岐阜県不破町の南宮神社の祭神はカナヤマ（金山）彦になっており、その近くには金山神社がある。しかも、その付近の金生山からは古くから金や銅が産出され、銅鐸も出土している。そして、不破の関のそばには伊福という地名があり、伊富岐神社がある。

この「イブキ」という言葉の語源は、民俗学者の谷川健一氏が名著『青銅の神の足跡』で詳しく論証している通り、「息吹き」のことであり、それは銅を精錬する際にフイゴで空気を吹き込むことから発している。このイブキ山からは強烈に北西風が吹きおろし、それが天然のフイゴの役割を果たしていたと谷川氏は指摘している。

『和名抄』によると、伊福郷は、大和の宇陀郡、遠江の引佐郡、美濃の池田郡、備前の御野郡、安芸の佐伯郡などに見られる。その他にも、意福とか家城という地名があり、その多くからは銅鐸が出土しているか、あるいは銅の生産に関係が深い氏族が住んでいた。また、『氏姓家系総覧』を見ると、全国で伊福部《イオキベ》氏は二十二か所もあり、それに五百木部《イオキベ》氏の十か所と廬城部氏の一か所を加えると、実に三十三か所の「イオキ部」の一族がいたことがわかる。

このイオキ部については、文献資料では語られていないが、景行天皇の皇子のイオキ（五百木・五百城）イリ彦の御名代部《みなしろべ》であることは明らかだ。「部」というのは、村落などの民を編成してその生産物を大王（天皇）家に貢納させる組織のことで、御名代部というのは、天皇・皇后・皇子の功績と名前を後世に伝えるために設置されたものをいう。

これだけ多くのイオキ部が置かれているからには、イオキイリ彦は実在の人物で、その名を讃えられるだけの功績と人望があった人物だったと思われる。そして、「イオキ」が「息吹き」のことであるとすれば、この部の民は銅の生産に従事していたものと考えてよさそうだ。

関ケ原からみた伊吹山

ところで、『魏志倭人伝』によれば、邪馬台国の旁国の一つに「已百支」国がある。この国を「シホキ」と読む人もいるが、一般には「イホキ」と訓じて「イオキ」と発音している。だとすると、已百支国と五百木入彦とは関係があるのではないかという考えが浮かんでくる。これは途方もない妄想なのだろうか？　それともきわめて自然な連想なのだろうか？

もし、「イオキイリ彦は已百支国の国王だった」と仮定すると、この国はどこにあったのだろうか？　その件については、前著『天皇家と卑弥呼の系図』で述べたことだが、「イオキ」が金属精錬のことを象徴する名前である以上、已百支国を九州に求めるとすれば、ごく自然に思い当たるのは、古代の銅生産のメッカとも言うべき豊前の香春の名前だろう。

そして、香春の北に目を向けると福智山という地名があることに気がつく。この山から香春には強い北風が吹きおろしてくることは、伊吹山と伊福郷の場合と同じだ。しかも、丹波の国にも福知山という地名があり、その麓の一帯は生野鉱山からも遠くなく、古代の銅の生産地だった。

そうなると、その昔、香春の銅山で働いていた人たちが、製銅の指導者だったイオキイリ彦の名前を戴く氏族とされ、丹波の福知山と美濃の伊吹山の麓に移住して来たという筋道が、ごく自然に浮かびあがってくるだろう。それだけではなく、全国三十三か所のイオキ部も、すべて香春から発したものだとまで言いたくなってくる。

こうした想定は、前の著書で述べた「誉田真若と宇佐女王との結婚」という仮説の有力な裏づけともなってくる。なぜかと言うと、誉田真若はイオキイリ彦の子であるし、香春の銅は宇佐八幡に納められる鏡の製造に当てられていたからだ。この宇佐女王というのは、『古事記』では尾張のタケイナダスクネ（建稲陀宿禰）の娘のシリツキトメ（志理都紀斗売）と記されている女性のことで、丹後の籠神社に伝えられている『海部氏系図』や『先代旧事本紀』に記されている「尾張氏系図」では、建稲種命の志利津彦命の子の妹の金田屋野姫のことだ。

しかも、これらの系図には、建稲種命の三代前——三世紀半ばごろに相当するところに「日女命」の名があり、その二代あとにも、もう一人の「日女命」がいることから、この二人は邪馬台国の卑弥呼と宗女・台与だと比定できそうだ。その件については前著で述べてある。

もし、右の想定が正しいとすれば、『魏志』と『記・紀』とが文献的につながることになり、日本古代史の復元に明るい展望が開けてくる。

●天の日矛は金属精錬の神

『常陸国風土記』の逸文には、「伊福部の禍《わざわ》い」として雷によって人が殺された話が載せられている。雷神が鍛冶の神であることを考えれば、この話は伊福部氏が金属精錬に関係深いことを物語っていることになる。また、因幡国の一の宮の宇倍神社の神官も伊福部氏になっており、そこに伝えられている系図を見ると、その先祖はオオナムチ（大己貴命＝大国主命のこと）とはなっているが、その第四代目には天日杵命という名前が見られる。そして、この神社の近くからは銅鐸も出土しており、この神社の一帯にも製銅の民がいたことがわかる。

さて、問題なのはヒボコという朝鮮からの渡来者の正体だ。『古事記』では、応神天皇の条の最後に「昔、新羅の国王の子、名は天の日矛といふあり」としており、『日本書紀』では垂仁三年紀に「新羅王の子天日槍来帰《まい》けり」として記されている。

ヒボコが金属精錬技術をもつ集団を率いていたことは、いろいろの角度から推定できる。例えば、彼が朝鮮からもたらしたとされる宝からもそのことが知ることができる。『書紀』では、それを「羽太玉・足高玉・鵜鹿赤石玉・出石小刀・出石杵・日鏡・熊神籬《ひもろぎ》」としているが、その「一書」によれば、膽狭浅《イササ》の太刀を加えた八種となっている。また、『古事記』では、「珠二貫・浪振る比《ひ》礼《れ》・浪切る比礼・風振る比礼・風切る比礼・奥つ鏡・辺津鏡」の八種としている。

ここで興味あるのは、『書紀』の場合に、「玉・鏡・剱」の「三種の神器」が揃っていることだろう。このことは、天皇家が朝鮮からの渡来であることを示唆している。

一方、『古事記』に関しては、『先代旧事本紀』の「天神本紀・巻三」が伝える物部氏の神宝とヒボコの神宝とが酷似していることだ。物部氏の神宝というのは、石上《いそのかみ》神宮の神事にかかわる天神御祖の教詔として、「瀛都《おきつ》鏡・辺都《へつ》鏡・八握剱・生玉・死返玉・足玉・道返玉・蛇比礼・蜂比礼・品《くさぐさ》物《のもの》」の十種をあげ、「布瑠《ふる》之言」として、「もし痛む処あらば、一二三四五六七八九十と謂いて、布留部由良止（振るえユラと）、布留部（振るえ）」という呪言を唱えるように諭している。ここでは、その類似の事実を指摘するに止めておく。

さて、『古事記』にはヒボコの系図を左記のように伝えている。それは……

ヒボコ――タジマ・モロスク――タジマ・ヒネ――タジマ・ヒナラギ――タジマ・スガヒコ
――スガカマ・ユラドミ――カツラギ・タカヌカ姫

となっている。最後のタカヌカ姫はオキナガ・スクネ（息長宿禰）と結ばれて、オキナガ・タラシ姫すなわち神功皇后が生まれたということになっている。なお、この系譜は『日本書紀』では、ヒネの一代が欠け、タジマ・モリはスガヒコの子であるとされている。

ところで、このヒボコの系譜に出てくる人名について、谷川健一氏は、「スク・スガ」は砂鉄を採る「州処」に由来し、「カマ」は製鉄の竈をさし、「ヌカ」は「土型」で鋳型のことであると説き、

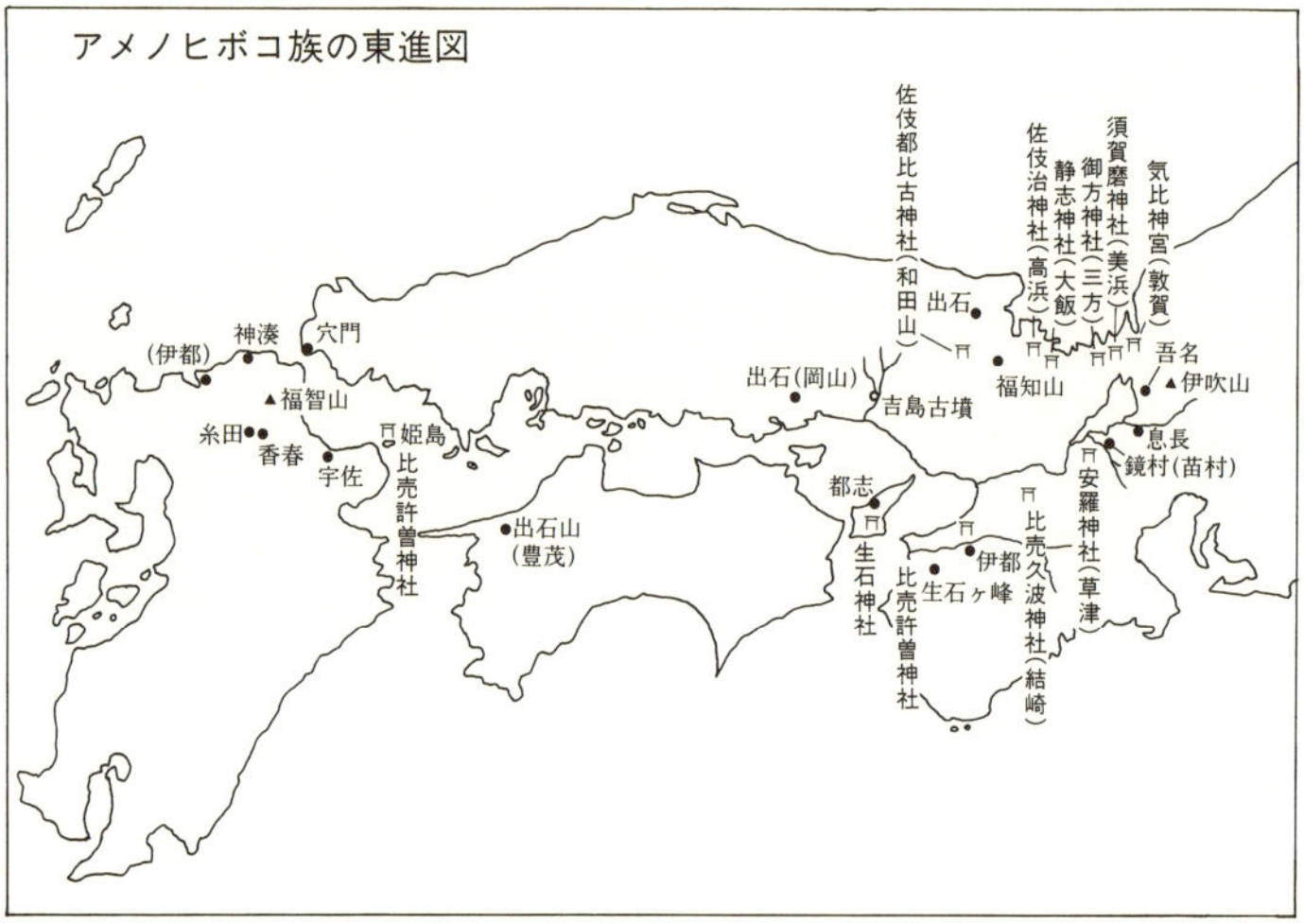

アメノヒボコ族の東進図

ヒボコ族が金属精錬技術をもつ氏族であることを物語るものとしている。

また、この系図に出てくる人名を神として祀る神社は、若狭（福井県西部）の須賀竈神社をはじめいくつか実在しており、ヒボコの系譜はあながち創作された系図とは言えない。

「ヌカ」すなわち「土型」を名にもつ金属精錬氏族としては額田部《ぬかたべ》連がある。その祖先はアメノ・メヒトツ（天目一箇）であるとされている。また、前に見た鏡作氏の祖先のイシコリドメの父はアメノ・ヌカド（抜戸）となっており、谷川氏の説を裏書きしている。

このようにヒボコは、朝鮮から金属精錬技術を日本にもたらした恩人とも言える象徴的人物のことであり、その子孫からは「神」として崇められていたことがわかる。そして、一般には実在した個人のことではなく、集団のシンボル的な名称として捉えられている。

●天の日矛の足跡

『日本書紀』によると、ヒボコは船で播磨の国に停泊し、垂仁天皇から播磨の宍粟邑《しさわ》か淡路の出浅邑（場所不明）のどちらかに住むように言われたが、それを好まず、菟道（宇治）川を遡り、しばらく近江の吾名邑に住み、ついで若狭を経て但馬の出石《いづし》に定着したとしている。そして「近江の鏡谷の陶人《すえ》はヒボコの従人なり」と記している。

陶人とは須恵器（硬質の陶器）を造る人のことだ。須恵器はそれ以前の土師器《はじき》よりも焼きあげに必要な温度が高く、それは鉄の精錬温度とほぼ同じだから、ヒボコの集団は銅器だけでなく鉄器も生産していたことが推測される。ただ、日本で須恵器がつくられるようになったのは五世紀ごろと考えられるから、陶人の渡来はヒボコがやって来た時代よりかなり後のこととしなくてはならない。なお、瀬戸物という言葉は「スエ」からきているものだ。

一方、『播磨国風土記』にも、ヒボコの渡来に関する説話や伝承がいくつか載っている。例えば、海岸地帯の揖保《いぼ》郡（兵庫県南西部の竜野市周辺）や神崎郡（姫路市周辺）や内陸部の託賀《たが》郡（多可郡、西脇市の周辺）・宍禾郡（中西部）等の各地で、八千人ものヒボコの集団と土地の神であるアシハラ・シコオ（葦原志許乎、大国主命と同じ？）やイワ（伊和）大神とが土地を奪い合って戦ったという七篇の話になっている。ただし、それらは真実性は乏しく、地名起源説話などの他愛もないものがほとんどだが、そこにはヒボコの渡来に対する脅威感があったことは否めない。

ヒボコが最後に落ち着いたとされる出石は、生野鉱山の北、福知山の西に当たり製銅の地だったことは確かで、その周辺にはヒボコ族を祀る神社が多い。例えば……

出石神社（伊豆志八前大神。ヒボコのこと？）　比売神社（ヒボコの妻の麻多烏）
諸杉神社（ヒボコの子の多遅摩母呂須玖）　御出石神社（伊豆志袁登売。ヒボコの姉妹）
日出神社・比遅神社（ヒボコの孫の斐泥）　須賀神社（五代孫のスガカマ・ユラドミ）

『古事記』では、ヒボコは日光に感じて生まれた赤い玉が阿加留比売という女の姿に変わったので、それを追って日本まで来たことになっている。ところが、『書紀』には、これと似た話として大加羅の王子のツヌガアラシト（都怒我阿羅斯等）の渡来を記している。これは、崇神天皇の時代のこととして、「白石が変じて女になったのを追って越前（福井県東部）の角賀《つぬが》（敦賀）の笥飯《ひけ》浦にやって来た」としている。その名前は「額《ひたい》に角がある人」だから、牛の角の付いた冠か兜を被った王者を思わせる。

このツヌガアラシトは、越前に来る前に、穴戸（長門）でイツツヒコ（伊都都比古）という男に会ったという。また、ヒボコの子孫の「神功皇后」は新羅に出かける前に崗（遠賀）の港で伊覩県主の祖の五十迹手《イトデ》の出迎えを受けている。そして、『筑前国風土記』では、これと同じ記事があり、そこには、「高麗の国の伊呂山に、天より降りましし日桙の苗裔、五十手是なり」と名乗っている。この「伊呂山」というのは、新羅の蔚山《ウルサン》のことと思われる。

ヒボコとアラシトの話には混乱があるが、この両者が同一伝承にもとづいていることは確実だとしていいだろう。ここで注目したいことは、「伊都」あるいは「五十」という文字が出てくることだ。これは『魏志』にある伊都国を連想させるからだ。伊都国は「諸国を検察する一大率が置かれた」という重要所だ。だから想像をたくましくして、「伊都国は、ヒボコの同族が建てた国だ」と考えたくなるし、そうである可能性はかなり高いとしていいだろう。

また、ツヌガアラシトは豊前・香春の採銅所現人《アラシト》神社の祭神と考えられるし、同じ香春には辛国《カラクニ》息長《オキナガ》大姫大目神社がある。この祭神はヒボコの子孫であるオキナガ・タラシ姫のことと思われるから、ここにも偶然とは思えないつながりがある。つまり、朝鮮から渡来したヒボコの一族は銅の産地である香春や、そこに近い伊都に勢力を張り、さらに東に進出して行ったと考えることはできないだろうか？　いや、そうとしか考えられないと言うべきだろう。また、妊娠中に「三韓」に出向き九州に帰って皇子を産んだとされるオキナガ・タラシ姫は、そもそも香春の付近の人間であり、そこを発して東に向かい、やがて「応神王朝」を建てたとすることはごく自然な発想だと思う。九州——瀬戸内海——大阪湾上陸というコースは、「神武東征」の順路であると同時に、「神功皇后の帰還」の道順でもあるし、ヒボコの渡来の行程ともほぼ一致し、この三つの「東遷」は重なり合う面をもっていると言うことができる。

そして、金属精錬技術・剱による支配という関係は、歴史を支える現実条件だし、そのことに目を向けることは古代史の謎を解くために忘れてはならない手続きでもあると思う。

●イササという言葉の謎

ヒボコが朝鮮から持って来た宝について、『書紀』の本文では、七種の名前が挙げられているが、「一書」にはもう一つ、「膽狭浅《いささ》太刀」が加わっていた。「垂仁紀」には、天皇がヒボコの神宝をスガヒコに命じて献上させたところ、「出石の刀子」だけはひとりでに天皇のもとを離れてスガヒコの所に戻って来た、という不可解な話が記されている。もしかすると、これが「イササの太刀」のことかもしれない、と考えたくなる。いずれにしても奇妙な話だ。

ツヌガアラシトが上陸したという笥飯の浦、すなわち角鹿（敦賀）には、気比神宮がある。この神社は北陸無双の霊社として、中世においても勢威を誇る極めて格式が高い社だ。

ところが、この神社の主祭神の名は伊奢沙別命《イザサワケ》（別名は気比大神）になっている。ヒボコの謎の宝である「イササの太刀」と、ヒボコの分身であるツヌガアラシトの到来した角鹿の神社の祭神の名の「イザサワケ」とは無関係のはずはない。では、それはどういうことだろうか？

その謎を解くためには、『古事記』に載っている応神天皇とケヒの神との間の「名前の交換」という奇怪な挿話の意味を探らなければならない。その話というのは、応神天皇が王子だったころ、タケノウチ（建内）スクネが角鹿に皇子を連れて行ったところ、夢に土地の神が現われて、「吾が名と太子の名前を交換してほしい。そして、明日の朝、浜辺に来てくれれば、その礼をさしあげよう」と言った。そこで、翌朝、浜に行くと鼻が欠けたイルカが打ち上げられていた。それを見て太子は、「我に御食《みけ》給えり」と言い、以後、太子はそれまでの名の「イザサワケ」を土地の神に譲り、自分は「ホムタワケ」という名前を名乗ることにした、というものだ。

この奇妙な物語の謎を解こうと思うならば、これは実際にあった出来事を説話化したものだという仮定を前提とし、それに場所と人物名とを適切に配して合理的な説明を下せるように工夫するしかない。つまり、「土地の神」とは誰であり、「名前の交換」とは何を交換したかということと、その代わりに提供された「鼻の欠けたイルカ」とは何をさすかを特定できなくてはならないことになる。その場合、「イササ」という言葉が何を意味しているか考えるのが問題の核心ということになるだろう。

筆者が前著で提出した「解答」は、「土地の神」とは誉田真若のことであり、「名前の交換」というのは、若き太子――後の応神天皇が「誉田」を名乗ることなのだから、「真若の娘の婿になること」と、解釈した。そして、「鼻の欠けたイルカ」とは、真若から未来の娘婿へのプレゼントのことだから、真若が支配している土地のことと考えていいだろう。それをイルカにたとえたのは、話として「浜にあるもの」というだけのことで、受け取った側が「我に御食《みけ》給えり」と言わせたのだから「食い扶持」のことに違いない。

そうなると「イササ」の意味ということになるが、前著ではそれを「支配権」だと考えた。つまり、誉田真若は「その土地」を誰かから「国譲り」の形で奪い、それを太子に提供する代わりに、将来、太子が大王となった時、その政治を外戚として背後から操作する権能のことを求めたのだと解釈した。つまり、誉田真若は朝鮮から帰って来たオキナガ・タラシ姫を援けて天下を乗っ取らせ、姫の産んだ子を大王にしたてあげようと考えたということになる。

その場合、一番肝心なのは「その土地」がどこかということだ。それを越前の角鹿としてしまえば、問題の解明は不可能だ。筆者は、それを豊前の土地と判定した。何故なら、誉田真若は宇佐女王と結婚したのだし、オキナガ・タラシ姫は九州で太子を産んだのだから当然のことというわけだ。笥飯というのは、豊前の海岸沿いの「ケヒ」に似た名前の土地に違いないとして、その候補地の名前を前著に挙げておいた。

こうして、誉田真若は、オキナガ・タラシ姫とその太子、それに宇佐女王・太子の父つまり姫の隠された夫とともに九州から「東征」の途に上り、やがて河内王朝が建設された、というのが筆者が描いたシナリオだった。

㉜天目一箇命と兵主神

ヒボコが定着したとされる但馬の出石の西を流れる円山川は、豊岡市付近で日本海に注ぐ。その河口付近の山を切り開き、そこに湛えられていた水を海に落としたのはヒボコだったという伝説がある。もう一つ、但馬一円が湖水だったのをヒコホホデミ（彦火火出見）命がアマツマミ（天戸間見）命と協力して排水したという言い伝えもある。このアマツマミというのは、アマツヒコネ（天津彦根）命の子ということになっている。このアマツヒコネという神には、アメノメヒトツ（天目一箇）命という子がいて全国各地で「鍛冶の神」として祀られている。

さらに、アマツヒコネにはアメノミカゲ（天御影）神という子があり、そのまた娘がオキナガ・ミズヨリ（息長水依）姫だという。そして、このミズヨリ姫はヒコイマス（日子坐・彦坐）王の妃の一人となされており、その子がタニワ・ミチヌシ（丹波道主）王であり、そこから垂仁天皇の皇后のヒバス（日羽州・日葉酢）姫が出ている。

このへんの系譜は複雑であり、必ずしも真実だとは言えないにしても、但馬・山城・近江など近畿北部には、ヒボコとヒコイマス王、そしてオキナガ氏の係累が重なり合っており、しかも金属精錬術に関わる信仰も同じく浸透していることがわかる。

ところで、「メヒトツ（目一箇）」というのは、どういう意味だろうか？　それは鍛冶師がカマドの中の様子を片目で見るため、その視力が失われることに因むものだという。昔、片目の視力が欠けたの人のことを呼ぶ言葉として「メッカチ」という言い方があった。それは「鍛冶の目」という意味だった。ギリシャ神話でも、「火と鍛冶の神」であるヘファイストスは、足が跛足であり、その下で働くキクロオペは一眼の怪人だった。他の国でも鍛冶師に眼や足に障害があるとする話の例がいくつか見られるという。

纏向《まきむく》の　痛足《あなし》の山に　雲居つつ　雨は降れども　濡れつつぞ来し　（万葉集三一二六歌）

これは、ヤマトの磯城郡穴師の山を歌ったものだが、穴師とは鉄を精錬する人のことであり、ここにも「足を痛める」という連想が働いているようだ。この付近には柳本町の山田に鉱滓が見つかっており、かつて鍛冶師が活躍していたことが証明されている。

このマキムク（纏向・巻向）のユヅキ（弓月・斎槻）岳の麓には、穴師兵主神社と大兵主神社とがある。その祭神は「御食津神なり。神体は日矛」とされている。『大倭本紀』という書物には、この神社の神鏡は、皇大神宮の鏡と、前にイシコリドメの「日像鏡」のことで紹介した紀伊の国懸神社の鏡と、三面いっしょに鋳られたと記されている。その真偽は不明だが、この神社の名は「延喜式」では最高の社格である名大神社に数えられている。

この穴師、あるいは兵主神社は、ヤマト国城上郡の右の二社の他に、和泉国の和泉郡（二社）・

伊賀国の阿拝郡、伊勢国の多気郡、若狭国の遠敷《おにゅう》郡、参河国の賀茂郡、近江国では野洲郡と伊香郡、丹波の国では氷上郡、但馬国では朝来郡と養父郡（二社）・出石郡・気多郡・城崎郡（二社）、播磨国の餝磨郡、因幡国の巨濃郡と多可郡、壱岐国では壱岐郡というように西日本各国に計二十三社が「延喜式」に名を列ねている。

ところで、「兵主」と言えば思い出すのは、中国の伝説に現われる蚩尤という怪人の異名のことだろう。蚩尤は黄帝と戦って敗れたというが、青銅をつくる技術の持ち主だった。日本にこの技術をもたらしたのは、ヒボコであるとすると、国内の穴師とか兵主とか言われる神もまたヒボコと関係があると考えられないだろうか？　右に見た穴師・兵主神社の分布地域は、どうやらヒボコの勢力範囲と広く重なり合っている。ヒボコの本拠地とされる但馬には七社も穴師・兵主神社があることは、とても偶然とは考えられない。そして、これらの神社はどうやら日輪信仰とも関わりがあるらしいことも心に止めておきたい。

ただし、秦氏の分布とも重なっている。（一三五ページ参照）

第四章　物部氏の実像――大連家の勢力の秘密は何か？

●モノとは魂のこと

古代日本には「八百万の神」というように、縄文時代以来、草木や山川などの自然崇拝のアニミズムの色彩が濃く残り、海の彼方に理想郷としての「常世の国」があり、霊魂は不滅で転生していくものだという考え方があった。そして、自分たちの祖先の霊を神として祀り、同時に蛇を神として崇め、日輪を信仰することも広く行なわれてきた。

そこに、弥生の神がやって来た。「火の神」や「雷神」は金属精錬と関係深く、金山彦・天御影命、天目一箇命などの半ば人格神も祀られていた。その一方、朝鮮から渡来した天の日矛も神格化されて神社に祀られるようになるが、それと並んで中国の蚩尤とつながる穴師あるいは兵主神社も崇拝の対象とされるようになった。

そして、天皇家の皇祖神のはずの伊勢の皇大神宮は、御饌津神であるという豊受神宮とペアになって祀られているが、その神事は天武天皇の時代に道教的思想が採用されたことはあるが、皇祖神としての位置づけは乏しく、その反面、この二つの神宮の関係は、「豊の国」の豊日別神社と宇佐八幡宮のペアと関係があるらしいことも浮かび上がってきた。

さて、戦前の男子中学生以上には、軍事教練が施され、明治天皇が下した『軍人に賜りたる勅諭』を暗唱することが強要された。その冒頭の文句は、「わが国の軍隊は世々天皇の統率したまうところにぞある。昔、神武天皇みずから、大伴・物部の兵どもを率い、中つ国のまつろわぬ者どもを討ち平らげたまい、高御座《たかみくら》につかせられ天の下しろしめしたまい……」となっていた。

そのため、一般に、物部氏というと、武器をもって戦闘することを使命とした軍事集団であるかのように思い込まされていた。物部氏が武力を整え、反逆者の討伐を行なったことは事実だが、それを天皇の親衛隊もしくは専門の常備軍のように思うと大きな誤りだ。

『記・紀』が伝える「神武東征」に従ったのは大伴氏であり、物部氏はむしろ討伐された側だった。東征軍に討たれたナガスネ（那賀須泥・長髄）彦の妹ミカシキヤ（三炊屋）姫は物部氏の祖先であるニギハヤヒ（饒速日）命の妻だったとされている。

そういうわけで、物部氏＝天皇家配下の軍団説は成り立たない。そもそも、物部の「部」というのは、伴部を統括する伴造《とものみやつこ》のことを意味している。伴部というのは、大王（天皇）家のために奉仕する職業集団のことで、それぞれ専門の仕事をもっていた。では、物部氏の専門とは何だったのだろうか？　そのことを語るためには「モノ」という言葉の意味を知らなくてはならない。

古語で「モノ」といえば、現代語と同じく「物事」という意味はあったが、「物の怪」だとか「物忌み」、「物狂い」あるいは「憑き物」というように、「霊」もしくは「魂」という意味の言葉だった。だから、「モノ」を司る氏族だった物部氏の仕事といえば、呪術をもって大王家の安泰をはかり、あるいは病気の治療なども受け持っていたのだろう。

前の章にも紹介した珠・剱・鏡と比礼《ひれ》（スカーフのようなもの）から成る「十種の神宝」を用い、「振るえ、ゆらゆらと振るえ」という「布留之言の本」の呪文を唱えながら人々の苦痛を除くことこそ物部氏の職務だったことになる。このことを、まず確認しておきたい。

この呪術を伴なう神事は、今日でも全国各地の物部系の神社では伝統に従って広く行なわれており、「物部氏の本質が呪術を本業とするものである」ことを示している。

絵馬のならぶ石上神宮

●武装集団としての物部氏

物部氏の本拠地は、現在は天理市に属する地域、奈良盆地の東側の山地の布留川沿いにあり、その氏神に当たる神社が石上神宮《いそのかみ》だった。そして、その祭神の神体は、布留御魂劔で、一名、布津御魂あるいは布都御魂・佐士布都神・甕《みか》布都神とも呼ばれている。

この劔は、「神武東征」の際に、熊野の山中で毒気に当てられて弱っていた東征軍のために、高天原からタケミカヅチ神によってタカクラジ（高倉下）が派遣され、授けられたものだとされている。そして、神武天皇が橿原《かしはら》で即位

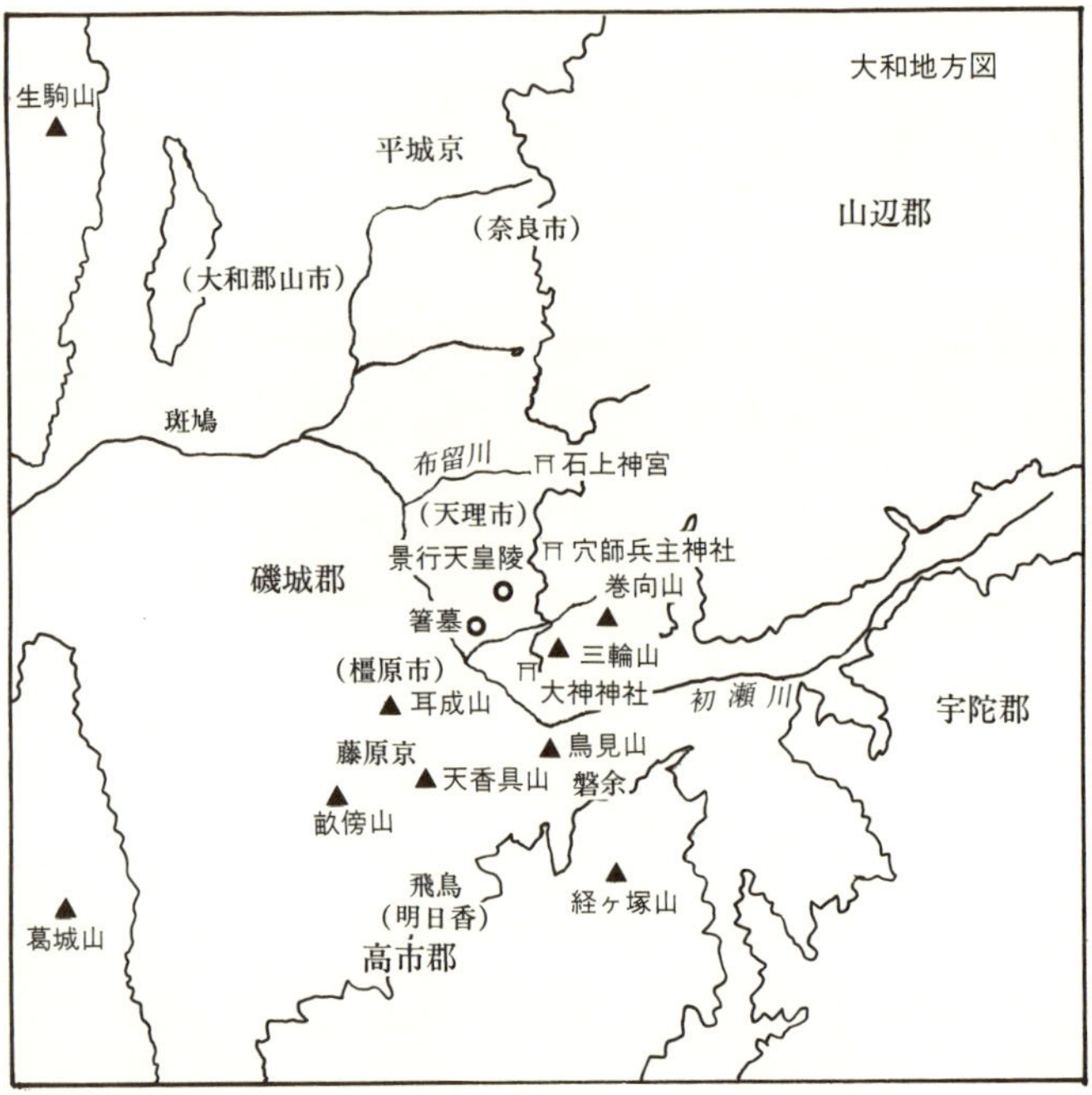

した時、国土を明け渡して帰順したウマシマジ（宇麻志麻遅）に下げ渡されたことになっている。

このウマシマジは、物部氏の始祖とされるニギハヤヒと、征服されたナガスネ彦の妹との間の子ということになっている。また、タカクラジも、ニギハヤヒが九州にいたころの妻アメノミチヒメ（天道日女）の間に生まれたとされるアメノカゴヤマ（天香語山）命の別名とされている。この点についても問題はあるが、それはさておき、『日本書紀』では、崇神天皇の時代に、物部氏の第六代目のイカガシコオ（伊香色雄）に命じて、この剣を石上の地に祀らせ、石上大神として国家鎮護の神としたという。

そもそも「神武東征」ということ自体が架空の物語であるから、右の「由来」

などナンセンスだとする見解もあるだろう。しかし、そういう突き放した態度をとることは大きな誤りだ。ここで語られているのは、天皇家は九州からの新来のものであり、いわば征服者であるのに対して、「物部氏は旧支配者だったが、天皇家に忠節を尽くすことを誓わせられた」という事実の記憶があり、そのことのシンボルとして石上神宮が建てられ剱が納められた、ということだ。

垂仁天皇は、皇子のイニシキイリヒコ（五十瓊入彦）命に横刀千口を造らせ、石上神宮に奉納させている。また、この神宮には「泰和四年」（中国の東晉の年号で三六九年か？）銘のある「七支刀」があり、それが「神功紀」に百済王から皇后に贈られたという「七枝刀」ではないかといわれている。このように石上神宮には「朝廷の武器庫」の意味合いがあるかに見える。

ますらをの　鞆《とも》の音すなり　物部《もののふ》の大臣《まえつぎみ》　楯立つらしも　（『万葉集』七六歌）

これは元明天皇が、大嘗祭の儀式に参列した、当時左大臣だった石上麻呂（本来は物部氏）のことを頼もしげに詠んだものだ。「物の具」と言えば武器のことだし、「物の夫」というのは武人のことを意味している。その限りにおいて、物部氏は武装集団でもあった。

ところが、五～六世紀ごろ、朝廷で皇族の身辺の警護に当たっていた武装兵は靫負《ゆげい》とよばれた。大伴氏は靫負だったが物部氏はそうではない。また、当時の宮廷を警護していたのは建部《タケルベ》氏などであり、藤原京や平城京で十二の宮門の警備は大伴・佐伯・多治比氏など定められた氏族が担当しており、物部氏の武力は用いられていない。それどころか、石上麻呂の孫の宅嗣《やかつぐ》は漢文の大家で、文章博士にもなっており、武ではなく文の道で名をあげている。

一方、物部氏の武力が天皇のために用いられた例としては、継体天皇の命令で筑紫の磐井の討伐が行なわれたという事実がある。天皇は物部アラカイ（荒甲・麁鹿火）に対して、「長門より東は朕《われ》制《かと》らむ。筑紫以西は汝制れ。賞罰を専行い、頻りに奏することな煩いそ」と言って、専断権を委ねている。「雄略紀」にも、狭穂彦（垂仁時代の反逆者）の玄孫のハタネ（歯田根）命が釆女《うねめ》を姦した時、天皇は大連の物部メ（目）に彼の身柄を預け、罪の裁きをさせ、私財の没収をさせている。また、同じ雄略時代には、伊勢のアサヒイラツコ（朝日郎）の討伐を物部ウシロ（菟代）宿禰に一任したが失敗したので、ウシロが所有していた猪名部の管理権が没収されたという記録もある。

このように、五〜六世紀には、天皇の軍隊があったわけではなく、適宜、豪族に命じてその私兵によって反乱の鎮圧などが行なわれていた。そして、物部氏に関しては、武力の行使よりも刑罰権を与えられていたことに注目すべきだろう。

●鍛冶王としての物部氏

アマテラスを岩屋戸から誘い出すための演出は、高天原の主力メンバーが挙って参加しているが、物部氏の名は無い。しかし、鍛人の一人として名を連ねているアマツ・マラ（天津麻羅）は物部族の一人だった。彼は、「天安原の天堅石を取り、天金山の鉄を取り」、イシコリドメに鏡を造らせている。

このアマツ・マラの名前は、『先代旧事本紀』に「天孫降臨」の時、ニニギノミコトに随伴した「五部人」の中に、「物部連らの祖天津麻良」として載っている。そして、ニニギノミコトを運ぶ船団の船長のアトベのオビト（跡部首）の祖のアマツ・ハバラ（天津羽原）につぐ梶取りとしてアトノミヤツコ（阿刀造）らの祖としてアマツ・マラの名が出てくる。

　この『旧事紀』の内容は、あまりにも整然としており、『日本書紀』には出ていない「天孫降臨軍団の構成メンバー」が詳細に記されているため、これは明らかに「後世の偽作」だと断定し一顧だにするに値しないとする向きもあるが、逆に、高天原から渡来したことを誇りとする氏族集団は多数あったはずだから、その名前を『旧事紀』が『日本書紀』とは違った立場から採録したと考えることもできよう。問題は、この書物が偽書であるか否かではなく、そういうリストを作る気運があったことの重みではなかろうか？　いずれにしても、これらの氏族はかつては朝鮮半島に居住しており、大船団を組んで九州上陸を果たしたことは事実としないわけにはいかない。

　ここに名前があがった跡部氏や阿戸氏はどちらも物部の同族で、後に大阪湾沿いの摂津・河内から近畿各地に展開している「八十物部」に属している。阿刀氏は東北にまで及んでいる。

『旧事紀』の「国造本紀」によると、熊野国造は「ニギハヤヒの五世孫、大阿斗足尼《すくね》」となっている。有名な中世の熊野水軍の祖先は物部系で、「天孫降臨」の梶取りだったというわけだ。

　さて、この物部の同族にアマツ・マラの名前があることは、物部氏もまた金属精錬技術をもっていたことを意味している。このことについては、甲南大教授の畑井弘氏は古代朝鮮語によって解明できるとしている。畑井氏によると、物部氏の始祖とされる「饒速日」は朝鮮語式に読むと「パンゲ・カルダ・ナル」というような発音になり、それは耳で聞くと「雷光・砥ぐ・刃」という意味になるという。「カル」ないし「カハル」が刀剣を意味することはすでに述べた。つまり、ニギハヤヒとは「青銅の刀の神」ということになる、というのだ。

畑井氏は、物部氏の第六代目のイカガシコオ（伊香色雄）の名前も「イツノ（厳の）」・「カク（銅）」・「シコオ（醜男）」だと説明している。さらに、畑井氏に言わせると、『書紀』に名前のある「可美葦萌芽彦舅尊」、「可美真手命」、「味饒田命」などや、『万葉集』に出てくる「甘酒の」という枕言葉、「国見の歌」に歌われる「可怜《うま》し国」などの「可美・甘・可怜」などの読み方について、それを「ウマシ」とか「アマ」とか読むべきではなく、本来の表記に従って「カム」とか「カリ」とか読むべきだとしている。つまり、「カル」は朝鮮語で「剱」のことであり、その意味を隠す読み方は誤りだというわけだ。

このような言葉を通じての論証は、説く側にとっては「当然過ぎるくらい妥当」ということになるだろうが、万人の納得が得がたい難点がある。しかし、物部氏のシンボルが石上神宮に厳として存在する「布留御魂」という剱であり、「八十物部」の中に製銅技術をもつ跡部氏や阿刀氏がある以上、物部氏もまた金属精錬部族として把握することは当然ということになる。

そして、天皇家と物部氏との関係も、「神武東征」という虚構を通じて表現された支配・服従の関係であり、両者の和解の象徴として物部氏が献上した剱を、反対に天皇家が下賜する形で石上神宮に保管させたと考えれば理解できることと思う。

●物部氏の東遷

『記・紀』が語る日本古代史のハイライトは、なんと言っても「神武東征」だろう。このことについて、多くの歴史家は「それは根拠の無い虚構に過ぎず、皇国史観の亡霊だから論ずるに足りない」として顧みようとしない。しかし、朝鮮から九州に上陸した勢力が近畿地方に集団移動したことは否定のしようもない事実だから、いろいろな集団が何波かに分けて「東遷」した史実を合成したものとして「神武東征」という虚像がつくられたとする論考は無視するわけにいかない。

『日本書紀』も、「神武東征」に先立って「ニギハヤヒの東遷」があったことを認めている。それは、後に日本磐余《イワレ》彦（神武）天皇となる王子が、シオツチ（塩土）老翁から「東に美地《うましくに》あり、青山四もにめぐり、その中に天磐船《アメノイワフネ》に乗りて飛び降れる者あり。謂うに是れ饒速日《ニギハヤヒ》か」と聞かされ、「東征」を決意したことになっている。

　このことについて、『先代旧事本紀』は、「饒速日尊、天神の御祖の詔勅をうけて天磐船に乗り河内国河上哮峯《タケルガミネ》に天降りまし、すなわち大倭国鳥見の白山に遷座すいわゆる天磐船に乗り大虚空《おおぞら》を翔け行きて、是の郷を巡り睨て天降ります。すなわち虚空《そら》みつ日本国と謂うは是なるか」と記している。そして、ニギハヤヒは現地の主だったナガスネ（長髄）彦の妹のミカシキヤ（御炊）姫を娶り、妊娠させたものの、子が生まれる前に世を去ったとしている。このへんは『記・紀』と違っている。

「神武東征」を受けた側の大和の先住者の対応については、『記・紀』の間にも差異が認められる。

『古事記』では、登美のナガスネヒコ（那賀須泥毘古）が抵抗したので、ニギハヤヒがやって来て「神武」に対して「天つ瑞《しるし》」を捧げ、息子のウマシマジ（宇麻志麻遅）が荒ぶる神を退治したとしている。そしてナガスネヒコの処置については何も述べていない。

『書紀』のほうは、抵抗していたナガスネヒコは、「神武」のところにやって来て、「自分は天神の

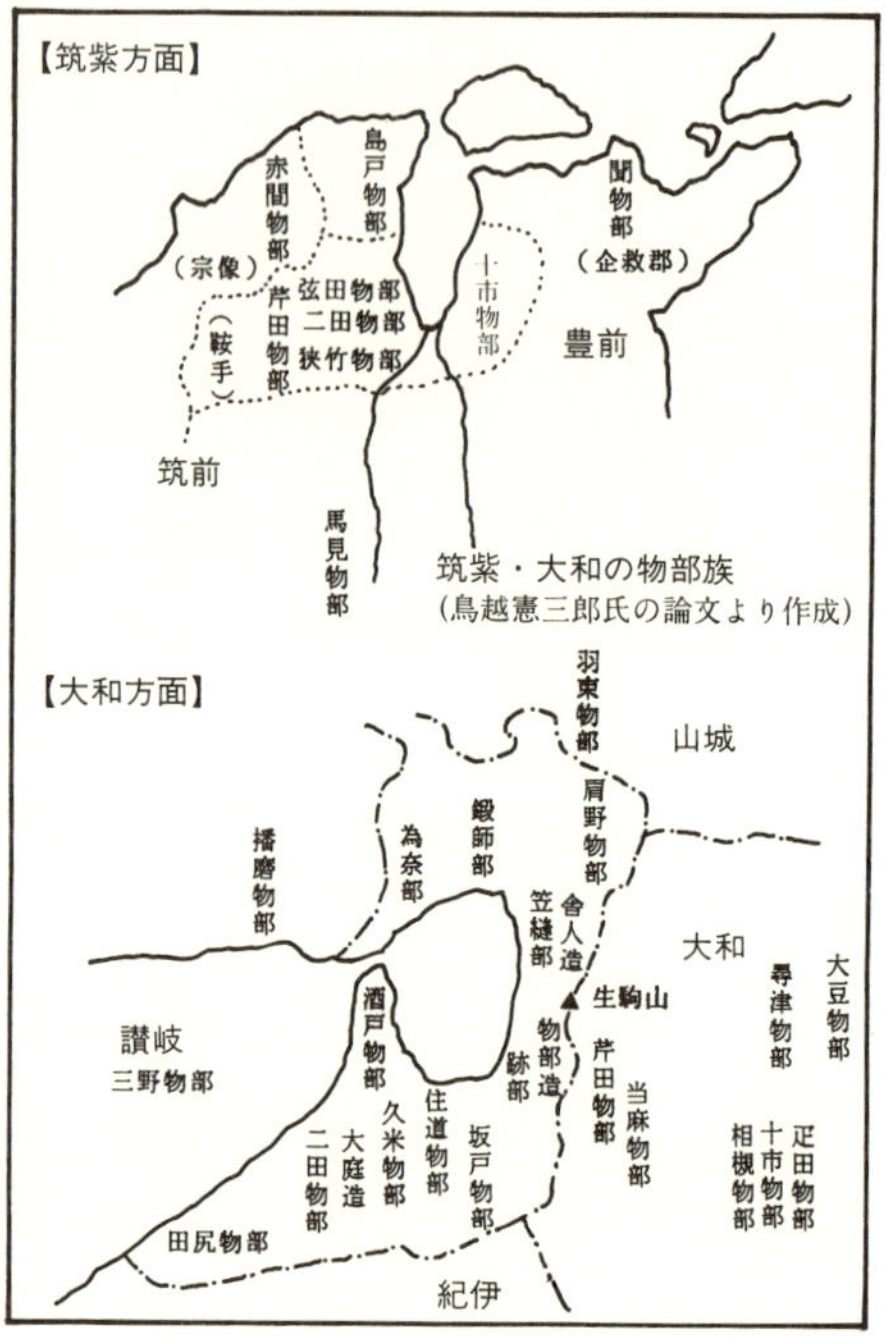

筑紫・大和の物部族
(鳥越憲三郎氏の論文より作成)

子のニギハヤヒに仕えていたが、天神の子が多くいるのはおかしい」と言ったのに対して、「神武」がニギハヤヒの持っていた天羽羽矢と靫《ゆき》とを「神武」のものと比べると同じだったので、ニギハヤヒは納得したが、ナガスネヒコは反抗を止めようとしなかったので、ニギハヤヒがナガスネヒコを討って「神武」に降伏したことにしてある。

『旧事紀』の場合は、ニギハヤヒは早く死んでおり、遺児だったウマシマデは「神武」に協力したとだけ記し、それまでの経緯は省略している。

なにぶん虚構の史実について、どれが正しいなどということは意味のないことだが、大切なことは、ある時期まで大和地方の実質上の支配者だった物部氏が、はるばる九州から遠征して来た「天皇の軍」に降伏したという事実があったことと、それ以後、物部氏は抹殺されることなく、進んで天皇家の支配を助けることになったという事実があったことを確認することだろう。

前著で、筆者は「神武東征」とは「崇神東遷」と「応神東遷」とを合成したものだとする考えを展開しておいた。そして、前者すなわち「崇神東遷」は三世紀の後半のことと考えている。

なお、「神武東征」に先立つ「ニギハヤヒ・物部族の東遷」については、鳥越憲三郎氏の指摘がある。それは、『和名類聚抄』などによって、北九州の遠賀川の河口近くの一帯の地名と、大和・河内方面にいた物部氏の族称とが多く一致していることを示したものだ。このことから、物部氏の「東遷」は事実であることが証明される。この「東遷」があったことは確実だが、その時代については、遅くとも「倭国大乱」があったとされる二世紀後半までのことと思われる。

もう一つ、前に見たように、銅鐸の使用が突然おこなわれなくなり、地下に埋められたりしている事実について、物部氏が銅鐸祭祀をおこなっていた、という推測も可能になってくる。畑井氏が言うように、イカガシコオの名が銅の製造を意味しているとすると、この考えも成立する可能性はかなり高そうに思えてくる。

●ニギハヤヒと八十物部

古代の氏族のうちで同族や派生氏族の数が一番多いのは、何と言っても物部氏だ。宗本家とされる大連《おおむらじ》家は、初代宇摩志麻遅から以下、彦湯支命―出石心大臣命―大矢口宿禰命―大綜麻杵《ヘソキ》命―伊香色雄命―十市根―膽咋宿禰―伊呂弗―目―荒山―尾輿―大市―御狩―目―宇麻古―石上麻呂―乙継―宅嗣と続くが、尾輿の子の守屋の系統は蘇我氏によって滅ぼされている。

物部氏から出た支流としては、宇摩志麻遅の子孫には阿刀氏、大矢口宿禰からは穂積氏が出ている他、ニギハヤヒを祖先神と仰ぐ氏族には、弓削・柴垣・柏原・葛野・佐為・大宅・越智・長谷部・熊野・宇治など三十以上の氏が分かれている。

また、大矢口宿禰命の妹の鬱色謎《ウツシコメ》命は孝元天皇の皇后だし、伊香色雄命の妹の伊香色謎命は、孝元天皇と開化天皇の二代にわたる后妃となっている。

こういう直系から分かれた物部以外にも、「八十物部」といって、大和・摂津・和泉・伊賀・伊勢から東国の各地には物部を名乗る一族が広く分布しているし、五世紀ごろ全国に配置されたとされる国造を、『旧事紀』の「国造本紀」によって見ると、参河・遠淡海・久努・珠流河・伊豆など全国一四四国の実に八パーセントに当たる一二か国の国造は物部の同族で占められている。

そもそも、「天孫降臨」に随伴した天津麻良や天津赤星などの「天物部」二十五人などは、すべて後に「八十物部」になったものの祖先ということになっている。そして、これらの物部氏は同族としての連帯意識をもっていたに違いない。しかし、高天原以来の「××物部」や大連家から実際に派生した物部氏はそのうちの一部に過ぎず、多くの物部氏というのは、職業集団として擬制《ぎせい》的に同族とされたものと思われる。それはともあれ、物部を名乗る氏族集団の勢力が絶大だったことは確かだ。

彼らが同族意識をもつという場合、その根幹となったのは、ニギハヤヒを共通の祖神として戴くという認識だったに違いない。その場合、ニギハヤヒというのは特定の実在人物ではなく、あくまで象徴的な存在として捉えられていたことだろう。このことは、アマテラスとかスサノオも同様で、古代人の連帯意識の根底には「祖先を共通する」という信念があり、その象徴としての始祖神がニギハヤヒであれば、その一族は物部氏ということになる。

ところで、これだけ広く物部氏が分布していたにもかかわらず、ニギハヤヒを祀る神社となるとわずかしかない。伊予の北条の国津比古神社や播磨の竜野の井関三神社と筑前の鞍手郡の天照神社くらいのものだ。つまり、あれほど広く全国に分布していた物部氏は自分たちの先祖を祀る神社を残そうとしなかったことになる。こういうことがありうるだろうか？　こういう歴然たる事実について、何の疑問も抱かないのは大きな怠慢ではなかろうか？

　肝心の石上神宮は物部氏の氏神的な存在だが、その祭神は劔であって、ニギハヤヒではない。これも不思議な話だ。石上神宮では、ウマシマジやイニシキイリ彦は祀っているが、ニギハヤヒの名前は出てこない。それは何故なのだろうか？　考えられる唯一の答えは、物部氏に祖先を祀ることを禁止はできないが、「ニギハヤヒ」という名を用いることが禁止されたからだということになる。そして、ニギハヤヒの名は「神武への降伏者」として史書の一か所に止められたのだと解する以外に説明はつかないだろう。

貴船神社　手前は御船形石

　このことを理解するためのヒントは、『旧事紀』に書かれている。それはニギハヤヒの本名を見ればわかるはずだ。それは、「天照国照日子天火明奇甕《クシミカ》玉饒速日尊」という長い名前だ。

そこで、この長い名前の一部を用いて祭神とした神社を探すと、三輪山の祭祀を行なう大神《おおみわ》神社が大物主櫛甕玉神社という別名をもっている例をはじめ、いくつか見つかってくる。しかし、何といっても目をひくことはニギハヤヒの本名の頭に付く「天照」という文字のはずだ。

●物部氏と日輪信仰

ニギハヤヒを祖神とするはずの物部氏が、自分たちの神を祀る神社をほとんどもっていないことは天下の大難問のはずだ。それなのに、そういう疑問を誰も投げ掛けず、従ってその答えも説かれていないことは実に不思議なことだ。

しかし、実は、「日本人の心に潜む日輪信仰こそがニギハヤヒ信仰なのだ」と言えば半ば合点がいくのではなかろうか？

現在の大阪城のあるあたりに、かつてはニギハヤヒを祀る岩船神社があったと記す古図があるという。ところで、その大阪の古名は「難波」というが、その語源は何だろうか？　それは、金思燁氏に言わせると、朝鮮語で太陽を表わす「ナル」と、門のことを意味する「ニハ」という言葉が合成されて出来たもので、「太陽の門」のことだったという。

『日本書紀』によると、「神武」の軍は河内の草香邑に上陸したという。その土地のかつての住民だった物部氏は「日輪信仰」をもち、東の生駒山から太陽が昇るのを見て土地の名を「日の本」と呼んでいたのではなかろうか？　それが「日下」と書いて「くさか」と読む起源となったかどうかは別とし、「神武」の軍に「太陽に向かって攻めるのはよくない」と思わせたのは、もしかすると本当のこと（もちろん、その「神武」とは誰かという疑問は残るが）かもしれない。

さて、この物部氏が「日輪信仰」を朝鮮から持ち込んだとする仮説を支持するような事実がある。それは、物部氏が勢力を張っていた摂津（大阪府）には菟餓野《ツガノ》（天満北野から南京橋、平野町の総称）という地名がある。また、大和（奈良県）では、物部氏が本拠地としていた石上の布留から見て太陽が昇る方角の榛原町の北方にも都祁野《ツガノ》という地名がある。

この二つの「ツガノ」の名の起源を思わせる「都祈」という地名が朝鮮のかつての新羅地方（慶尚北道）の迎日湾にあるという。「都祈」は、漢音で「トキ」、呉音で「ツゲ」となる。

朝鮮の史書の『三国遺事』には、新羅の古事として面白い話がある。延烏郎と細烏女という夫婦がいたが、二人は大岩に乗って日本に渡ってしまった。そのために、天地は暗くなってしまった。この夫婦は太陽と月の精だったからだ。そこで、新羅王は二人に帰還を求めたところ、烏郎は肯んぜず、烏女だけが絹を持って帰って来たので、それを祀ったところ日月はもとに復した。この祭りが行なわれたのが、迎日湾であり、都祈だという。そうなると、延烏郎が即、物部氏ということにならないまでも、朝鮮から渡来した人たちによって、日本の摂津と大和にある「ツゲノ」でも、「日輪」を祀る儀式が行なわれていたと考えていいだろう。

この延烏郎・細烏女が日本に行ったという話は、アカル姫を追ってやって来たツヌガアラシト、あるいはヒボコの話と結びつける説もあるが、ヒボコの神宝と物部氏の神宝がそっくりであることを考え、「日矛」にも「饒速日」のどちらにも「日」の文字が付く上、この話が「日輪復活」ということから「天照の岩戸隠れ」も連想され、一層興味が高まってくる。

話変わって、昭和二四（一九四九）年に青森県上北郡都甲地村の雑木林から「日本中央」と刻まれた石碑が発掘されている。それは高さ一・五メートルほどのもので、昔からその存在が取り沙汰されていたものだ。というのは、西行の歌や『平家物語』に、「壺の石文」として書かれていたものがこの石碑と思われるからだ。誰しも疑問に感ずるのは、東北の果てに近い場所が何故に「日本中央」なのかという点だろう。そのことについては、民俗学者の谷川健一氏が『白鳥伝説』という著書に詳しく述べているから、ここでは省略するが、要するに「日の本」という称号はもともと「物部王国」の名前で、それが大和への侵入者に追われて遙か東北に逃れて来たことの名残なのだという。

『日本書紀』には、タケノウチ・スクネが東北地方を視察しての報告に、「日高見国あり」と言っているが、「日輪信仰」をもった人たちが、大和から東北に逃れて行ったことは、おそらく事実であり、「日本中央」という石碑を建てたのは彼らだろう。それが物部氏であり、東北への移住の動機としては、やはり「神武東征」に相当するものから逃れるためだと考えることは極めて自然であり、かつ合理性に富むものと言えるだろう。

●「欠史八代」は物部王朝

物部氏は、どうやら朝鮮からの渡来集団の中でも有力なものだったらしい。しかし、その日本列島内での原郷は九州にあった。遠賀川の下流域には物部系の集団がいて、それが近畿地方に進出して行ったことはすでに述べた。九州には、それ以外にも物部氏が根拠地としていた所がある。

筑後の生葉郡と肥前の三根郡には物部郷があった。そして、筑後御井郡（現・久留米市）の東部にある筑後国一宮の高良（高麗玉垂）神社の厨預《くりやあずかり》や祝《はふり》の職は、中世以前から代々、物部氏が務めていた。そして、筑後の三潴《ミツマ》郡には物部神社・物部山国神が祀られており、その南の山門郡にも物部系の神社がある。そして、他者に先駆け、早くから近畿方面に進出して行った。

そこで、物部氏だけでなく、大和王朝の主体がどのようにして九州から大和に遷移して行ったかについて考えてみよう。その詳しい推理は前著『天皇家と卑弥呼の系図』に書いてある。

朝鮮半島から渡来した「弥生人」たちは博多湾周辺から筑後川流域にかけて多数の小国家群が建てられたが、二世紀後半の「倭国大乱」によって変動が起こり、三世紀半ばには邪馬台国は筑前甘木から豊前宇佐に、末羅国は松浦半島から神湊《こうのみなと》付近に、伊都国は糸島から内陸の糸田に、そして奴国は博多から豊前中津に移動した、というのが筆者の考えだ。これらの邪馬台国連合は、筑後にあった狗奴国すなわち熊襲と対立・抗争に明け暮れしていた。

そして、卑弥呼の死後、筑後の三潴郡にあった弥奴《みぬ》国王（水沼王）が一時邪馬台国連合の王となったが、統制に失敗し、狗奴国の一部だった大伴氏らとともに「東征」をして大和に入り、ミマキイリ彦として新王朝を開いた。この事実は、「神武東征」として『記・紀』に書かれた。

これが、筆者の立てた「日本古代史の復元」のシナリオの骨子だが、ミマキイリ彦になった弥奴国王こと水沼君を「神武」になぞらえるならば、それを迎え入れたニギハヤヒあるいはウマシマジとは、当然のことながら、一～三代前に九州から近畿入りしていた物部集団の長だったことになるはずだ。

もっと端的に言うならば、『記・紀』では、ミマキイリ彦すなわち崇神天皇は開化天皇の子となっているが、それは史実ではなく建前ということになる。つまり、開化天皇の娘のミマキ（御間城）姫のところに婿入りしたので、「ミマキ入り彦」となったということになる。

一般には、「神武東征」は架空の史実である以上、仮に「崇神東征」があったとしても、それ以前にあったとされている綏靖・安寧・懿徳・孝昭・孝安・孝霊・孝元・開化の八代の天皇などは、『記・紀』に名前だけが載っている、実態の無い「欠史八代」であり、幻の存在だということになっている。しかし、そういう架空の天皇の名前を『記・紀』は何故に創作しなければならなかったのかについて納得のいく説明はなされていない。

では、真相はどうなっているのだろうか？　それは、「崇神東征」を迎え入れた「物部王朝」があったことを考えれば、けっして架空のものとして却《しりぞ》けていいということにはならない。つまり、

「欠史八代」の天皇というのは、「物部王朝」の大王的人物の名前を父子相続の形で綴ったと考えたい。ただし、当時の物部王朝は母子相続だっただろうから、これらの「天皇」は父子関係はなかったことだろう。そして、その「天皇」というのは、四〜五世紀以後に大和王朝を支えていた群小氏族の祖先――磯城県主《しきあがたぬし》――が物部氏の女と姻戚関係にあったというような事実を根拠としてつくり上げられたものと思う。つまり、第二代から第九代の天皇の子孫を称する氏族に名誉ある血統を保証するためにも、「欠史八代」は必要だったのであり、単なる思いつきや、皇統を長く古く見せようと姑息な意図でデッチ上げた偽造系図とは違う、というのが筆者の見解だ。

そして重要なことは、物部氏は「崇神以前」には大和盆地から河内平野までの小国連合の盟主であり、いわば「物部王朝」が実在しており、「崇神以後」に、ミマキイリ彦を入り婿として迎え入れ、その後ろ楯として物部大連家は相変わらず権威ある地位を保ったということになる。

●物部氏と猿田彦

時代をもう一度さかのぼらせよう。二世紀の後半に「倭国大乱」があったことは、『魏志』や『後漢書』が認めている。筆者は、この「大乱」の早い時期に、物部氏は大挙して北九州から河内・大和方面に進出し、さらに、北九州でも前記のような邪馬台国グループの移住があったと推定している。そのことは『記・紀』の記述に反映しているだろうか？

筆者は、『記・紀』が神話として記していることは、単なる架空の物語ではなく、その祖先たちが「邪馬台国連合」の内部にあって経験した事実を根底に置き、それをデフォルメして物語化したたものと考えている。つまり、神話のすべては北九州での出来事であり、「出雲神話」とされているものも、残らず「豊の国」の事件を素材にしているものと考える。

そこで、問題になるのは『記・紀』の「天孫降臨」の記事だ。というのは、何人かの論者は、高天原とは朝鮮のことであり、「降臨」とは天皇家の祖先を中核とする「天神族」が北九州に上陸したことを表わすものとしてだけ捉え、博多湾沿いに日向峠とか可也山などの地名があることを指摘して満足している。しかし、この「降臨」に先立って「出雲の国譲り」の話が割り込んでいることの説明は無いし、「葦原中つ国」が「騒がしい国」であるとしている理由などには関心を向けていない。これでは本当の意味での「神話解釈」とは言えない。

このことに関しても、前著で論じたので重複を避けたいが、その要点は、「天孫降臨」とは朝鮮からの渡来という史実だけではなく、筑前甘木の第二次高天原（同時に第一次邪馬台国）から脱出して、ニニギノミコトに相当する「天神族」が豊前中津に落ち延びた事実をダブらせ、重ね合わせたものだということだった。そして、高天原と中つ国の中間の「天の八衢《ヤチマタ》」とは豊後日田であることを、道が八方に通じていることと、日田にはニニギノミコトの道案内をしたというサルタ（猿田）彦に因むものがあることを指摘した。

ところが、このサルタ彦については、それが物部氏とも関係があると思われるので、そのへんの事情について紹介しておきたい。というのは、「猿田」という地名が密集している地域があるからだ。それは、北九州市から宗像《むなかた》市・直方《のおがた》市にかけての一帯のことだ。このあたりは遠賀川の下流域に相当し、前に述べたように赤間物部・弦田物部・芹田物部・二田物部・狭竹物部、それに馬見物部が分布していた地域と重なっている。例えば、北九州市の藤田区（ＪＲ黒崎駅の西）だとか、その南の上津役、北の岡垣町、その西の高倉、そして宗像市・直方市・赤池町に「猿田」という字《あざ》がある。そして、宗像市から鞍手町の中間には猿田峠がある。

前著でも触れたが、次章以下で扱う豊前の行橋市にある豊日別神社の祭神が猿田彦になっていることも注目すべきだろう。これは後に解明すべきことだが、豊前・豊後の「トヨの国」は古くから朝鮮系の渡来者が定着していた所であり、物部氏の影響下にあったと思われるから、猿田彦が活躍していた地域と物部氏の勢力範囲が一致する以上、サルタ彦とは物部氏と関係深い氏族の長だったと推定される。

一般には、サルタ彦は「鼻が高かった」と言われているからというので、天狗と混同されたり、ユダヤ人説が出たりしている。それに、ニニギノミコトの道案内をしたというので「塞《さえ》の神」すなわち道祖神のこととされたり、庚申の「サル」と連想されることもある。

なお、「猿田」地名は秋田県から鹿児島県にかけて三〇例があり、アイヌ語で「前・空き地」というような意味だとする説や、琉球語で「先導」という言葉が訛ったとする解釈もある。

ところで、サルタ彦を祖先とする家がある。それは遠賀川河口付近に住んでいた香月氏で、記録によると、弘治元（一五五五）年、同家の氏神の杉森神社の社殿の下から、鶏卵大の金銀銅の玉が八個見つかった。これは、『書紀』にあるコノハナサクヤ（木花開耶）姫がニニギノミコトの子として「三火神」を産んだという話の「一書」の別説に、それが「八王子」だったというのがあり、そのことを象徴していると解釈する人もいるが、『三国遺事』の「駕洛国記」にある初代の王の首露王の誕生の時、六個の玉から王子たちが生まれたという話のほうに関係がありそうに思える。いずれにしても、サルタ彦は物部氏同様に朝鮮とつながっていると考えられる。

第五章　海人族の活躍――天皇家を支えた海人たちの実力

●火明命の子孫

物部氏の始祖とされるニギハヤヒのフル・ネームは「天照国照日子天火明奇甕《くしみか》玉饒速日尊」だった。この名前に「天照」という文字が付いていることの意味は決定的に重要だが、そのことについては改めて考えることとし、まず「天火明」の意味についてみることにしよう。

『記・紀』によると、天孫ニニギノミコトは高天原から降臨した後、三代にわたって日向で過ごし、ついで「神武東征」が行なわれたことになっている。日向でニニギを迎えたのは国つ神のオオヤマツミ（大山津見・大山祇）で、ニニギは差し出された二人の娘のうち、醜いほうのイワナガ（石長・磐長）姫を却け、美しいほうのコノハナサクヤ（木花之佐久夜・木花開耶）姫を選び、一夜をともにしただけで子が出来た。ニニギはそれを怪しんだため、姫は戸の無い産室に入り、それに火をつけて出産する。そして、生まれてきたのは三男子だった。

　こうして誕生した「三火神」は、火炎の燃える様子から、『書紀』では、ホスセリ（火酢芹）・ホアカリ（火明）・ヒコホホデミ（彦火火出見）という名、『古事記』では、ホデリ（火照）・ホスセリ

（火須勢理）・ホオリ（火遠理）と名づけられた。

この燃える火炎の中から子が生まれるということは、金属精錬の情景を頭に描きながら、貴い皇子の誕生の厳しさを語っているものと思われるが、この話は、地上の国を治める立場での各勢力の関係を、続く「海幸・山幸」の物語によって象徴的に示そうという意図によっている。

つまり、海幸すなわちホスセリから、山幸すなわちヒコホホデミが借りた釣り針を失ったのにたいして、海幸はあくまで本物の針を返せと要求したことから、山幸は海神オオワタツミの宮まで行き、針を見つけてもらった上に、潮を自由に操れる玉をもらい、海幸を溺れさせ、降伏させるというストーリーになっている。この山幸の子孫が天皇家であり、海幸の子孫はそれに服従を誓った隼《はや》人《と》であるというのである。

ところが、「三火神」のもう一人の兄弟のホアカリには、こういう説話がついていない。そして、ホアカリの子孫というのが物部氏と尾張・海部氏になっている。『先代旧事本紀』の説くところによると、ホアカリはまず、アメノミチヒメ（天道日女）によってアメノカゴヤマ（天香語山）命を生ませ、それを初代として以後、アメノムラクモ（天村雲）命、アメノオシヒト（天忍人）命、オキツヨソ（瀛津世襲）命というふうに、尾張氏と海部氏の祖先たちがこれに続く。

そして『旧事紀』は、このホアカリの別名はニギハヤヒであるとし、彼は天磐船に乗って大和に天降りし、その地でナガスネ彦の妹のミカシキヤ姫を娶り、ウマシマジ以下、物部氏につながる子孫がつぎつぎと生まれたということになっている。

この系譜の前半、つまり尾張・海部氏の系図の第九代目に「ヒメノミコト（日女命）」という名があり、そこには「弟彦命」もいるし、二代後にはもう一人の「ヒメノミコト」もいることから、これこそ『魏志』の記す卑弥呼だというのが筆者の想定だ。

その当否はさておき、ここで重要なことは、物部氏と尾張・海部氏が共通の祖先をもつということの真偽だろう。結論的に言うならば、それは虚構ということになる。そもそも「三火神」の誕生という説話は、本来はそれぞれ別の系統の種族が、同じ日本列島で生きていく前提として、隼人は天皇家に服従させられたが、その根源は義理の兄弟のようなものだとする和解が成立したことを説話として述べたものだからだ。ホアカリというのも、天皇家とは別系統だが、大和王朝の発展のためには、尾張氏も海部氏も姻戚関係をもって協力していこうという協定ができ、その先祖をホアカリという名で、天皇家の先祖のヒコホホデミの兄弟として位置づけたことになる。「神武」に降伏した物部氏についても、隼人の場合と同じく義理の兄弟として、ニギハヤヒの名前の中にホアカリの文字を加え、系譜としても、ナガスネ彦の妹の婿ということにしたのだと考える。だから、尾張・海部氏と物部氏とは血統としては別のものということになる。

●尾張・海部氏も天皇家の外戚

ホアカリを祖先とする尾張氏とは名古屋市にある熱田神宮の宮司の家であり、同じくホアカリの子孫と称する海部氏は天の橋立のある丹後の籠《この》神社の神官の家だ。この遠く離れた二つの氏族が内容の同じ系図をもっているということは、その昔のいつの日かに同じ場所にいたことを意味している。とかく、大昔の系図というと、その中身はいい加減なもので信用できないと考えるのが普通だ。

しかし、独立して伝えられている二つの系図が内容的に一致し、しかも人名の表記だけが異なっているということは、それぞれが口頭で伝えてきたことを独自に文字にしたことを意味しており、何かを転記したものではなく、ともに真実を伝えているということになる。

では、尾張・海部氏の共通の祖先の原郷はどこだろうか？　それは豊後（大分県南部）地方であることは確実だ。全国には二〇か所ほど海部という地名がある。尾張もその一つだ。しかし、豊後と丹後の間には一致する地名が極めて多い。大野・三重・八坂（弥栄）・海原（皆原）・蛭子《エビス》・竹野などの地名がどちらにもある。それだけでなく、豊後の日出《ひじ》町には真那井《まない》という字《あざ》があるが、丹後にも比治の真名井があるのだから、かつて豊後にいた人たちが丹後に大量に移住して来たことは間違いない。しかも、地名の一致だけではなく、住居が二階にあり、階下が船着場になっている建物など両者に共通する文化も多い。

豊後にいた海部氏が、丹後と尾張に移ったのはいつごろのことだろうか？　それは両者の系図が分かれてくる時期ということになる。つまり、前に述べた宇佐女王と誉田真若が結婚した後ということだ。彼らの間に出来た三人の娘が応神天皇の后妃となったのだから、それは四世紀が終わり五世紀になったころということになるだろう。

それはそうと、尾張・海部氏の系図には、天皇家と極めて密接なつながりがある。その三代目のアメのオシヒト（天忍人）命は『古語拾遺』によると、日向でヒコホホデミの子のヒコナギサタケ・ウガヤフキアエズに仕えたとある。その妹のヨソタラシ（世襲足）姫は孝昭天皇の皇后になっている。また、崇神天皇の妃の大海媛《オオアマヒメ》も海部氏から出ているし、ヤマトタケル（日本武尊）が東征の帰途に結婚したミヤズ（宮簀）姫の名前さえこの系図に出てくる。ヤマトタケルは架空の人物だが、その物語の作者がこの家系についての知識があったことには意味がある。

また、「崇神紀」に、出雲征服の使者として名を連ねるタケモロスミ（建諸隅）だとか、神功皇后の下で活躍し、後に飛騨の怪人・両面宿儺《フタツオモテノスクナ》を討ったという英雄のタケフルクマ（建振熊）の名前までこの系図には顔を出している。

それはともかく、ここで注目すべきことは、海部氏はその名のとおり海人であり、博多湾にも海部郷があることから安曇氏とは同系の海人族であり、それに対して天皇家の祖先は「山幸」にたとえられていることから、この両者は系統としてはまったく別のものであるにもかかわらず、何度も姻戚関係を結んでいるということだ。しかも、常に海部氏のほうから女が出ている。

天皇家の祖先にウガヤフキアエズという名があることから、その出自を朝鮮の上伽耶（ウガヤ＝大伽耶と同じ、慶尚北道の高霊地方）に求める説が有力だが、海部氏や安曇氏も、おそらくは朝鮮半島南部にあったとされる浦上八国という海人系の国のどれかに由来するものと思われる。

ともあれ、尾張・海部氏と天皇家との関係は歴史以前の時代から続く古いものであり、両者は姻戚関係で固く結ばれていたので、神話の「三火神」の誕生の話が作られたのだろう。

ところで、前にも述べたように、尾張・海部氏の九代目のヒメノミコト（日女命）こそ、邪馬台国の女王卑弥呼であるとする筆者の比定は、右のような関係を念頭におくならば、極めて可能性の高いものとしていいと思う。邪馬台国は九州で最高の権威をもっていたのだし、天皇家の祖先もまた九州から発しているのだから、両者が別のもの、あるいは無関係とは考えられない。

卑弥呼を出した氏族が滅亡したのでないとすれば、天皇家の外戚として存在していた尾張・海部氏以上の適格性をもつ家系は無いからだ。

●海人族としての物部氏

ホアカリ（天火明）という異名をもったニギハヤヒを祖と仰ぐ物部氏は、その本質は呪術を行なう氏族であり、金属精錬技術を抱え、強い武力も有していた。そして「日輪信仰」をもち、早い時期に九州から東方に進出し、三輪山をめぐる蛇神信仰と思われるナガスネ彦の集団と姻戚関係を結び、「物部王朝」を築いていたが、ミマキイリ彦すなわち崇神天皇の「東征」を受け入れ、新王朝を支える立場となった。

ところで、「金比羅《こんぴら》ふね、ふね……」と歌われる四国の琴平宮の祭神は、なんとオオモノヌシ（大物主）命になっている。オオモノヌシと言えば大和の三輪山の神のはずだ。これがどういう理由で、瀬戸内海の航海の安全を司る船の神にされているのだろうか？　そういう疑問が湧くのはごく自然のことのはずだ。そもそも「コンピラ」というのは、古代インドのサンスクリット語で「クンピーラ」といい、「鰐」をさす言葉だった。したがって、それが日本で龍王となり海神として崇められ、雨乞いや海難避けの神として信仰されたとしても、その点は不思議とは言えない。しかし、オオモノヌシと結びつくのは不可解だ。

オオモノヌシの神については、『記・紀』では、国作りを一応おえたオオクニヌシ（大国主）命が「自分独りでは、どのようにして国が作れようか」と嘆いていたところに、「海を照らしてやって来た神」があったとしている。そして、その神こそ大三輪《オオミワ》神であり、その名前が大物主であると述べている。つまり、オオモノヌシは渡来神で、国つ神に向かい、「われを倭《やまと》の青垣の東の山（三輪山）に祀れ」と命じたとしている。だから、大和の大神《オオミワ》神社の祭神はオオモノヌシであり、その祭祀は地祇系の大神氏が受け持つことになったのだ。しかし、それだけでは、この神の正体がわかったというわけにはいかない。

ところで、ニギハヤヒの異名には、「奇甕玉《クシミカタマ》」というのがあった。上野《こうづけ》（群馬県）桐生市の美和神社、下野《しもつけ》（栃木県）惣社町の大神神社、出雲（島根県）の宍道町の來待神社などの祭神は大物主奇（櫛）甕（瓶）玉尊となっている。ここで気づくことは、ニギハヤヒの異名が「三輪」の神である「大物主」とつながっていることだ。つまり、前にあげた疑問――「物部氏は、先祖の神であるニギハヤヒを何故祀らないのか？」という問いの答えにはならないとしても、ここに一つの手懸かりがみつかったように思えてくる。

ヘビを意味する言葉である「ナガ」をその名にもつナガスネ彦の妹は、大和の大王だったニギハヤヒの妻になっている。三輪山は物部氏の根拠地だった布留の地の支配権の範囲内にあった。だから、三輪山の神の大物主とは物部氏の神だったと考えてよいということになりそうだ。三輪山は筑前の甘木にもあり、その地方も物部氏が勢力を張っていた筑後に近い。どうやら、オオモノヌシを日本に運び込んだのは物部氏らしいことがわかってきた。

そこで、金比羅宮を建てたのも物部氏ではないかと考えると、興味ある一つの事実が浮かんでくる。この宮の創始は不明ということになっているが、琴平のあたりは古来、三野郡とよばれていた。

そして、『旧事紀』の物部二十五部人の名前を見ると、「三野物部」というのがある。そうなると、この宮を建てたのは物部氏だというふうに合点がゆきそうだ。

また、前にも述べたように、「天孫降臨」の大船団の船長は、物部一族の跡部氏の祖のアマツハバラ（天津羽原）だったし、舵取りも物部一族の阿戸氏の祖のアマツマラ（天津麻良）だったことを思えば、物部氏は海人族を包み込んでいたことがわかる。

ただ、「コンピラ」という言葉がインドに由来するという謎が残る。この件については、『三国遺事』の「駕洛《からく》国記」に、駕洛（釜山の西の金海《きめ》にあった国）の王のところに、インドのアヨーダ（阿踰陀）国の王女が船に乗って到来したという話がある。それがそのままコンピラの起源と結びつくわけではないが、この話は一世紀ごろのこととされているから、インドと朝鮮や日本との航路が早くから開かれていたことの説明の根拠とはなるだろう。

●ククツとサンカの謎

「海幸・山幸」の説話では、海幸とはホスセリのことで隼人の祖先ということになっている。この隼人は早い時期から天皇家の祖先に征服され、宮廷で奉仕させられていたことは、曾婆加里《ソバカリ》という隼人の名が『古事記』に見られるし、奈良時代には行列の先払いや雑役をさせられていたことが記録されている。

この隼人が八世紀の初期に大反乱を起こして鎮圧された事件があり、殺された隼人の霊を慰めるために宇佐八幡で「放生会《ほうじょうえ》」という行事が今日に至るまで行なわれている。これは実のところは神鏡の奉納行事なのだが、その際にクグツの舞いが行なわれる。

　クグツというのは、「傀儡」とも書くが、本来は「ククチの神」という木神のことで、「木偶」すなわち木の人形のことをそう呼んでいた。平安時代には、クグツ師とよばれるジプシーのような旅回りの芸人たちがいて、操《あやつ》り人形の芝居をして観せていた。

宇佐神宮放生会のクグツの舞い（藤田晴一氏撮影）

　宇佐の「放生会」で奉納されるクグツの舞いは、「細男《セイノオ》」の舞いと呼ばれ、古代の海人が好んだものらしい。『宇佐宮古記』には、神功皇后の問いに対して、海神とされる住吉の神が、「志賀島に坐す安曇の磯良は細男舞いを好む」と記している。磯良というのは、安曇海人族の祖神のことだ。安曇族はもともと博多湾を根拠地としていたのだから、この舞いが宇佐八幡の近くの浜で舞われることは、安曇族が豊前にも移住していたことを意味している。

　では、なぜ「放生会」にクグツの舞いがおこなわれるのだろうか？　それは、七二〇年の朝廷軍による隼人の討伐に宇佐の宮司だった大神諸男、禰宜の辛島勝《スグリ》波豆米、僧侶の法蓮（宇佐氏の出）らが大挙して参加し、大隅（鹿児島県東半）の隼人の根拠地に乗り込み、傀儡の舞いの一種である細男の舞いを演じ、それにつられて立て籠っていた城から現われた出た隼人を一網打尽に討ち果たしたことの罪滅ぼしのためだと説明されている。

　尾張・海部氏の祖先はホアカリであるとされているが、もう一つ、サンカの一派もまたホアカリの子孫と称していることを紹介しておこう。サンカとは、「山窩」・「山家」・「散家」などと当字で書かれているが、現代でもつい半世紀前まで、九州から東北まで、各地に「セブリ（瀬降り）」と称する仮住まいを足場とし、全国各地を放浪して歩いていた人たちのことだ。彼らの団結力は強く、仲間どうしは厳しい掟によって結ばれ、一般人には手作りの竹細工や木工品を売って収入を得ていた。それが、第二次大戦以後、実にみごとに姿を消し、一般人の社会に溶け込んでしまったという。その団結力が今日どこに、どのように温存されているかは謎とされている。

　このサンカの起源については、サンカ研究の第一人者の三角《ミスミ》寛氏によると、①出雲系、②安房系、③仁徳天皇系、④反正天皇系の四つが収集されている。③の仁徳天皇系というのは、この天皇に殺された大山守皇子（天皇の異母兄）の子孫が山に入ったものだという。また、④の反正天皇系というのは、この天皇の名前のタジヒノ・ミズハワケ（多治比瑞歯別）と関係があるといわれる。タジヒとは蝮《まむし》のことで、この天皇のために、出雲・播磨・摂津の蝮取りを集めて「蝮部《タジヒベ》」がつくられたのが起源だという。

　ホアカリを祖先とするサンカというのは、この反正天皇系で、海部氏の第五代目のタテツクサ（建筒草）命がタジヒ部を統括したことによるという。

　海部氏の本拠があった豊後では、海部氏の主力はほとんど国を捨ててしまったのか、その名残は消えてしまうが、一三世紀に豊後の守護になった大友能直（源頼朝の庶子）は、豊国文字という不思議な文字で書かれた『上記《うえつふみ》』という歴史書を編集している。この文字はサンカ社会に伝わる特殊な「サンカ文字」とよく似ている。『上記』は正史には見られない貴重な記事——例えば中世の伊豆諸島の歴史などが説かれているが、歴史学者からは無視されている。

傀儡師やサンカという放浪の民がホアカリとつながりをもっているという事実は、歴史の表層の下に隠されたもろもろのことについて探ろうとする者にとって、なにがしかの示唆を与えてくれそうに思えてくる。

●熊野水軍と熊野大神

古代から中世にかけて、天皇家が尊崇した神はアマテラスではなかった。平安・鎌倉時代に天皇が参詣した神社は石清水八幡と賀茂大社だった。そして、奈良時代には熊野詣でが盛んに行なわれている。天皇家はなぜ熊野に詣でたのだろうか？　また、熊野は強大な水軍を擁していることで知られている。それは、どういう由来によるものだろうか？

『記・紀』の「神武東征」の際にも、難波からの進攻は断念され、南の熊野に上陸する作戦がとられたことになっている。それはなぜだろうか？　こうした謎を放置しておいて、日本古代史を解明することはできないだろう。

まず、六世紀ごろの熊野はどうなっていたかを見てみよう。熊野と言えば、紀伊の国の一部とされているが、七世紀よりも前には、熊野は独立しており「熊野国造《くにのみやっこ》」がいた『旧事紀』の「国造本紀」によると「熊野国造　志賀高穴穂朝（成務天皇）の御世、饒速日命の五世孫、大阿斗足尼《すくね》を

熊野本宮

国造と定め賜う」とあり、紀伊国造には「橿原朝の御世、神皇産霊命の五世孫、天道根命を国造と定め賜う」と記されてある。つまり、熊野国造は物部氏系であり、紀伊国造は前に見た「日像鏡」を造った金属精錬氏族がなっている。「神武紀」では、「神武」の軍は、まず紀北で名草戸畔《ナグサトベ》を討ち、ついで紀南で丹敷戸畔《ニシキトベ》を討ってから熊野に上陸したとしている。そして、毒気に当てられ弱っていたところを、高天原から遣られて来た高倉下《タカクラジ》に救けられている。この高倉下とは、尾張・海部氏の初代のアメノカゴヤマ（天香語山）のことだとされ、この時、授けられた剱が、物部氏の氏神ともいうべき石上神宮の神体とされている。というわけで、熊野は最初から尾張・海部系と物部系の勢力圏だった。

　では、天皇家の信仰の篤い熊野大社がどういう社か見てみよう。

熊野本宮（熊野坐神社）　牟婁郡本宮町　家津御子

熊野新宮（熊野速玉大社）　新宮市　速玉大神

熊野那智大社　　牟婁郡那智勝浦町　　家津御子・速玉大神・熊野夫須美大神

となっている。ところが、熊野神社は全国各地にあり、熊野大社もいくつかある。例えば、

熊野大社　　出雲国・八束郡八束村　　櫛御気野神（加夫呂伎神）
熊野大社　　山城国・京都市左京区　　伊弉諾尊

また、磐城の勿来の熊野神社や薩摩の出水の熊野神社などの祭神の名は、コトサカノオ（事解之男）とされている。ところが、「家津御子」だとか「事解之男」などという神は、文献的に存在しない、いわば仮の名と思われる。つまり、本来の名を隠したいわば暗号名ということだ。

では、天皇家の尊崇篤《あつ》い神社の祭神について、何故そのようなことが行なわれたのだろうか？　その理由はただ一つしかあり得ない。それは、その神のことを天皇家が恐れ、かつ敬いながらも公けには明らかにするわけにいかない隠された理由があったからということになる。そうだとすれば、その神が何であるかは自ら明らかになってくる。

それは、熊野の土地にとっても大切な神のはずだから、熊野国造の先祖の神つまりニギハヤヒでなくてはならない。天皇家は、表向きはニギハヤヒを神として祀ることを厳禁しておき、自分では秘かに参詣を重ねてきたというわけだ。では、何故そういうことをしたのだろうか？　それは、天皇家は土地の旧主人公を征服し、その神の名誉ある地位を奪ったのだから、これまでニギハヤヒを

崇敬してきた民に対しても、誠意あることを示さなければならなかったということになる。熊野の神をスサノオとする説は、アマテラスとの対応からする誤解だろう。

いずれにしても、絶大な戦力をもつ熊野水軍を味方にしておかねばならないことからも、皇室の熊野詣では必要だったことになる。後の時代、平家が屋島と壇の浦の戦いで破れ去ったのは熊野水軍を敵に回したからだった。

●海の正倉院と宗像族

筑前宗像郡神湊《こうのみなと》には、宗像大社の辺津宮があり、そのすぐ向かいの大島には中津宮、そして、そこから約六〇キロの沖合いの玄界灘の沖の島には沖津宮がある。さらにその北西方には対馬があり、そこからは遙か朝鮮半島を見ることができる。

神湊・沖の島・対馬・朝鮮の釜山付近を結ぶコースは、『書紀』には「海北道中」と記され、古来、日本と朝鮮半島とを結ぶ重要な航路となっていた。そして、この水上の道路を支配していたのが宗像海人族だった。この沖の島は、今日でも神の宿る島として尊崇されており、身を清める儀式をしてからでないと上陸は許されない。

沖の島は縄文以来の古代遺跡の宝庫であり、特に多いのは四世紀から五世紀にかけての鏡・玉・剱類だが、近年の発掘調査によって、馬具・太刀などの貴重な古代文化財が多数発見されたため「海の正倉院」と言われている。特に、西アジア渡来のガラス器具があったことから、宗像族の国際交流がいかに広範囲に及んでいたかを知ることができる。

宗像神社の祭神としては、アマテラスとスサノオとが清く明るい心を示し合うための誓約《うけい》をした時、アマテラスがスサノオのもつ十拳剱を三段に折り、天の真名井の水を吹き注いだ息吹の狭霧の中から生まれたとされる三人の姫が祀られている。玄海町にある辺津宮にはタギツ（湍津・田寸）姫、大島の中津宮にはイチキシマ（市杵島・市寸嶋）姫、そして沖の島の沖津宮にはタギリ（田霧・多紀理）姫が祀られている。

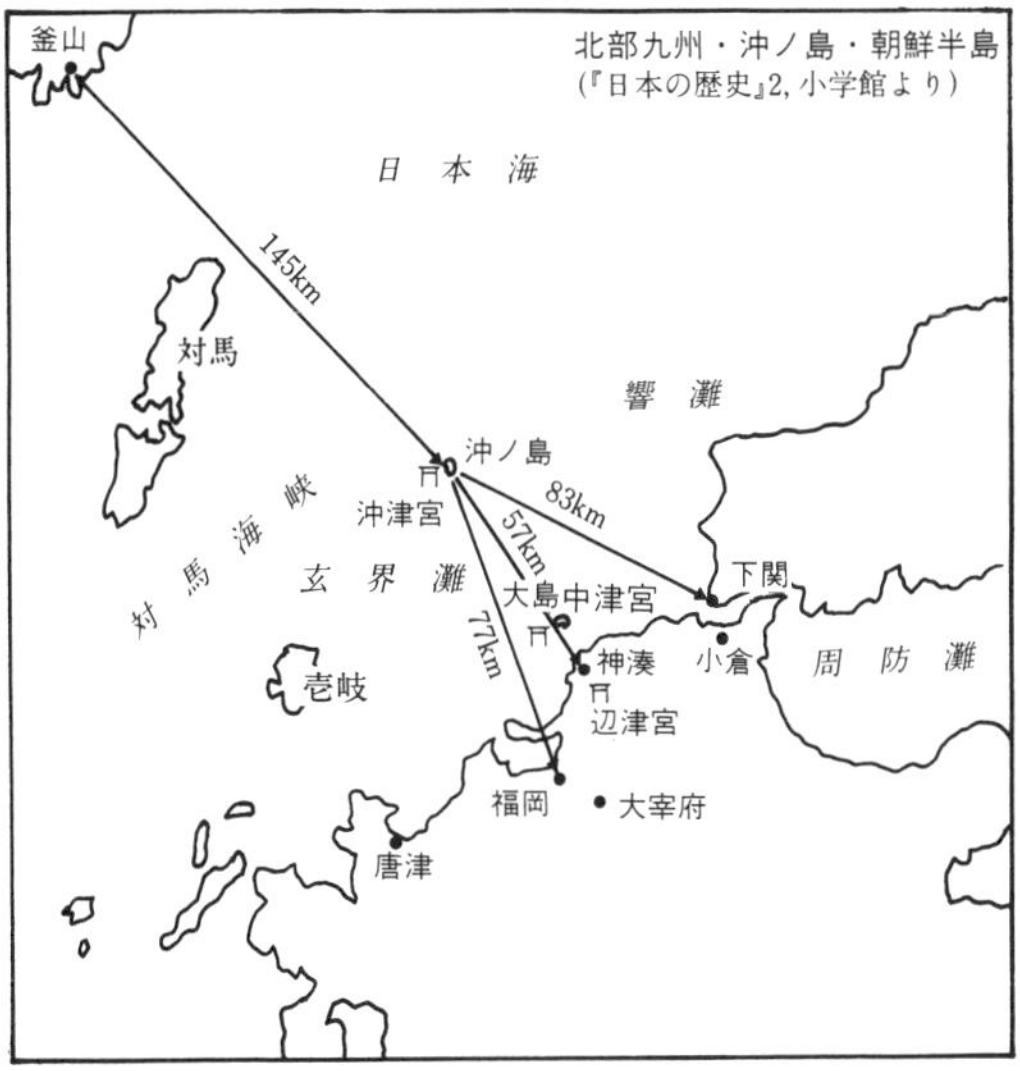

北部九州・沖ノ島・朝鮮半島
(『日本の歴史』2, 小学館より)

　ここで興味あることは、『書紀』の「一書」に「日神にあれませる三女神を以て、葦原の中国の宇佐に降居《あまくだりま》さしむ」と記していることだ。宗像三女神と宇佐神宮との関係こそ日本古代史の復元の決め手となる重要な鍵だが、そのことに関しては前著で述べたのでここでは省略する。

　九州と朝鮮半島とを結ぶ航路には、もう一つ安曇族が支配していた博多湾・壱岐・対馬を経由するコースがあるが、これは九州から海峡を渡るのには便利だが、反対に向こうからの船は海流と風の関係から、特に夏場は「海北道中」を通って来ている。だから、三世紀の半ばにやって来た魏使が上陸したのは神湊であって、通説でいう東松浦半島ということは絶対にありえない。なぜなら、そこに上陸しても道は無く、糸島にあったという伊都国に行くのだったら船を捨てるなどということは考えられないからだ。この見解を初めて世に問うたのは推理作家の高木彬光氏で、非合理極まる通説は成立し得ないことが明白になったにもかかわらず、いまだにこの誤りを修正しようとする論者が現われないことは、日本古代史の将来にとって嘆かわしいことと言うべきだ。

ともあれ、こういうわけで、二世紀末の「倭国大乱」以後の「末羅国《マツラ》」があったのは、神湊の周辺の松原《マツハラ》地区（玄海町）ということになり、それを支えていたのが宗像族ということになる。

宗像族は、このように倭国と朝鮮とを結ぶ要路を押さえていたから、その経済力は抜群のものであったに違いない。そして宗像三女神を通じて、三世紀以後、邪馬台国が移転した先の宇佐とつながり、中央（近畿）進出をバック・アップしたことは確実と考えられる。

また、『書紀』の「一書」に、宗像三女神は「筑紫の水沼君等が祭る神是れなり」としていることも注目に値する。というのは、卑弥呼の死後に起こったと筆者が推定する「崇神東遷」の主役は弥奴王すなわち水沼君だからだ。水軍の支援無しに「東遷」など不可能だろう。

ただ、宗像族は地方権力としては存在性が著しいが、歴史の表面には顔を出さない。とは言ってもまったく無関係だったわけではなく、七世紀後半の「壬申の乱」で活躍した高市皇子の母は胸形君博善の娘の尼子娘だった。この高市皇子の子が長屋王であり、当時の政界で隠然たる勢力を保持できた秘密は、朝鮮半島との交易路を抑える宗像族のことを無視しては理解できないだろう。

●安曇族の発展

福岡市の博多湾にある志賀島は、現在では「海の中道」通称「向浜」によって地続きになっているが、古代には独立した島で、そこが安曇海人族の根拠地になっていた。この島には、志賀海《しかのうみ》神社があり、安曇族が崇拝するワタツミ（綿津見・海）の神が祀られている。

この土地は、古くは景行天皇十二年に土蜘蛛を討伐するために志我の神に祈ったとか、神功皇后が新羅に出陣するに当たって、神の末裔という安曇連の磯良丸《イソラマル》命が船を導いたというような伝承をもっている。また、一二八一年の元寇の際に襲来した多数の敵を討ち取り、その死体をこの島に埋めたとも言われる。

しかし、なんと言っても、志賀島を有名にしたのは、「漢委奴国王」の金印がこの島で発見されたことだろう。それは天明四（一七八四）年のことで、黒田藩の百姓甚兵衛が見つけて届け出たのだった。印は、一辺が漢代の一寸（二・三四センチ）の方形で、紐《ちゅう》（持ち手）は蛇の姿をしている。これによく似た金印として、雲南省の石寨古墳から出土した「滇《テン》王之印」がある。それとの比較から志賀島の金印は本物だろうと判定されている。

『後漢書』の「東夷伝」には、「建武中元二（AD五七）年、倭の奴国奉貢す。使人自ら大夫と称する。倭の極南界なり」というため、この金印は北九州にあった倭人の「奴国」の王が当時の漢の光武帝から授かったものに違いないと考えられている。

この「奴」という文字は、「ナ」と読めることから、古い博多地方の名前である「那の津」にこの国があったと推定されている。これは極めて自然な判定と言えよう。事実、博多湾沿岸には弥生

志賀海神社の鹿角奉納堂

中期（AD一〜二世紀）の遺跡が多く、このあたりに小国家がいくつかあったことは確実だ。だから、光武帝に朝貢した奴国王というのは安曇族の首長だったと推定される。

それはそれでいいのだが、魏使がやって来たころの「奴国《ナ》」も博多湾のこの地だったとすることは、前述のように許されない。それは、「倭国大乱」によって豊前の中津《ナカツ》に遷っていた、としなくてはならない。そのことは、遺跡の出土物を見ても明らかだ。博多湾岸には一、二世紀の遺物が多いのに対して、魏使が来た三世紀半ばのものとなるとぐっとその数は減っている。

さて、安曇海人族は船運力を利用して日本列島の各地に展開して行った。近江の安曇川《あど》、三河の渥美《あつみ》半島、信濃の安曇野、岩代（福島県中部）の安積《あさか》など、行く先々に同族の名前を地名に残している。注目すべきことは、その行動範囲は海岸にとどまらず、河川を利用して内陸にまで及んでいることだ。安曇野の西の北アルプスの穂高岳の名前も安曇族の祖先の穂高彦の名前によっている。

安曇海人族の祖先の神は「ワタツミ」だが、志賀島にある志賀海神社では、その祭神を、底・中・表の三柱のワタツミ神とされている。この神は『古事記』では「綿津見」と書くが、『日本書紀』では「少童」という表記をしている。

そして、『記・紀』を読む上で大切なことは、これらの神の位置づけについてだ。『古事記』の場合は、イザナギ・イザナミの夫婦神が日本列島を産み終わった後に八番目にワタツミの神を産んだとしており、アマテラス・ツクヨミ・スサノオという「三貴神」よりも先に海神を産んだことにしている。つまり、それだけ重視していることになる。

『書紀』の場合は、「火の神」を産んで死んだ妻のイザナミを黄泉《よみ》の国まで追って行って逃げ帰ったイザナギが、筑紫の日向の小戸《オド》の檍原《アワギガハラ》で禊《みそぎ》をした時に、禍いの神々を産んだすぐあとに、ワダツミの神が生まれ、ついで住吉の海神が生まれたとしている。こちらも「三貴神」よりも、海神が先に生まれたことになっている。このことは、海神たちが「国つ神」つまり国土につながりのある神であったから、天から降りる神より先に生まれていないとまずいから、という理屈もあるだろうが、「天神族」にとって「海神族」は大切な同盟者だったからと言えるだろう。

なお、「海幸」が失った針を求めて訪れたのは「綿津見宮」とされていることと、ニニギノミコトの孫のウガヤフキアエズは、海神の娘であるトヨタマ（豊玉）姫の子であり、「神武天皇」もまた海神の娘のタマヨリ（玉依）姫の子とされていることは、「天神族」がいかに海人族を重視していたかを物語るとともに、事実としても両者の間に姻戚関係があったことを暗示するものと言っても誤りではないはずだ。

●住吉海人など

『日本書紀』の「応神紀」に、「三年冬、諸国の海人たちが騒いだので、安曇連の祖の大浜宿禰を海人の宰《みこともち》とした」という記事がある。しかし、その実態は不明というしかない。

『記・紀』に出てくる海人族として安曇族・宗像族と並んで有力なものに住吉海人族がある。この一族が祖先であるとした住吉の神は、『記・紀』ではワタツミの神と前後して生まれたことになっており、底・中・表のツツノオ（筒男）とよばれている。

住吉という地名とツツノオ神を祀る住吉神社は福岡県をはじめ全国各地にあるが、その宗本社に当たる住吉大社は大阪市の住吉区にあり、摂津一の宮として高い社格を有し、中世には国家鎮護・航海安全そして和歌の神として崇められていた。しかし、戦国時代以後はその勢いは衰微してしまった。それとともに全国に分布する末社はそれぞれ独立したものとなっている。

この神社の由来というのは、「神功皇后の新羅遠征」の時、底筒男・中筒男・表筒男の三神が現われ、兵船を守り無事目的を果たすことができた、ということになっている。この神社の神官は津守氏といい、天武朝から奈良時代の歴史に顔を出すが、その出自はホアカリ系の尾張・海部氏系で、その系譜で第五代目のタテツツクサ（建筒草）命から分かれたことになっている。

オキナガ・タラシ姫伝説は九州から瀬戸内沿岸にかけて広く分布しており、こういう女性がいたことは否定できないが、そもそもヤマトタケルという創作された英雄の孫だとされる「仲哀天皇」という天皇がいたとは考えられないし、その妻としての「神功」という皇后がいたはずはないが、住吉大社が存在する以上、そこに神として祀られるべき功績をあげた人物がいなかったとすることはできない。それは、どういう人物であり、その功績とは何だろうか？

その答えは、「応神王朝」の建設に対する貢献だったはずだ。つまり、筆者が推定する「誉田真若の一行の東遷」の軍団の輸送を引き受けたのが津守氏であり、住吉海人だったというわけだ。

ところで、応神天皇についての『記・紀』の説くところは、そのまま史実として認めることはできないとしても、この天皇に相当する人物が存在したこと自体を否定するわけにはいかない。そして、一人の男がいる以上、その両親もいないはずはない。

難波住吉宮

だとすると、応神天皇の父と母は誰だろうか？　筆者はオキナガタラシ姫がその母であることを認め、父としては『記・紀』がタケノウチ宿禰として描いている人物だろうと考える。その理由等は前著に示した。
ところが、『住吉大社神代記』という書物には、「皇后と住吉大神との間に密事があった」という記事がある。これを単なる噂ではなく、住吉海人族の中に応神天皇の父がいるということをこのような形で書いたのかもしれない。なお、大阪の住吉地方は、六世紀には大伴氏の根拠地の一つだった。百済に対して「任那」の土地を割譲させた件で失脚した大伴金村は「住吉の宅に侍り」と書かれているからだ。これも、謎を解く手懸りの一つかもしれない。
瀬戸内海の大三島にある大山祇《オオヤマツミ》神社もまた海運の神とさ

れている。この神は名前からすると山の神であって、海の神にはふさわしくないように思われる。しかし、『伊予国風土記』によると、この神は別名を「和多志之神」といい、百済から摂津の御島《ミシマ》に渡って来たのを伊予の国に遷座したのだという。そして、伊予国造の越智・河野氏の系図では、その祖先をワタシの神の子の乎知《オチ》命だとしている。

この件について、日本ペン・クラブの会員である李沂東氏は、「ミシマというのは、百済の武寧王のことだ」としている。それは、『書紀』や「百済本紀」が認めているように、この王は日本の島で生まれたため「斯麻王」とよばれていたことを根拠にするものだ。

古代史を理解しようとすれば、鉄や銅の生産と船の輸送力をどういう氏族が支配していたかの解明が不可欠であり、どうやら物部氏や尾張・海部氏がその点で抜きん出ていたことがわかってきた。では、以下、少しく歴史の筋道を追うことにしたい。

第六章　豊の国の秘密——秦氏と蘇我氏の勢力の背景

●豊の国と秦王国

これまで、古代の信仰のあり方について考察し、権力維持に必要な金属精錬技術と海上輸送力をもった氏族を中心にいろいろな角度から検討し、古い時代の日本列島の姿を描き上げようとしてきたが、そこに現われる多くの要素は九州から朝鮮半島方面に何らかのつながりをもっているのではないか——ということが浮かんできた。

もっとも、日本は島国だし、海上交通をたどれば、古代においても朝鮮や中国と行き来できるのは当然だし、そのこと自体はあえて異とするにたりないことかもしれない。しかし、文献だけからではそういうことは確かめられない。どうしても、考古学や民俗学などの知識をもって不足する資料を補いながら、思い切った仮説を立て、実証をはかる必要がある。

そこで、今まで見てきたことを、さらに発展させていくには、筆者が三世紀に邪馬台国が所在したとする「豊の国」に目を注ぎ、そこに隠されている秘密について視野を広げることを心掛けようと思う。まず、最初に「秦王国」について見ることにしよう。

豊の国図
玄界灘
穴門(下関)
宗像神社
遠賀郡
致津(小倉)
神湊
宗像郡
鞍手郡
企救郡
福智山
豊前
周防灘
姫島
比売許曾神社
行橋
香春
京都郡
豊日別神社
糸田
中津郡
筑城郡
香椎宮
博多
嘉穂郡
田川郡
上毛郡
中津
豊前長洲
豊前高田
国東郡
宇佐八幡
筑前
下毛郡
宇佐郡
速見郡
伊予灘
朝倉郡
英彦山
肥前
高麗玉垂神社
甘木
杵築
耳納山地
日田
玖珠郡
湯布院
別府
久留米
筑後
日田郡
大分郡
大分
豊後
八女
柳川
九重山
臼杵
肥後
阿蘇郡
菊池郡
直入郡
大野郡
佐伯
海部郡
玉名
山鹿
阿蘇山
祖母山
熊本
益城郡
日向

中国の正史『隋書』の大業四（六〇八）年の記事に、「文林郎裴清を倭国に遣わすに、百済を渡り、行きて竹島に至る。……一支国に至る。また竹斯国に至り、また東して秦王国に至る。その人華夏と同じ。以て夷州となすも、疑うらくは明らかにする能わざるなり。また十余国を経て海岸に達す。竹斯国より東みな倭に付庸す」という一文がある。

正倉院文書・豊前国戸籍

姓別／地区別	総人口	秦族		その他	総人口に対する秦族の比率
		秦部姓	勝姓		
仲津郡・丁里	404	217	160	27	94%
上三毛郡・塔里	131	63	64	4	96%
同上・加自久也里	66	26	28	12	82%
同上・某里	10	10			100%
計	611	316	252	43	93%

これは、聖徳太子が小野妹子を隋に派遣したことの答礼として来日した使節の見聞ということになっている。使節の名は『日本書紀』では、裴世清となっている。

ここで竹斯というのは筑紫のことに違いない。それも一支国つまり壱岐国の次に書かれているから、北九州のどこかのはずだ。その東に風俗が「華夏」すなわち「中国」と同じ国があったというので裴清は驚いている。筑紫の東ならそれは「豊」の国のはずだ。夷州というのは当時の知識としては台湾のことをさしている。

このことについては江戸時代から、いろいろな意見が出ているが謎のまま残されている。国家的統一がされる以前の弥生時代のある時期に、何かの機会に中国系の人たちが北九州にやって来て、そのまま生活していたことがあったとしても不思議はない。しかし、七世紀の初頭となると話が違う。常識的に見て、北九州は文化的先進地域だから最も倭国風になっていたと考えたくなる。しかし、隋使が嘘を書いたのでないとすれば、そういう国が実際にあったことになる。ただし「疑う」としているのは言葉が通じなかったことだろうから、中国風だったのは服装などの外見だけだったとすると納得がいく。

ところで、大宝二（七〇二）年に編集された正倉院文書の「豊前国戸籍」を見ると、仲津郡（現在の行橋市付近）の丁里（村落の名）の人口四〇四人のうち、秦部《はた》姓と勝《すぐり》姓の者が三七七人もいる。その比率が上三毛郡ではもっと著しい。人口の大部分が秦氏系になっている。この秦氏は渡来人だから、風俗的にも倭国風を拒んでいたとすれば、これを見て裴世清が「華夏と同じ」と思ったのかもしれない。

●史書に見る秦氏

京都を訪ねる人は、優雅端麗な姿で知られる国宝の弥勒《みろく》菩薩半跏像《はんかぞう》を見るために広隆寺に足を向けたくなる。その土地は太秦《うずまさ》といい、その一帯は古く葛野《かどの》とよばれていた。ウズマサの名の起源については、『新撰姓氏録』に、秦《はた》酒公が雄略天皇時代に宮廷内に八丈大蔵を構え、その貢納物がウズタカく積まれたのでその名を賜ったのだとしているが、それは言うまでもなく創作によるもので、真実は酒公の祖父の名から来ていると思われる。

それはともかく、秦氏の渡来については、『書紀』では応神天皇十四年に「弓月君《ユツキノキミ》が己れの国人百二十県の民を率いて百済からやって来て、金銀玉帛等の種々の宝物を献じた」とし、「その来朝を妨害した新羅に対して兵を派遣してその罪を問うた」と記している。以後、弓月王の子孫は秦氏を名乗っている。

この弓月君は融通王ともよばれ、秦《しん》の始皇帝の三世の孫の孝武王の子孫だと称している。秦の滅亡は紀元前二〇六年であり、応神時代より六百年も前のことだ。ちょっと信じがたい気がするものの、『魏志・東夷伝』の「辰韓」の条には、「その耆老《キロウ》は伝世して自ら謂う、古の亡人は秦の役を避けて来り韓国にいたる。馬韓はその東界の地を割きてこれに与う……秦人に似たるあり」と書いているし、「秦韓」という国もあるから、秦帝国の皇帝以下の子孫が朝鮮に移り住んでいたというのには確実な伝承があったはずだということになる。

秦氏の祖先の渡来については、『姓氏録』には、融通王の父の功満王が仲哀天皇の時に来たとしている。しかし、王と言われる人物の渡来よりも早くから、秦王国系の人たちが多数九州あたりに来ていたことは十分に考えられる。だとすれば、秦人たちが辰韓時代を含め隋使裴清が来た七世紀初頭まで、八百年も中国の風俗を保存して生活していたということも、あながち不可能とは言えないかもしれない。

そして、五世紀の後半と思われる雄略天皇の時代に、弓月王の孫の酒公がウズマサの「公《きみ》」という姓《かばね》を称号として賜ったということになる。

酒公から数えて七代目の河勝（川勝）は、聖徳太子に仕え「大仁」の冠位を与えられ、太子からもらった仏像を葛野に蜂岡寺を建ててそこに安置したという。この寺が広隆寺だとされている。また、皇極三年に、東国の富士川のほとりで蚕に似た虫を「常世の神」と称して民衆をたぶらかしていた者を河勝がこらしめたという話も『書紀』に載っている。

秦氏系の民が豊前に多かったことや、山城一帯に秦氏が一大勢力を張っており、東国をはじめ伊予など全国各地にその絶大な支配力が及んでいたことは事実だが、その割りには歴史に顔を出す人物の名は乏しい。それは渡来系の帰化人だったから差別されていたなどということではなく、むしろ自ら舞台裏で政治・経済を操る道を選んでいたと思われる。

欽明天皇の幼少のころ、夢に見た老人から「秦大津父《ハタノオオツチ》という男を寵愛すれば、必ず天下を治める人になれる」と言われ、その通りにしたという不可解な話がある。欽明は父の継体の嫡子であり、常に父の傍で可愛がられていたと書いてあるのだから、このような夢物語を特に記す必要はないはずだ。それなのに敢えて記された意味は、欽明は継体の実子ではなく、秦氏の手によって天皇位につけられたという「隠れた史実の存在を証明している」としか考えられない。

時代は下って、平城京（奈良）から長岡京そして平安京へと遷都するに当たっては、秦氏による誘致運動があつたことは確実だ。桓武天皇の周辺に百済系の夫人が多数いたことは有名だが、遷都計画の推進者だった藤原式家の種継の母は秦氏の女だったし、長岡京の造営を担当したのは葛野の人・秦足長であり、太政官院の垣を築造したのは太秦公宅守と記録されている。ついで遷り定めた平安京の地こそ、秦氏のホーム・グラウンドの中の最高の土地であり、太秦の地だつた。

このように、秦氏は五世紀から九世紀にかけ巨大の富を築き、天皇家の動向を背後から操作しながらも歴史の表面にはほとんど姿を現わしていない。これも不思議なことと言うべきだ。

●秦氏の経済基盤

「秦」という文字を書いて「ハタ」と読む理由は何だろうか？　その謎については、朝鮮語で海のことを「パタ」というから、「海の彼方から来た人」という意味だとするのが通説とされているようだ。しかし、それなら渡来人はみな「ハタ氏」ということになる。

また、秦氏の出たのは百済ではなく、新羅の波旦あるいは波珍滄であったとする意見もある。しかし、それを証拠づける積極的なものは無い。それを本当だとするためには、秦氏の原郷が百済か新羅かを確かめる必要がある。そのための確実な証明方法は無いが、秦姓の多い豊の国の渡来人技術者の作品がどちらの系統によるものかを見ることによって示唆が得られるだろう。

昭和三十六年に『史学雑誌』（第七〇巻）に発表された平野邦雄氏の「秦氏の研究」によると、古代金属工作技術には二系統あり、鍛冶・鉄工は雑工戸として百済渡来の漢《あや》氏系が担当し、鋳工・銅工は雑工人として新羅渡来の秦氏系の受け持ちになっていたとしている。その研究方法は、史書に現われる金属工を丹念に抽出し、その系統を分類するというものだ。平野氏は、古代日本の銅の採鉱・鋳造技術者は新羅系の秦氏によって統括されていたと結論づけている。

そして、その研究成果をふまえて、泊勝美氏は『古代九州の新羅王国』という著書の中で、仏教遺跡などの瓦が百済系か新羅系かを調べることなどによって、豊の国にいた秦氏系の人たちの技法は新羅系であったという結論を導き出している。

香春《かわら》の銅の精錬をしたのは新羅系の人だとされている事実からも、隣接する豊の国にいた工人が新羅系だったことはうなずける。また、香春で造られた鏡が納められる宇佐八幡もまた新羅系渡来者とつながりが深いことは、その神官である辛島氏がスサノオを祖先としている点などからそう考えてよいだろう。

だからと言っても、ただちに秦氏が新羅人であったとか、すべての銅工の祖先が新羅人だということにはならないだろう。五世紀の末に、秦酒公に雄略天皇から与えられた任務と権限は、古くから渡来していた各種技術者を統括することだった。そのことを「百八十種勝《すぐり》を領率《ひき》いて、庸調の絹縑を奉献《たてまつ》りて、朝廷に充積《みてつ》む」というふうに『書紀』は記している。つまり、秦氏は鉱業だけでなく農業や繊維の産業まで広い範囲の民を支配していたことがわかる。

それは、平野氏が金属工が二つの系統のうち銅工は新羅系であるとしたことと、豊国に新羅系が多いということから、秦氏の出自は色濃く新羅につながると考えるだけのことだ。一方の鉄工を統括していたという漢氏の祖先は、『書紀』の応神天皇二十年の条に「倭直《あたい》の祖阿知使主《あちのおみ》、その子都《つ》加使主《かのおみ》並びに己が党類十七県を率いて来帰り」とある。そして、『新撰姓氏録』には、渡来の動機として、「祖国（中国）の乱を避け、朝鮮半島各地に四散した属民を集めてほしいと天皇に上申し、次の仁徳天皇の代に望みがかなった」というふうに書かれている。

秦氏が銅の生産に関与していたことは、豊の国以外でも実証できる。例えば、伊予国について見ると、伊予市大平地区には「梶（鍛冶）畑」という地名があり、そこからは、「秦足延」という人名を刻んだ経筒が見つかっている。「ハタ」に因む地名としては、旧宇摩郡の畑野、越智郡の現・今治市に登畑、玉川町に畑寺、大洲市に八多喜と畑地がある。隣の土佐には幡多《はた》郡がある。

また、菊理媛伝承というのが秦氏にあるが、この姫を祀った神社が旧宇摩郡など東予の石槌山系や、中予の松山市の背後の高縄山地の銅の採鉱跡にいくつも見出され、秦氏と銅生産が密接な関係にあったことを証明している。また、銅だけではなく朱砂（水銀の原料）を採取していたことは『続日本紀』に、「天平神護二（七六六）年に、伊予の秦浄足が阿倍小殿朝臣」の姓を賜わった時の功績として「伊予で朱砂を採ったこと」が挙げられている。

このように、秦氏は各地の鉱業資源の生産者の上に立って、それを管理し天皇家に貢献していたのであり、その経済基盤は強固なものだったことがわかる。

●秦氏の正体は？

銅の生産を支配していたのが秦氏だというと、前に見た金属精錬技術をもった一族やその神とされるものと、秦氏とはどういう関係にあったのかという当然の疑問が起こってくる。

西日本各地に見られる穴師あるいは兵主《ひょうず》神社の分布が、日輪信仰をもち金属精錬の面でも高い技術水準をもっていた天の日矛の勢力圏とが、重なっていることはすでに指摘した。それは、但馬国に最も密度が濃く、その他、大和・和泉・伊賀・伊勢・若狭・参河・近江・丹波・因幡・播磨・壱岐そして豊前に及んでいた。

ところが、奈良時代以前に秦氏が分布していた地方は、井上満郎氏によると、その主力は山城だが、それ以外に、大和・摂津・河内・和泉・伊勢・尾張・伊豆・近江・美濃・若狭・越中・丹波・播磨・備前・備中・紀伊・阿波・讃岐・伊予・土佐・筑前・豊前となっている。

奈良時代以前の秦氏の分布（井上満郎氏の著書による）

京　内　左京と右京

畿　内　山背国葛野郡・愛宕郡・紀伊郡・久世郡
大和国忍海郡
摂津国西成郡・豊島郡・河辺郡・島上郡
河内国丹比郡
和泉国

東海道　伊勢国朝明郡・飯野郡
尾張国山田郡
伊豆国田方郡

東山道　近江国愛智郡・神崎郡
美濃国厚見郡・土岐郡・賀茂郡・不破郡

北陸道　若狭国遠敷郡・足羽郡
敦賀郡・坂井郡
越中国射水郡・礪波郡

山陰道　丹波国船井郡

山陽道　播磨国賀茂郡・赤穂郡
備前国邑久郡・上道郡
備中国都宇郡

南海道　紀伊国在田郡
阿波国板野郡
讃岐国香川郡
伊予国温泉郡・越智郡
土佐国吾河郡

西海道　筑前国志麻郡
豊前国上毛郡・仲津郡

つまり、但馬には秦氏は入りこんでいないが、兵主神社のある地方との重複する所がかなり多い。伊予や備前には兵主神社は無いが、出石という地名があるから、ヒボコとは関連がある。しかも、ヒボコは新羅の王子だったというから、秦氏が新羅系だとしたら共通性が感じられる。

秦氏の渡来は四世紀末か五世紀初めと考えられるから、それ以前にやって来た新羅系の金属精錬加工技術者たちは、ヒボコ系に限らず秦氏の支配下に入ったと考えれば、両者の分布の一致は理解し易い。ただ、ヒボコの名前は、五世紀ごろから後は、それを忌み嫌う傾向があったためか、あるいは秦氏に吸収されたためか、本拠地だった但馬にだけ残り、その他の地方では消えたのだろう。

それから、兵主という呼称は道教的なものであり、藤の木古墳の馬の鞍に描かれていた怪物の蚩《し》尤《ゆう》のことだということは前に述べた。こういう神の知識は、単純な技術者のものではなく、中国の伝統的な信仰の体系――当時としては歴史として理解されていたものに通じている相当な教養人のものであることは間違いないだろう。だとすると、銅を生産する民に、兵主という神を祀ることを教えたのは、秦氏だったと考えざるをえない。

金属精錬技術者の集団としては、朝廷に直属の五百木部系も物部氏の配下の者も、目一箇命を祀っていた連中も、そのまま秦氏の配下に統合されていったのではなかろうか。

ところで、秦氏が本当に秦帝国の血脈につながっていたということはありえないのだろうか？「太秦」と書いて日本では「うずまさ」と読ませるが、中国ではローマ帝国のことをいう。それはなぜなのだろうか？　もしかして秦帝国の主人公たちの「失われた祖国」のことを「太秦」と呼んだのではないか？　もし、秦の王族がユダヤ人だったとすれば、その祖国は紀元前三世紀には、ローマ帝国すなわち「太秦」の版図に含まれる。

秦の始皇帝は、焚書坑儒という漢人離れした思い切った政策を断行している。中国の伝統文化を否定する暴挙を行なっている。秦という国は、呂不韋という大商人と、李斯という法律家が小国秦を大帝国に導いたものだ。シルク・ロードを通じて西アジアの文明はたっぷり取り入れている。だから、秦は戦国の七雄の中で一味違った国家運営ができたのだ。そのことは、秦の王室や大臣たちが漢人離れした人材だったことを意味していはしないか？　ともあれ、秦より古い周の時代に、祖国を失った多数のユダヤ人が中国に来ていたことは証明されている。

そして、秦の滅亡とともに朝鮮に逃れ、秦韓に住んだ元ユダヤ系の人が弓月（融通）君だとは考えられないだろうか？　「ユヅキ」・「ユウズウ」は「ユダ」のことではなかろうか？　太秦の「ウズ」も同じことではないだろうか？　広隆寺に「伊佐良井の井戸」がある。これは「イスラエル」のことではないか？　この寺の守護神の「大酒神社」はもともと「大闢《だいびゃく》神社」といったという。それは「ダビデ」のことではないか？

ともあれ、秦氏が中国系の祖先をもち、新羅を経てわが国に新しい文化を持ち込んだことは間違いないとしていいだろう。しかも、表面には立たず、背後から技術的・経済的指導をしながら、天皇家を動かしながら古代国家を巧みに操っていたことだけは確実だ。

●蘇我氏の謎

日本全国には、畑・畠という文字が付く苗字や地名は極めて多い。それに、羽田・波多野などを加えると数え切れないほどになる。しかし、それらがすべて秦氏の系統かというとそうではない。むしろそれよりも多いかもしれないのは、「武内宿禰系」の「はた」だ。この「はた氏」は『記・

紀』で五代の天皇に仕え、数百年の命をもったとされている謎の巨人武内宿禰の子から発しているとされ、五〜六世紀の大和王朝の権力の屋台骨を支えた蘇我氏などと同族であるとされている。平安京が秦氏の勢力圏にあり、百済から渡来したという秦氏が新羅系の技術者を統括していたが、その都に入った桓武天皇の周辺は百済系の人たちがひしめいていた。だから、日本古代史は一筋縄ではいかず単純に解明できたとするわけにはいかない。

六世紀から七世紀の大和の王朝では、やはり百済系と新羅系の対立・協調劇が政治舞台で演じられていた。それはあたかも朝鮮半島内部の三国——百済・新羅・高句麗が南朝鮮にあった任那をからめて抗争していた事実を、列島内部でも代理戦争的に闘っていたとも言うことができよう。

その中にあって、最も権謀術策にたけていたのが蘇我氏だった。この一族は、そのすべてが謎と言ってもいいくらいだ。

『日本書紀』によると、孝元天皇の子の彦太忍信命の子の屋主忍雄武雄心命が武内宿禰の父になっているが、『古事記』では、屋主忍雄武雄心命がなくて、孝元天皇の子の比古布都押信命と紀伊の国造の祖の宇豆比古の娘の山下影比売との間の子が建内宿禰になっている。

そこで、最大の疑問というのは、この系図が事実そのものを表わしているとは思えないということだ。それは、そもそも武内宿禰なる人物が人間離れした長寿であり、そのまま実在した人間とは考えられないことと、それにもまして、羽田・葛城・紀・平群・巨勢・蘇我という氏族は、すべて五〜六世紀の大和王朝で権勢をふるった大豪族だからだ。いくら何でも、この時代に突然頭角を現わした氏族群の祖先が、すべて同じ人間から生まれた兄弟だ、などということは到底考えられない。

武（建）内宿禰
甘美内宿禰（味師内）

- 羽田（波多）八代……林・星川・長谷部氏の祖
- 葛城襲津彦（曾都毘古）……玉手・的・生江氏などの祖
- 紀（木）角……都奴・坂本氏などの祖
- 平群木菟（都久）……佐和良氏などの祖
- 巨勢（許勢）雄柄（小柄）……雀部・軽部氏などの祖
- 蘇我（蘇賀）石川（石河）……川辺・田中・桜井氏などの祖
- その他　久米・怒・若子氏

（　）内は『古事記』の表記による。

それまで、大伴氏と物部氏とが、抜きんでていたのに、何の抵抗もなく、こういう同族から成る新興勢力の台頭を許すはずがない。

第二の謎は、これらの「兄弟」集団が力を合わせて政権を維持しようとしたかというとそうではなく、互いに争い傷つけ合い滅ぼし合って、奈良時代まで続いたのは蘇我氏以外では、かろうじて巨勢《こせ》氏だけが命脈を保っているに過ぎないことだ。

そして、第三の謎は、蘇我氏そのもののあり方だ。五世紀までは、葛城氏から応神・仁徳・履中・雄略天皇の后妃が出ているが、六〜七世紀になると、欽明・敏達・用明・舒明・天智・天武の諸天皇と聖徳太子の后妃にはすべて蘇我氏の女が入っている。推古天皇の母も蘇我氏だ。なぜ、このようなことができたのか、それは不思議と言うしかない。これは、蘇我氏の背後に巨大な何かが隠されていたとでも考えないと説明がつかないのではなかろうか。

●「豊王朝」は「蘇我王朝」だった

本書の冒頭で、仏教の受容をめぐって保守派の物部・中臣氏と崇仏派の蘇我氏が争った話を掲げた。用明天皇の面前で蘇我馬子が「詔に随いて助け奉るべし。たれか異なる計を生さむ」と言った時、皇弟の穴穂部皇子が豊国法師を引いて内裏に入って来たと記している。これは仏教が正式に百済から入ったとされる五五二年より三五年後のことだ。

この豊国法師というのがどういう人物であり、穴穂部皇子がなぜこういう場に現われたかについては何の説明も無い。しかし、前後関係から見て、崇仏派をバックアップするためのものと考えるべきだろう。つまり蘇我氏側のテコ入れの一つだったと思われる。だとすると、豊国法師というのだから「豊の国」の僧侶と思われるが、朝廷にやって来る以前に、「豊の国」では庶民にも名の知れた人物であり、それなりの功徳があったことが大和にも知れていたのだと思う。では、その功徳とは何かとなると、それは医療行為だったに違いない。

というのは、「豊の国」では早くから仏教が入っていたと思われる。宇佐の西方にある英彦《ひこ》山の伝承によると、継体天皇の二十五（五一八）年に善正という渡来僧によってこの山を開かれたということだし、この英彦山の北東十キロにある求菩提《くぼて》山は霊山として知られている。そして、八世紀の初頭、沙門法蓮が「医術に精しく民苦を済治した」というので朝廷から褒賞を受け、宇佐君の姓を賜っている。豊国法師もさぞかし医療の腕前を買われたことだろう。

それとは別に、『新撰姓氏録』には五世紀初めに、豊国から奇巫《あやしきかんなぎ》を招いて雄略天皇の病いの治療に当たらせていたとある。したがって、古来、「豊の国」は大和にとって文化的に先進地域であったと考えられる。しかも、それが仏教と結びつき、蘇我氏の注目するところとなっていた、ということがあったとしていいだろう。つまり、蘇我氏のバックに「豊の国」の勢力と権威がついていたとしても、あながち誤りではないと言えそうに思う。

ところで、豊後大野郡三重町の蓮城寺には「用明天皇の腰掛け石」というものがあり、「炭焼長者」という伝説が残っている。炭焼きの夫婦の息子が黄金を拾って長者となったが、子がなかったので観世音菩薩に祈り、美しい娘を授かった。そのことを伝え聞いた御門《みかど》は十六歳の時、身をやつして炭焼長者のもとに使用人となって入り、ついに娘の心をつかみ都に連れて行き、用明天皇になったのだという。これは奇怪な伝説だ。この用明天皇の名前は「橘豊日」だ。

さらに、蘇我氏が権力をほしいままにした六世紀から八世紀に至るまでの天皇家には、豊御食炊屋《トヨミケカシキヤ》（推古）天皇・豊聡耳《トヨサトミミ》（聖徳太子）・天豊財《アメノトヨタカラ》重日足《カシヒ》（皇極・斉明）天皇・天万豊日《アメノヨロズトヨヒ》（孝徳）天皇・天之真宗豊祖父（文武）天皇・日本根子天津御代豊国成媛（元明）天皇・天国押開豊桜《アマクニオシハラキトヨサクラ》（聖武）天皇というように、多数の天皇・皇后・皇子の名前に「豊」の文字がついている。

これらの皇族はすべて欽明天皇の子孫とされている。その王朝は「豊王朝」とでも名付けたいくらいだ。だから、欽明天皇は「豊の人」だったのではないかと思いたくなる。

もう一つ、別の視点から見ると、「豊」の文字が付く皇子・皇女の母もしくは祖母・曾祖母は、ことごとく蘇我氏の娘だという事実に気づかないわけにいかない。文武天皇の母の持統天皇の母は、蘇我倉山田石川麻呂だ。そうなると、「豊」というのは「蘇我氏の血脈」を意味しているということになりはしまいか。もし、そうだとすると、これは重大な秘密をもつものということになる。

前に、欽明天皇は継体天皇の嫡子とは思えないと言った。この天皇の和風諡号は「天国排開《アマクニオシハラキ》広《ヒロ》庭《ニワ》」という。まるで新王朝の開祖であるかのような名だ。ついでながら、聖武天皇の「天国押開豊桜彦」についても同じことが言えそうだ。

欽明天皇は、兄とされている宣化天皇の娘の石姫を皇后としているから、宣化の弟ではなく皇位の簒奪者ではなかろうか。そして、蘇我稲目の娘の堅塩媛《キタシヒメ》と小姉君の二人を妃に入れている。「豊の国」に因む用明天皇は堅塩媛の子だ。このように見ると、欽明に始まる「豊王朝」は、見ようによっては「蘇我王朝」とでもいうべきものではないだろうか。

●豊国とは韓国のことか？

もし、「炭焼長者」の説話が史実をモデルとして作られたのだとすれば、観世音に祈って生まれた娘は堅塩媛で、その父は蘇我稲目ということになる。黄金を拾ったのは、その父の高麗に相当することになる。しかも、それは「豊の国」での出来事でなくてはならないわけだ。

ところが、蘇我氏が九州にいたことを思わせるものは特に見当らない。しかし、「推古紀」の蘇我馬子の上奏に、「葛城の縣《あがた》は元臣の本居なり。故に縣によりて姓名となす」とあるから、蘇我氏は葛城氏から分かれたと自ら語っていることになる。つまり、武内宿禰の子孫ということは、馬子以後に創作されたものということになる。そして、葛木という地名なら大分市にある。

それよりも、蘇我稲目の父が高麗で、そのまた父が韓子というのだから、蘇我氏が朝鮮から渡来して来たと考えることは至って自然であることは否定できない。蘇我氏の系図では、初代が蘇我石川宿禰で、次が満智でその次が韓子になっている。

この件に関しては、門脇禎二氏が唱える百済渡来説が有名だ。それによると、『日本書紀』の「神功紀」に、百済の政治家で木羅斤資《モクラコンス》の子に満致という男がいるが、それが蘇我満智だという。この人物は権力闘争に敗れて、四八〇年ごろわが国に亡命している。そして、おそらくは、大和王朝で権勢を誇っていた葛城氏を頼り、中央政権に接近をはかったのだろう。

「履中紀」には、満智は「執国事」として斎蔵・内蔵・大蔵の三蔵の検校を掌ったとある。つまり、大和王朝の財政権を握っていたことになる。また「雄略紀」では、満智の子の韓子が新羅征討の総軍とされている。そして、以後、高麗・稲目と大臣の地位にあり国政に参画している。

馬子は石川の宅にいたとあるが、その地は大和川沿いに河内に入ったあたりで、一帯には古墳が多く、そこが蘇我氏発祥の地であるように言われている。その限りでは、蘇我氏を「豊の国」に結びつけることはできないが、満智が百済からやって来て、いきなり大和政権の中枢に食い込めたとは考えにくいから、一時期、九州のどこかで力を蓄え、やがて大和に進出したと推測する余地は多分にあると思う。ただ、それが証明できないのが残念だ。

ところで、江戸時代の狩谷棭斎は「豊国、蓋し韓国を謂う也」とし、用明天皇の前に現われた「豊国法師」についても、「蓋し韓国の僧也」としている。その推理根拠は、物部守屋が仏像を廃棄すべきことを唱えた際に、「速急に豊国に棄流べし」と言っていることによっている。

朝鮮民主主義人民共和国の金錫亨氏は、『古代朝日関係史』で、六世紀には「豊」を「カラ」と読んでいたと書いているが、それは狩谷掖斎の説を引用しただけで、それ以上の根拠が無いため、それは早合点だと一般には解釈されている。しかし、「カラ」という言葉が具体的にどの地方をさして用いられたかについては、確定的なことは言えない。当初は、朝鮮半島南部に存在した「加羅」あるいは「賀洛」という国のことをさしていたはずだ。しかし、「カラ」を表わすのに、「韓」とも「唐」とも書かれるようになると、それは「外国」という意味になってしまったことだろう。そうなったのは、いつからか、と問われると答えようはない。いや、もしかして、列島渡来人が自分たちの祖国のことを「カラ」と言うのを聞いて、そう誤解したのかもしれない。

その途中の段階で、九州の「豊の国」に「ミニ加羅国」を築いた人たちが、その地を故郷に因んで「カラ」と呼んだことは十分ありうることと思う。だから、その土地の名を「豊」と表記して「カラ」と読むことも、そういう人たちにとっては自然だったことだろう。

蘇我氏の根拠地が「豊の国」にあったかどうか、また、この土地が「カラ」と呼ばれていたかどうかについては、確定的なことは誰にも言えないはずだ。しかし、欽明天皇が継体天皇の子ではないと考えるとすると、それを担ぎ出して大和の大王に仕立てたのは蘇我氏であるとしか考えられない。そうだとすれば、用明天皇が幼少の時に豊後にいてもおかしくないし、豊国法師が威張って宮中に現われても不思議ではない。これが単なる空想あるいは妄想に過ぎないか、歴史の真相をついているかは蘇我氏に関する秘密がすべて解明できた後のことであると思う。

●百済系氏族が支えた大和王朝

欽明天皇の出自については大きな疑問がある。その背後には『記・紀』が書かない重大な秘密があったと思われる。そしてその謎の解明は、蘇我氏の真の姿を明らかにできるか否かにかかっていると言えよう。

蘇我氏についての最大の謎は、その系図が信じがたいことだった。ところが、近年遺跡が発掘された吉野ケ里からそれほど遠くない地域には、なんと武内宿禰の子とされる羽田・葛城・巨勢・平《へ》群《ぐり》・蘇我の他に紀氏の名前が地名として存在しており、それらの地名は大和地方にも揃っているという事実がある。これはただの偶然ではありえない。そのうち、紀氏だけは、大和ではないし、肥前の「キイ」の場合は文字も違って「基肄《キイ》」になっているが、これだけみごとに地名のグループが両方の地方にあることは、これらの地名を背負った氏族群が九州から大和方面に集団移動したとしか考えられない。

この件については、筆者は前著『天皇家と卑弥呼の系図』で、邪馬台国の旁国の比定とも併せて解明しておいた。それは、これらの諸氏族はもともとは朝鮮から渡来し、甘木にあった高天原、すなわち第一次邪馬台国グループの小国家連合を形成していたが、狗奴国との対立などの諸事情を経た後、五世紀の初めごろ近畿地方に進出し協力して新しい王朝——応神・仁徳王朝を形成したとして理解することができるとした。この勢力の大移動ことを、『記・紀』では「神功皇后の帰還」という形で記しているものであると考えた。そして、さらにその後、新政権の中枢部に坐った蘇我氏は「歴史の偽造」をし、これらの氏族は兄弟関係にあるという擬制を打ちたて、それを統合するも

九州の百済系氏族と大和地方の豪族・渡来人

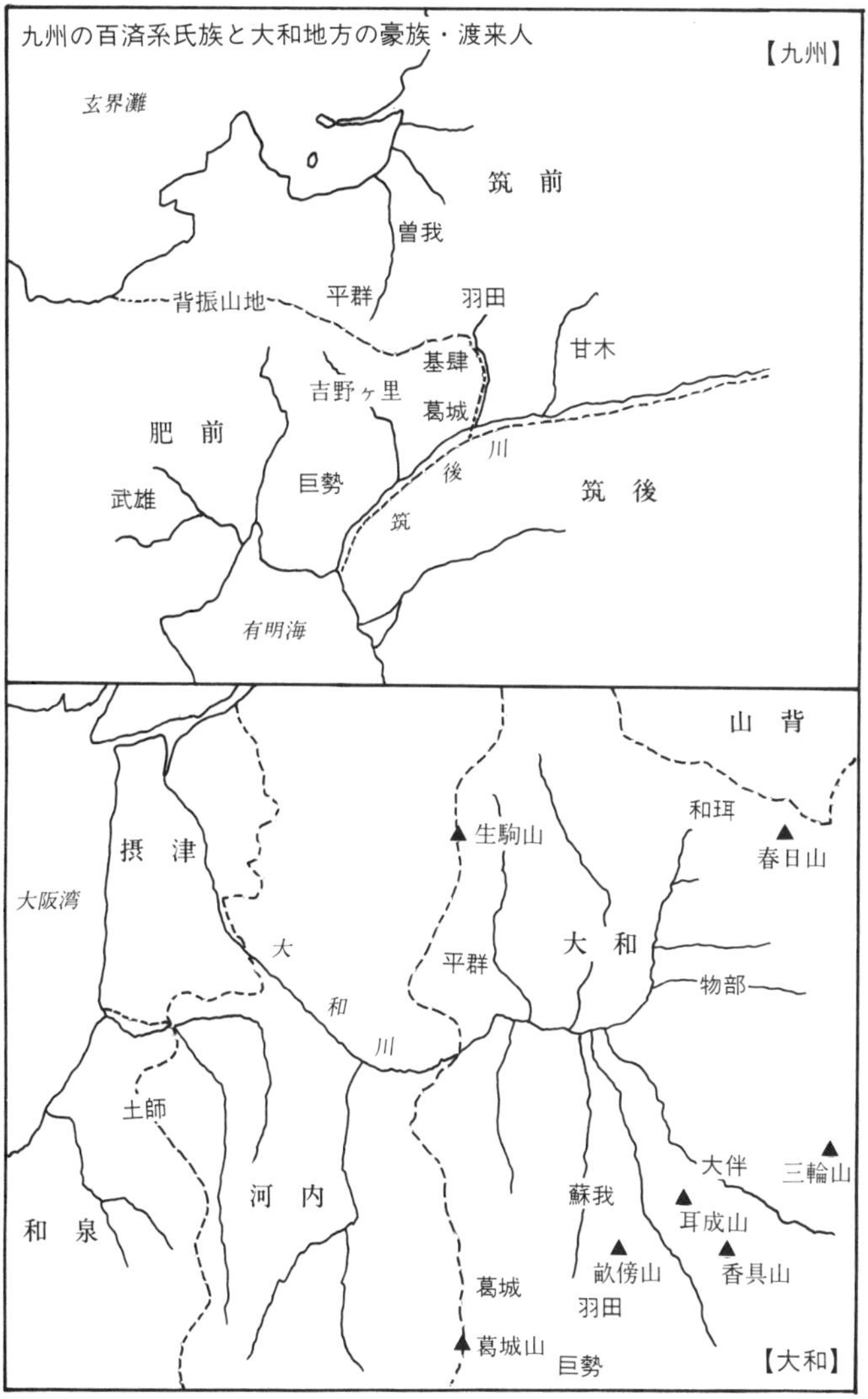

のとして「武内宿禰」という巨人の像を描き上げた、というのが筆者の解釈だった。

その場合、問題になるのは「武内宿禰」という人物が実在したか否かだろう。筆者は、それは肥前の武雄にいた豪族だとする。ただし、その実像は、『記・紀』にあるようなものではなかった。蘇我・葛城などの実力者グループは、この人物を巨人に祭り上げ、孝元天皇の孫（『書紀』では曾孫）として武内宿禰を位置づけ、これらの氏族共通の祖先として描き上げたのだった。

基本的には、彼らはすべて百済系の渡来者だったと筆者は推定している。つまり、北部九州の東半の「豊の国」が新羅系が主体だったのに対して、西半の「筑・肥」には百済系の氏族が多く住んでいたと考える。その理由は、六～七世紀の大和王朝は、常に反新羅の政治姿勢を取り、しばしば武力遠征を試みているという事実からの逆算的な解釈によるものだ。

その原因は直接には、大和王朝が自分たちの原郷と考えていた旧伽耶（加羅）地方が新羅によって吸収されてしまったことにある。筆者の推定では、蘇我氏が大王位に祭り上げた欽明天皇こそ、滅亡した金官加羅国王だった金仇亥その人だ、というわけだ。

とは言っても、政権内部が完全に百済系一色だったわけではないし、秦氏のように新羅系で経済力や技術力をもつものもあったから、いつも動揺していたのは隠れもない事実だ。

こうした中にあって、結果的に蘇我氏がこれらの勢力間の闘争にうち勝ち、天皇家と姻戚関係を取り結べたのは、三蔵を支配する財政特権を握っていたからというのが一般の解釈だ。

だが、『日本書紀』の書きぶりからすると、蘇我氏が横暴の限りを尽くしたふうに記し、その人名に馬子とか蝦夷という蔑称を与えながらも、持統・文武などの天皇が蘇我系の血をうけていることへの遠慮からか、きわめて歯切れが悪い。そもそも、『隋書』によれば、日本の皇帝は男であったのに、それを推古という女帝がいたことにしている。筆者に言わせれば、欽明天皇を外部から擁立することのできた蘇我氏のことだから、蘇我稲目は敏達・用明・崇峻までの天皇は、欽明の皇子だからいいとしても、崇峻を除いた後に、敏達の皇后を立てて推古天皇にしたとは思えない。推古は稲目の孫だが、蘇我馬子は稲目の実の子だ。だから、馬子とその子の蝦夷は、実質的に天皇としての権力を自由にできる座にあったのではないか。あるいは、異能な才をもつ聖徳太子に「天皇」の仕事を委ねた蘇我氏が、陰で漁夫の利を得ていたのかもしれない。

しかし、『書紀』は、その事実の真相を隠し、推古以下皇極に至る影の薄い天皇が実在したこととし、中大兄皇子による皇位奪取を契機として、「蘇我天皇」を抹殺し、天智・天武という皇統が正統なものとして説明できるように編集したのではないだろうか？

この件については、最後にもう一度触れたい。

第七章　宇佐八幡の謎――邪馬台国と日本神話の接点

●卑弥呼の原像

日本古代史の謎に迫ろうとすれば、どうしても目を「豊の国」に注がなくてはならないことが分かった。そして、「豊の国」について語ろうとすれば、避けることのできないのは宇佐にある八幡宮の存在だ。そこには、千古の謎が秘められている。筆者は、『魏志倭人伝』がいう三世紀の邪馬台国は宇佐に遷っていたとする。そこで、しばらく宇佐について見ることにしよう。

宇佐に関する記事が日本古代史に初めて登場するのは、「神武東征」の際の最初の駐在地としてだった。そこで、「神武」は一柱騰宮《アシヒトツアガリノミヤ》で菟狭津《ウサツ》彦・菟狭津媛の饗を受け、菟狭津媛を侍臣のアメノタネコ（天種子命）の妻としている。そのタネコは藤原氏の始祖であり、宇佐公の祖先とされていることも興味深い。ついで、景行天皇が九州を巡行した時にも、宇佐に立ち寄り鼻垂・耳垂という賊を討ったとされている。もっとも、それよりも早く、アマテラスとスサノオの誓約によって生まれた「宗像三女神」が宇佐に降居《あまくだり》したという記述も含めれば、この三つの記事は、史実そのものというより、『記・紀』の編集された時期に、この地が天皇家と藤原氏にとって忘れるわけにいか

宇佐神宮（藤田晴一氏撮影）

ない重大な意味のある場所だったという認識に基づくものだと考えるべきだ。

そして、歴史的事実としては、大宝三（七〇三）年に「僧法蓮、豊前国野三十町を施す」というのが最初に出てくる。この法蓮は、その十八年後、医術をもって「宇佐公」の姓を賜っている。また、宇佐地方が大和の朝廷に関心をもつようになったのは、養老四（七二〇）年、日向・大隅の隼人が反乱を起こし、朝廷は大伴旅人を征隼人大将軍として派遣し、一年ほどを費やしてそれを平定した時からだ。その際、宇佐八幡宮では、法蓮以下がその征服軍に参加したことはすでに述べた。このことは、それ以前の時期に、すでに宇佐八幡は平城京の政権と深い関わりをもっていたことを示している。

宇佐八幡自身の主張によると、この神社の創建は欽明三十一（五七二）年のこととされ、奇妙な伝承が記録されている。宇佐八幡の『託宣集』によると、宇佐の菱形池のほとりの小倉山の麓に鍛冶翁がいて、一身八頭で五人行けば三人死に、十人行けば五人死んだ。そこで、大神《おおが》比義が行くと、人はなく機上に金色の鷹がいた。比義は五穀を断ち、三年祈ると三歳の童子が竹の葉の上にいて、「辛国《から》の城にはじめて天から八流の幡が降り、一切の衆生を救うためなり、われは日本人第十六代誉田天皇広幡麻呂なり」と言ったとしている。

もちろん、これは夢物語のような創作には違いないが、「辛国」という言葉と「誉田（応神）天皇」という文字があること、八幡宮の創建が欽明天皇の時代とされていることに注目すべきだ。また、鍛冶翁が出てくることも製銅技術とからみ見落とせない。この『託宣集』は、宇佐八幡の神官のうちの大神氏の系統のものであり、大神氏は豊後の大野郡の出で、その地方には蛇神伝承が色濃く残ることから、「八岐大蛇」を思わせる怪人が現われるところも何となくうなずける。

その縁起はともあれ、隼人征討事件のころから、八幡宮の本格的建設は進み、一の御殿には応神天皇、二の御殿には比咩《ひめ》神が祀られ、ずっと下って八二三年になって三の御殿に神功皇后が祀られるようになる。そして、宇佐八幡には朝廷から一八〇〇戸と度僧五〇口の寄進があるなど、篤い保護が与えられる。それは、聖武天皇の大仏鋳造に当たり香春の銅が大量に寄進されており、そのことに宇佐が関与していたからと思われる。この時、宇佐からは神官たちが平城京まで壮麗な行列を仕立てて乗りこむなどのデモンストレーションをしている。

そして、七六九年には怪僧道鏡を「皇位につけよ」という宇佐八幡の神託があり、和気清麻呂の派遣によってそれが取り消されるという事件も起こるほど宇佐神宮の地位は高まっていく。

このように、宇佐八幡には奈良時代の天皇家の直接の先祖とされる応神天皇が祀られ、天皇家は伊勢神宮には見向きもしないで、宇佐八幡が尊崇を受けている。そのへんの事情について納得のいく解釈が求められるのは当然のことだ。

●宇佐八幡と応神天皇

これまで宇佐八幡についての優れた研究は数々あったが、そのほとんどは『託宣集』などの膨大な資料や多数の末社・摂社に目を奪われ、最も肝心な祭神が応神天皇であり、宗像三女神であることの理由を追求しようとしていなかった。また、宇佐が「豊の国」にあるということから、同じ「豊の国」にあり、しかも宇佐八幡の大祭である放生会の相手でもある豊日別神社との関係についても深く探ろうとしていない。それでは、宇佐八幡の起源はもとより、その存在意義が理解できるはずがないことは明らかだ。

その一方、邪馬台国宇佐説をとる人の中には、卑弥呼の姿を宇佐に祀られる女神にダブらせたり、八幡宮の所在地を古墳であるとし、そこに卑弥呼が眠っていると空想して楽しむに止まっていた。しかし、そこまで着眼できたなら、卑弥呼の後の邪馬台国と、史書に現われる神功皇后、さらには宇佐八幡の祭神である応神天皇とのつながりまで探求してもよさそうなものの、それは果たさず、『魏志』と『記・紀』の接点が宇佐にあることを見落としていた。

そうした中で、独自の邪馬台国宇佐説を唱えておられた推理作家の高木彬光氏に対して、筆者が「宇佐八幡の祭神とされている宗像三女神とは、応神天皇の后妃となった三人の女のことではないか」と話したことが、高木氏の著書として世に出た『古代天皇家の秘密』だった。

このヒントとなったアイデアはきわめて自然なものだと思う。宇佐八幡の一の御殿の祭神が応神天皇なら、その妻たちが比咩神として二の御殿に祀られていても不思議はない。どちらも三人姉妹になっている。だからそれを同じものと考えることは当たり前の発想だ。

ところが、宗像三女神は神話上の人物だから、誰しもそこまで飛躍して考えようとはしなかったらしい。しかし、そのアナロジーを認めるならば、三女神の両親――アマテラスとスサノオとを、応神天皇の后妃となった三人姉妹の両親と重ねて合わせることによって、宗像氏と宇佐の関係もスッキリするし、応神天皇の出自についての疑問も解けてくる。

このことについては、前にも概略を述べたし、『天皇家と卑弥呼の系図』に詳しく書いておいたが、ここであらためて述べることにしよう。後に応神天皇の后妃となった三人姉妹の両親というのは、『古事記』には母の名は記していないが、父は誉田真若であると明記してある。この真若というのは、景行天皇が美濃で見つけた八坂入姫に生ませた五百木入彦の子になっている。この三姉妹を宇佐八幡に祀られている「比咩神」のことだとすれば、その母は宇佐八幡にかかわる女性であっていいはずだ。そう考えた上で、邪馬台国宇佐説の立場をとるならば、その女性は「卑弥呼三世」とでもいうべき人物だと考えるのが自然な連想ということになる。（二三五ページ参照）

そして、神話に出てくるスサノオの「八岐大蛇退治」の話をダブらせ、誉田真若をスサノオに重ねれば、宇佐邪馬台国の女王は、必然的にクシナダ（奇稲田・櫛名田）姫ということになってくる。筆者は、『先代旧事本紀』や丹後の籠神社に伝わる尾張・海部氏系図にある「日女命」こそ邪馬台国の卑弥呼にほかならないという見解をもっていたから、その「日女命」の三代後に出てくるタケイナダネ（建稲種）命の名前がクシナダ姫と酷似しているから、宇佐邪馬台国の女王はタケイナダネの娘か妹であったと考えた。尾張・海部氏の系図には、誉田真若と結婚した女性の名はタケイナダネの娘で金田屋野姫となっている。しかも、『古事記』には、誉田真若の母は、尾張連の祖の建《タケ》伊那陀宿禰《イナダ》の子の志理都紀斗売《シリツキトメ》となっており、尾張氏系図には、建稲種命の子に志理津彦という名の男がいるから、その姉妹が誉田真若の母であり、宇佐女王だったと考えられる。

ただし、筆者の想定は、その舞台が豊前宇佐でなくては成り立たない。ということは、誉田真若も、その父の五百木入彦も大和の人間ではなく、九州の生まれ育ちでなくてはならない。幸い応神天皇は筑紫生まれとあるから、その母のオキナガタラシ姫が新羅に行って筑紫に帰り（もし、それが事実なら）、まだ九州にいるころ、誉田真若と宇佐女王との関係は成立していたとすべきだろう。筆者の想定では、真若は自分の三人娘をオキナガタラシ姫の子の配偶者にし、その子を大和の王者に仕立てようという約束を宇佐女王やオキナガタラシ姫と交わしていたものということになる。

●豊日別神社の謎

邪馬台国の比定地については数多くの説が出されているが、その証明となると「親魏倭王」と刻まれた金印か何かがその土地から出土するか、卑弥呼の墓と目される古墳から墓碑銘でも出ない限り結論は出ない、というのが常識的な批評家の立場と言っていいだろう。しかし、これまでの邪馬台国論は、平面的にはその旁国を蔽って広げられていても、時間的には魏使の来た当時に限られるし、まして、『記・紀』とのつながりまで解明したものは皆無といってよかった。

しかし、そのような態度は本末転倒であり、歴史の本筋とつながらない邪馬台国探しは単なるレジャーの一つとしてのクイズ遊びだと言うべきだろう。逆に、『魏志』と『日本書紀』をつなげることができ、その筋道に沿う邪馬台国の比定地は、仮に直接的な物証が不足であっても、その筋道からいくらでも演繹して導き出せる関連事項によって論証が補強できることになる。

　例えば、筆者は宇佐邪馬台国の何代目かの女王がシリツキトメだとしたが、その夫のイホキイリ彦が金属精錬と関係があり、その国が已百支国で、それが香春にあったと比定されるとなると、宇佐八幡の放生会の際に納められる銅鏡の生産地が香春であることから、邪馬台国と已百支国の親密な関係まで具体的に浮かび上がってくる、というわけだ。

　では、この放生会の際、香春で製造された鏡が宇佐に納められるに先立ち、豊前宮処《みやこ》郡――現在の行橋市の草場にある豊日別神社に運ばれる理由は何だろうか？　それは、宇佐八幡の根本的性格にまで関わる重大な意味をもつはずなのに、何故かそのことに興味を示す人は乏しかった。

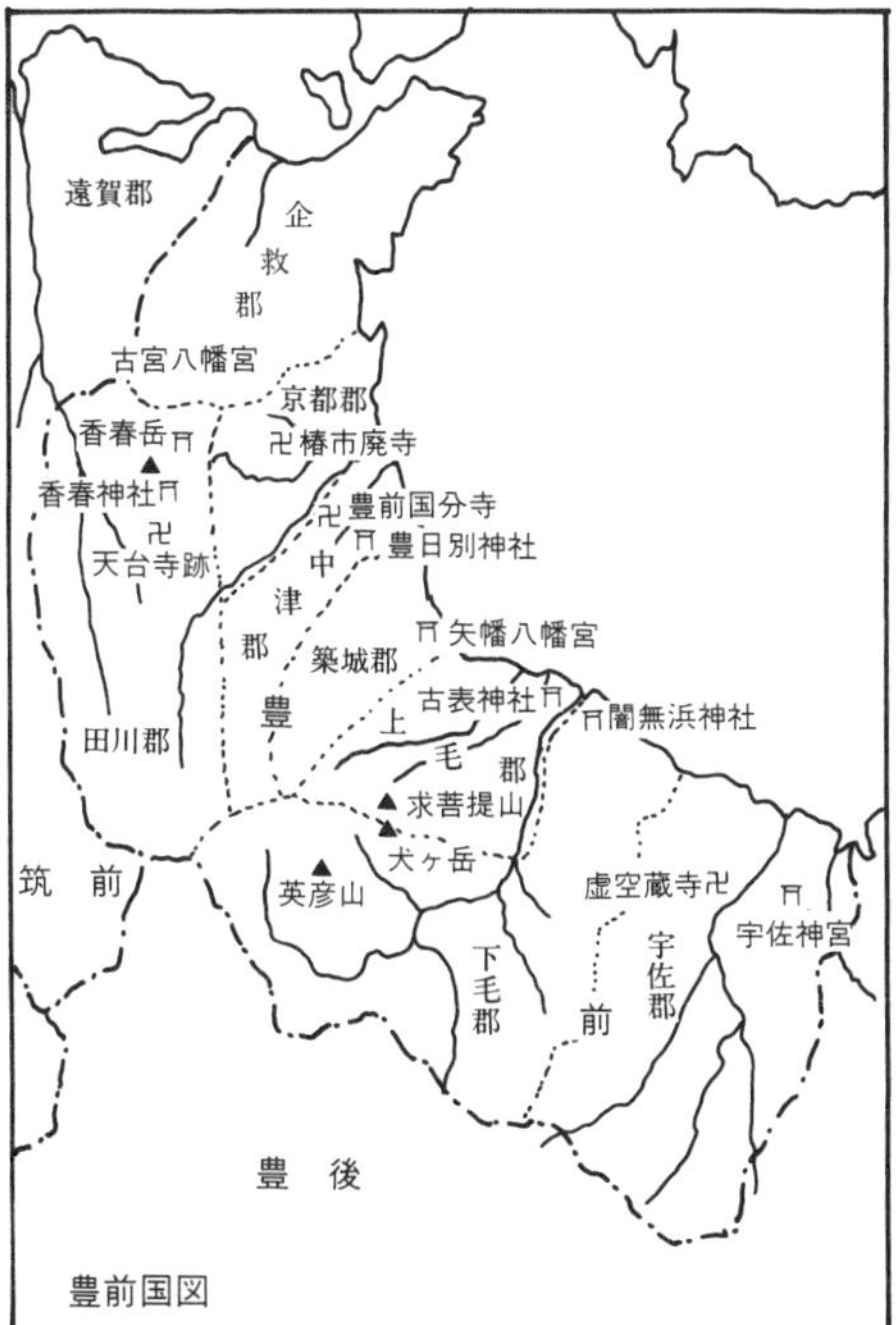

豊前国図

　昭和四十七年、この神社から宇佐放生会のことを記録した天慶六（九四三）年の社記などの古文書が多数発見された。それによると、この神社はイザナギ・イザナミの御子の豊日別命を祀るが、「社伝」には、「欽明天皇の二年に、当時の神主の大伴牟祢奈《むねな》里《り》に猿田彦のお告げがあったので、早速、別宮を建てて猿田彦を祀ったところ奇瑞があり、天皇の耳に達した」という。そうして、欽明二十八年、全国に大洪水飢饉があった時、天皇は豊日別大神に祈ったところようやく治まった、とも伝えている。

豊日別神社

　ここで興味あることには、豊日別神社が本来あった場所が、草場の隣の筑城郡阿賀《あが》波多邑村《はたむら》広末《ひろすえ》であるといい、その名前が何となく、欽明天皇の名のアマクニ・オシハラキ・ヒロニワに似ていることだ。この神社を欽明が尊崇したこと、欽明が「豊の国」から大和に迎えられたことと偶然とは言え、何か関係がありそうに思える。

　この豊日別神社のある宮処郡は京都郡とも書き、『豊前国風土記』に「宮処の郡、古え天孫ここより発ちて、日向の旧都に天降りましき、蓋し、天照大神の神京なり」とあることは重大だ。筆者が想定した「第二次天孫降臨」では、ニニギは筑前甘木から豊後日田を経て豊前中津をめざしたというのだから、その定着地がこの宮処郡だとすれば、『風土記』の表現とは表裏の関係にあることになる。しかも、その途中の「天の八衢《やちまた》」――日田に現われ、ニニギの道案内をしたというサルタヒコが豊日別神社に祀られていることも偶然とは思えない。前に見たように、猿田という地名はこの地の西の遠賀川下流域に多く、そこが物部氏のかつての根拠地と重なることも思い出される。なお、サルタヒコを祀る神社は、出雲から九州北部にかけて多い。

もう一つ、景行天皇が熊襲の反乱を制するために西行した際、豊前国の長峡《ながお》県に宮を建て、「みやこ」と名づけたとあることも、この土地が古代において天皇家と深い関わりがあったことを裏書きしている。八世紀には、それが「放棄された旧都」として記憶されていたことになろう。

問題なのは、こういう由緒のある土地に建てられた神社なのだから、そこに祀られている豊日別大神が宇佐八幡の神と無関係だったはずが無い。いや、放生会の時、鏡がいったん豊日別神社に持って来られるのだから、それがどういう理由によるものか知りたいというのだ。この両社の関係を想像すれば、それは夫婦ないしは兄弟・姉妹とでもいうべきものだっただろう。そういう視点から考察を進めた論者がいないことは、日本古代史にとって不幸なことだったと思う。

●二つの神社の対応関係

豊日別神社は、宇佐八幡に負けないほどの格の高い神社だったらしく、どちらも欽明天皇の時代に建てられており、放生会の儀礼を共有していることから、この二つの神社には切ってもきれない深い関わりがあることは分かった。では、その関係はどういうものかとなると、実のところ何一つ解明されていない。では、それは永遠の謎として放置しなければならないのだろうか？　それはいかにも残念だ。そういう謎を解くのには、どうしたら良いのだろうか？　その手懸かりとしては、両社についてわかっていること、何かしらの関係のありそうなことを並べ合わせ、その上で自由に考えることによって見つけられはしまいか。では試みてみよう。

豊日別神社に関係のありそうな言葉を抜き出し、連想される語句を挙げていくと、「日」の字、天照大神の旧都、景行天皇、猿田彦、物部氏、欽明天皇、百済——などとなる。

宇佐八幡の場合は、邪馬台国、応神天皇、神功皇后、宗像三女神、海北道中、新羅——などの言葉が浮かんで来る。一見して合わせ鏡のように対照的というか、パラレルというか、両者は何かを軸にして向かい合っている感じがしてくる。では、その軸になるものは何だろうか？　そう考えると、日本古代史の上で対立しながら不即不離だったものとして第一に思い出すのは、神道と仏教の関係がある。物部・中臣氏と蘇我氏が争い、奈良時代には両者は習合して一体化している。

宇佐には、奈良時代初期に弥勒寺が建てられており、やがて国東半島に宇佐系の寺が広く進出しているから、仏教を宇佐に重ねると、日輪信仰との結びつきの面から豊日別神社は神道とダブって見えてくる。しかし、このコントラストの「軸」は正解とは言いにくい。この二つの神社の創建された六世紀の時点では、神仏の対応関係を考えることはできないからだ。

では、アマテラスとスサノオの関係はどうだろうか、両神社はともにアマテラスとは関係ありそうだ。スサノオは新羅につながるし、宗像三女は姉と弟との誓約によって生まれ、スサノオの子とされているから、宇佐をスサノオとし、アマテラスを豊日別にたとえる対比は成立しそうだ。とは言っても、これはあくまで神話を創作する上でのことで、二つの神社の関係を解く鍵にならない。

そこで思い出すのは、ニギハヤヒの異称のことだ。それは「天照国照天火明奇甕玉饒速日」だった。豊日別大神も、「天照の旧都」のあった場所にある。「日」の文字も付く。そして、サルタヒコは物部氏系だから、ニギハヤヒと結びつく。だとすると、豊日別大神とは大和に進出する前に九州にいたニギハヤヒの別の名だったのではなかろうか。この想定は、それほど無理ではないと思う。あの大勢力を誇っていた物部氏の祖先たちの根拠地が、遠賀川と筑後川の下流域にあったことは分かっているが、それが「豊の国」にもあって不思議はないだろう。

豊日別と宇佐の二社を対比する軸として、もう一つ頭に浮かぶのは、伊勢の皇大神宮と豊受神宮――内宮と外宮の対抗関係が浮かんでくる。内宮は天照大神を祀り、外宮は豊受大神を祭神としている。豊日別も宇佐も、ともにアマテラスとは関係がありそうだし、どちらも「豊の国」にあるからトヨウケとは無関係とするわけにいかない。もし、この対比を「正解」だと考えるとするならば、どちらが内宮につながり、どちらが外宮の起源ということになるのだろうか？

その答えを出すためには、「外宮は内宮の御神饌《みけつ》」――食事の提供の神とされていることに着目しなくてはならない。果たして、そういうことが、豊日別神社と宇佐八幡宮の間にありうるだろうか？　ただし、両社の起源と伊勢神宮の創建とは別個の事情によるものだから、「豊の国」の内部で二つの社の間に「ミケツ」の関係がなくてはならないというのではない。

その問いについて答えるための、ヒントならばある。外宮の神官として知られる度会氏の祖先は天牟羅雲命とされているが、尾張・海部氏の系図には初代の天香語山命の子に天村雲命の名が見えることだ。筆者が想定したように、邪馬台国の女王が宇佐にいたとすれば、アメノムラクモもまた、宇佐にいておかしくない。もう一つ、宇佐八幡の近くを流れる駅館川は御炊《みけ》川とも呼ばれていたし、宇佐神宮の敷地内には御炊殿もある。そして、宇佐郡の隣は下毛郡・上毛郡となっていて〈ケヌ〉の地であることも指摘しておこう。

●解けた千古の謎

豊日別神社と宇佐神宮との対応関係を考えているうちに、それが伊勢の内宮と外宮との対応関係に重なってくるらしいことに気がついた。では、この二組の神社群は本当に同じ系統のもの――いや、「豊の国」の二つの神社が伊勢に遷って行ったのだとしていいだろうか？

それに対して、ただちに「その通りだ」と言うことはできない。なぜなら、伊勢神宮は前にみたように、崇神天皇の時代に大和の宮廷からアマテラス大神が担ぎ出されてつくられたのであり、「豊の国」から遷ったのではないからだ。その理由は、「倭大国魂の神と天照大神とを同床させることは良くない」ということだった。そして、「倭大国魂」というのは、「崇神東遷」以前の大和の支配者だった物部氏の祖神と考えられるから、それは大物主であり、ニギハヤヒだった。それなら、ニギハヤヒのほうを追放すればいいのに、なぜ自分たちの先祖の神のほうを追い出してしまい、しかも皇女を斎女として付け、あたかも天皇家に祟りをする神を封ずるかのようにして遠隔地に祀り、以後、天皇は伊勢参りをしなかったのか、という謎が残る。

その疑問に答える前に、外宮の神とされる豊受大神について考えてみよう。それは、『丹後国風土記』にある比治の真名井の池に舞い降りた天女の話が謎解きの鍵となっている。それは、どこからともなく飛んで来た七人の天女のうちの一人の羽衣を土地の翁が隠し、その女を養女として酒を作らせて稼いでいたが、ある日、老夫婦は女を家から追放した、という話だ。そして、泣く泣く丹後の哭木《なきき》村に止まることになった女の名は、トヨウカノメ（豊宇賀能売）だった。

この天女の名は豊受と同じだ。そして丹後には、これ以外に豊受神を祀る神社は多くある。それに、豊後と丹後とは地名の一致が著しい。そういう事実から判断し、豊受大神というのは「豊の国」から丹後に移住した尾張・海部氏が連れて行った神であるとしていいだろう。『丹後国風土記』には、彼らの始祖とされる天香語山命が丹後に降臨したと記している。

そうなると、伊勢の外宮の豊受大神は「豊の国」のどこからか、いったん丹後に移り、ついで伊勢に祀られるようになったと考えて、まず誤りはないだろう。だとすると、その起源は豊日別神社のある宮処郡か、それとも宇佐かということになるが、外宮の宮司の度会氏の祖先が尾張・海部氏の二代目のアメノムラクモ命であり、その子孫から卑弥呼が出ている点から、宇佐のほうに軍配が揚がる。宇佐神宮の御炊殿を預かっていたのがアメノムラクモ命で、祀られていたのはウカノミタマ（宇迦之御魂）、すなわちトヨウケ大神だったとすべきだろう。

では、豊日別命は天照大神と同一と言えるだろうか？　その答えは当然「イエス」でなくてはならないが、それにには重要な注釈が付く。というのは、その「天照」というのは、皇祖神とされるアマテラスという女神ではなく、ニギハヤヒという男神のことだ。つまり、物部氏の祖神のことでなくては話の筋が通らない。それはどういうことかと言うと、『旧事記』にあるように、天火明命とはニギハヤヒのことであり、九州にあっては天道女命を妻としてウマシマジ以下の物部氏の祖先となり、大和に降臨しては天香語山を妻として尾張・海部氏の祖となったとしているからだ。

つまり、こういうことになる。「神武」より先に大和の主となった物部氏は、ニギハヤヒを倭大国魂・大物主として三輪山に祀っていた。そして、日輪信仰をもつその神は、別名を「天照大神」とよんでいた。ところが、「神武」すなわち崇神の東遷によって政権の委譲が行なわれると、崇神は、三輪山の祭祀は大神《おおみわ》（大三輪）氏に任せるが、「日神である天照大神が物部氏の神」であっては自分の地位に支障があると考え、「天照」の名前と「日神」という性格を物部氏の祖神から奪い、自分たちの祖先の神だということにしてしまった。しかし、もともとはそうではないので、大和に祀るわけにはいかず、伊勢に遷し「祟り神」扱いにしたというわけだ。

そして、物部氏の祖先としてはニギハヤヒという名を残し、「神武」への降伏者としてだけ使わせ、「天照」の名前は新王朝の独占ということにした、ということになる。こう考えてはじめて、伊勢神宮の謎も矛盾なくスッキリと解明されたわけだ。

●天皇家の始祖神とは？

そもそも「天照大神」というのは天皇家の祖神ではなく、物部氏が信仰していた日輪を神格化したものであり、その祖神のニギハヤヒと同じだったと解釈することによって、すべての謎が一気に解き明かされることになる。とは言っても、まだ若干の疑問は残るだろう。例えば、それなら天皇家の本当の祖先の神は何であり、それはどこにどのように祀られているのか、といったような疑問にも答えなくてはならない。

その場合、それに単純に答えようとすると大変な誤りを犯すことになる。というのは、とかく戦前の教育を受けた日本人は、『記・紀』が唱える「万世一系の天皇家」という神話の呪縛につながれているからだ。現在の天皇家の血統をたどっていくと、筆者の判定では、欽明天皇までしか遡《さかのぼ》ることはできない。もしかすると、それ以後でも、例えば「南北朝合同」のあたりで一系が途絶えているかもしれないが、少なくとも平安時代の天皇の祖先が欽明天皇の子孫であることは間違いないとしていいだろう。天武天皇の子孫である奈良時代のことは一応除外する。

というのは、前に見たように、欽明天皇は皇位の簒奪者《さんだつしゃ》だからだ。しかし、『日本書紀』の建前としては、欽明天皇の父として継体天皇を据え、それを応神天皇の五世の孫としているのだから、奈良時代には応神天皇を天皇家の始祖のように考えていたことがわかる。そのことは、応神天皇を祀る宇佐八幡に神託を求めた事実からも納得がいく。

しかし、アマテラスを宮廷から隔離した崇神は、「初国しらしし天皇」あるいは「肇国天皇」としているのだから、この天皇をも公式の始祖とみなしていたことも確かだ。

では、崇神天皇となったミマキイリヒコは、どういう神を祀っていたのだろうか？　筆者としては、ミマキイリヒコは水沼君だったとする立場から、『書紀』が宗像三女神を「これ水沼君等が祭る神なり」としているから、「海の正倉院」を背景にした信仰をもっていたものと思う。しかも、宇佐には宗像三女神が祀られているから、大和の天皇家はそのころからこの土地を聖地と考えていたことだろう。

また、応神天皇の場合も、后妃が宇佐女王の三人娘となっているから、少なくともその子孫にとって宇佐は重要な場所だったはずだ。ただ、応神天皇の父が誰かとなると、それはいつも神功皇后の側にいた男、すなわち武内宿禰だったとしか考えられない。ただし、『記・紀』が描く武内宿禰はあくまで虚像であって、その正体は香春あたりの実力者とまでしか言うことはできない。しかも、『記・紀』が伝える河内の応神王朝の事績は信頼度が低く、葛城氏やその同族とされる渡来系氏族集団と、応神天皇の父が同系統だっただろうということが言えるくらいだ。

そして、欽明天皇の出自については、金官加羅国王という目安は立てられるものの、確言はしがたい。ただ、この王朝が反新羅に徹していたから、欽明の父は加羅国といっても百済寄りの立場にあっただろうとまでは言える。

では、本当の皇祖神として宮中に祀られていたのは、何の神だろうか？　もちろん、建て前としての天照大神ではない。それは、韓神・園神だったはずだ。現在でも、この二つの神が宮中で懇ろに祀られているが、それについての一切の説明はされていないし、どのように祭りがおこなわれているかも秘密になっている。あるいは、その由来は忘れ去られているのかもしれない。

というわけで、天皇家の真の祖先神を確定的に示すことは不可能ということになりそうだ。しかし、それはそれでいいのだと思う。われわれとして知りたいのは、日本古代史の本当の流れであり、その中にあって一つの家系としての天皇家がプライベートにどんな神を祀っているかは、さして重要ではないからだ。それが、本来は物部氏の神だった天照大神を建て前として皇祖神としているのなら、それであってもいいし、韓神・園神という朝鮮からの渡来神らしきものであってもかまわないと思う。ただ、伊勢神宮や宇佐神宮がどのようにして、どういう人々の信仰の対象とされてきたかさえ把握できれば、歴史を見直すのに役立つというだけのことだ。

●「謎解き」の限界

伊勢神宮の内宮の神は皇祖神としてのアマテラスではなく、本来の天照大神すなわち物部氏が尊崇した日神であり、それはニギハヤヒとも称した神だった。そして、外宮の神は尾張・海部氏が祀っていた稲の神のウカノミタマのことであり、豊受大神とも呼ばれた。しかし、藤原氏が実権を握った奈良時代には、国の正史として『日本書紀』が編集され、ニギハヤヒに関する伝承はすべて抹殺されてしまった。これが筆者が提示する「謎解き」の結論だ。

では、抹殺を免れ、このことを証明する資料として残っているものが何か無いのだろうか？　その件については意外と多いようだ。例えば、異端の書物とされている『秀真伝《ほつまつたえ》』などがそれだ。また、『古代日本正史』（原田常治著・同志社刊）や、『消された覇王』、『女王アマテラス』（小椋一葉著・河出書房新社刊）などは、筆者と同じく「ニギハヤヒは本来の天照大神だった」とする見解を示している。ただ、原田氏も小椋氏も、アマテラス・スサノオ・ニギハヤヒ等の神を一～二世紀に実在した人物としており、壮大な古代ロマンをあたかも歴史的事実のように描き上げている。その筋立てはなかなか面白いし、全国の神社の祭神を調べ上げた情熱は高く評価できるが、神話を史実と混同していることは、なんとしても頂けない。

ただ、これらの書物が、平安時代の天皇家が尊崇した日吉神社や鴨雷《カモノイカヅチワケ》別神社の祭神の大山咋命《オオヤマクイ》や雷《イカヅチワケ》別命までニギハヤヒであるとする見解は、ある意味で傾聴に値するとしておこう。

本書でしばしば引用した『先代旧事本紀』は、その『序文』には「蘇我馬子と聖徳太子が勅命で撰修した」と書いてあるが、その内容は物部氏および尾張氏の紹介に意を注ぎながらも、その叙述は完全と言っていいくらいに正史とされた『日本書紀』に即している。そのことが、この書物を偽書だとする説の根拠とされている。しかし、本当のところは『旧事紀』が編集されたのは平安初期くらいで、それは、禁書にされることを避ける措置として敢えて聖徳太子の名を借りたものであると思う。そして、かろうじてニギハヤヒのフル・ネームを残し、『記・紀』の虚妄を暴く手懸りだけを伝えるに止め、「国造本紀」などの記録から、かつて物部氏の勢力が強大だったことを知ることができるように配慮している。この本を偽書というのなら、それと同等あるいはそれ以上に『日本書紀』も偽書ということになるだろう。それは、「神代」のことはいいとしても、「神武天皇」という架空の人物を創造したり、実在したオキナガタラシ姫を「神功皇后」などという虚像で描いたりしているからだ。ヤマトタケルやタケノウチスクネも同様だ。

さて、宇佐八幡に「応神天皇」が祀られるようになったのは、筆者は、誉田真若が宇佐女王と結婚して生まれた三人娘が、オキナガタラシ姫の子であり後の応神天皇となった男の皇妃にして近畿地方に進出して行こうという野心を実現したからだ、という推理を掲げた。しかし、それはあくまで神話の解釈によるもので、それを裏づける証拠らしいものはほとんど無い。

この点については、『天皇家と卑弥呼の系図』に挙げたもう一つの説話の解釈で補いをしておいたし、第三章の終わりの方にも述べておいた。それは、気比大神の元の名のホムタワケと応神天皇の王子時代の名のイサザワケとを交換したということを、誉田真若が「豊の国」の土地を王子に献上し、支配権を得たことだとしたものだった。この名前の交換の際に、王子は「われに御食《みけ》の魚を給えり」と言ったことは、宇佐に神餞の神であるウカノミタマすなわち豊受大神がいたとする想定と結びつき、側面から推論を補強していると思う。そして、気比神社は豊前から越前敦賀に遷り、豊受大神は丹後を経て伊勢に遷ったというのだ。また、イササという語はヒボコの神宝の名であり、王子の母のオキナガタラシ姫はヒボコの子孫だから、このストーリーの背後にはヒボコ系の旧伊都国王も関与しているとした。このように、四世紀末ごろ、宇佐を取り巻く諸勢力が近畿地方に進出したということを推理によって間接的に描くことができる。

しかし、いくつかの仮説が相互に矛盾せず、たがいに助け合い支え合って史実らしいものを復元できるのなら、それをもって満足すべきだと思う。

●八幡神とは何か？

宇佐神宮について考えているうちに、話の焦点は伊勢神宮の謎に移り、ニギハヤヒの正体を論じたり、神話解釈へと話題が移って行った。そこで本題にもどろう。

宇佐についての研究家のほぼ一致した見解によれば、そもそも宇佐では背後にある御許山の巨石信仰が行なわれていただろうという。それに後になって、宇佐神宮の神官として指導的立場にあった宇佐・辛島・大神の三氏が、各種の要素を持ち込んだものだという。明治以降の代表的な意見としても、母子神・鍛冶神・秦氏の神・宗像氏の神・海神・神武天皇・朝鮮のハルマン信仰、それに仏教など、いろいろな信仰が加えられて八幡神が主流になったという。

宇佐氏はアメノタネコ（天種子命）を開祖とし、藤原氏と同族であり、「比咩神」信仰を支えていたと思われる。ただ、その姫とは土地に由来する女性なのか、宗像氏や息長氏との関わりを考える中で説は分かれる。辛島氏はスサノオを祖先と仰ぐ渡来系で、秦氏や鍛冶神とのつながりが考えられる。大神《おおが》氏は、大和の大神《おおみわ》氏と同じく蛇神を信じる氏族で、『託宣集』はこの氏族の伝承を主体としているが、八幡神として応神天皇を持ち込んだのは大神氏だろうか。

ただ、宇佐の研究者を悩ましているものとして、宇佐氏と大神氏による権力闘争という事実がある。この両氏は、奈良時代には厭魅《えんみ》事件なるものをめぐって対立しているし、源平争乱時代には血を流すほどの権力闘争にまで発展している。

八幡神といえば、京都の石清水八幡と鎌倉の鶴ケ岡八幡が有名だ。それらは天皇家や源氏が八幡神を深く尊崇したからに違いないが、なぜそうなったかについては想像に頼るしかない。

ここで唯一確かなことは、宇佐の地は縄文時代以来の聖地であって、それ故にこそ筑前甘木にあった第一次邪馬台国が東に移動した際に、ここに根拠地を据えたのだということだ。そして、旁国連合の統合者として、豊後海岸に勢力を有していた海人族——海部氏の女性のヒメノミコト（日女命）を推戴して、男弟の弟彦命とともに神権統治を行なったわけだ。その方法は鬼道というべきシャーマニズムによる呪術だから、彼女自身にどれだけの霊妙な権威があったかはともかく、中国から朝鮮を経て渡来した天神族がそれに従うほどのものだったことは間違いない。

問題はそれからだ。卑弥呼を出した海部氏は、ホアカリを祖先とする点で物部系とも通じるものがあり、物部系の猿田彦を祀る豊日別大神——ニギハヤヒと同一だ——とも親しい関係にあったはずだ。そして、卑弥呼の死後、筆者の推定では宗像系の水沼君が一時だけ旁国連合の盟主となるが、その座を追われて大和に進出して崇神天皇となり、物部系の王朝にとって代わる。

その後、宇佐邪馬台国では宗女台与——その名も海部氏系図にやはり「日女命」として記されている——があとをつぐ。そして三代後、海部氏系図に名のあるタケイナダネ（建稲種）命の娘の時、五百木入彦と結婚して誉田真若が生まれる。このイオキイリ彦は香春にあった已百支《イオキ》国王だから、宇佐神宮への神鏡の奉納はそのころから始まっていたことは間違いないだろう。

そして、タケイナダネのもう一人の娘が誉田真若と結婚し、その三人娘が応神天皇の后妃となるわけだ。だから、邪馬台国の後身とも言うべき宇佐神宮に応神天皇が祀られることは不思議ではない。それでは、応神天皇と結びつく「八幡神」とは何だろうか？

大分大の富来隆教授は、大神氏の本拠地の祖母山麓では青大将のことを「ヤアタ」というから八幡神とは蛇神のことだとする。また、『託宣集』には「八頭一身の鍛冶翁が出た」とあり、誉田真若と宇佐女王との結婚は、八岐大蛇退治に関わるスサノオとクシナダ姫の結婚になぞらえられるから、蛇が関係していることは想像できる。しかし、退治された側を神としてよいだろうか？

そして、宇佐研究の第一人者の中野幡能氏は、筑上郡椎田町の綾幡にある矢幡宮を八幡宮の源流としており、その起源は秦氏が朝鮮から持ち込んだとしている。このあたりが正解だろう。

宇佐八幡の「行幸会」では「薦枕《こもまくら》」が神体とされるが、それはなんとなくユダヤの臭いがし、秦氏ユダヤ渡来説と符合するのも面白い。

第八章　倭人のルーツ——その複雑な構成

●期待されるシナリオの提出

これまで、いろいろな視点から「古代日本の原像」について探ってきたが、そもそも現代日本人と直接につながりをもっている「倭人」とはどういう人たちであったのか、そして、その祖先はどこに住み、どういう暮らしをしていたのかという問題について考えたいと思う。

その方法はいろいろあるが、まず、日本語の起源は何かという点から検討していくことから始めることにする。

日本語の母音の構成や発音法の癖はポリネシア的であり、「アマ（天・海）」というのはポリネシア語でアウトリガー（腕木に浮きが付いた船）のことであり、『記・紀』に出てくる多くの固有名詞を含む言葉は、ポリネシア諸語で説明できると聞かせられると「なるほど」と思わざるをえない。また、数詞・身体語・表情語（擬声語や擬態語など）・接頭語などの基礎語彙にはポリネシア・ミクロネシア・メラネシアから東南アジアにかけての南島語と一致するものが多いということを知らされると、「原始日本語は南の海から来た」と信じたくなる。

ところが、ドンド焼きだとか若水汲みなどの儀礼や死者の葬祭の仕方を始め、餅や粥などの食事法や衣服や髪の結い方などの風俗が、ヒマラヤ山麓やビルマ・雲南から華中に至る照葉樹林地帯のものと酷似している事実を示され、日本語と一致する言葉が南インドのタミル地方にあると説かれると、「日本人の起源はインド亜大陸である」と考えたくなる。

さらに、日本語の語順や文法はウラル・アルタイ語と同じであり、血液内の免疫グロブリンGに含まれるGm遺伝子の四型の構成比率が現代日本人に最も近いのは、バイカル湖畔に住むブリアート人であるという厳然たる事実を指摘されると、「われわれの祖先はシベリアから渡来して来たことは間違いない」と思いたくなる。

そして、日本列島に生きる動植物の原種の研究や神話・伝説のルーツなどをたどると、その多くは西アジア方面に発しているし、古代ユダヤの宗教儀礼は日本の神道とあまりにもよく似ていることから、「日本人は悠久の昔には、メソポタミヤやパレスチナにいた」などという説にも耳を傾けたくなってくる。日本民族の起源についての説は、ざっと数えても一〇くらいはある。

では、こういう数多くの諸説を前にして、わたしたちはどう対応したらよいのだろうか？

確かに、どの説一つをとってみても、いかにももっともな根拠があり、それなりの説得力があるから無下に捨て去ることは惜しい。しかし、本当の答えは一つでなくてはならないのだろうか。

そこで、最も犯しやすい誤りは、「A説が唯一正しい説で、他はすべて間違っている」とする排他的態度だろう。他説の欠陥を論ずることはいい。しかし、その欠陥は多くの場合、「部分の全体化の誤謬」であり、少数例をもって敷衍し過ぎた結果であろうから、論証の不足を理由にして真理を含む説を葬り去る危険がある。それは、盥《たらい》の水といっしょに赤子を流すことになる。

もう一つ、避けなくてはいけない態度は、「どうせ日本人は雑種だから、世界中のあらゆる人種の混血であり、文化の吹き溜まりなのだ」というわけで、その混血なり文化の融合のあり方についての検討を放棄してしまうことだ。日本人の血液や社会の文化に多くの要素が混入し、その構成が極めて複雑なことは誰しも否定できない事実に違いない。だとすれば、わたしたちが取るべき正しい態度は、いっさいの偏見を捨て、純粋に科学的な論証をふまえ、最も可能性が高いと思われるシナリオを描き上げることだろう。

ここで、シナリオというのは、「いつごろ、どの方面から、日本列島のどのあたりに、どのくらいの人数が渡来し、それは、どのくらいの年月をかけて、どの地方にまで分布したか」という「数字を示した推論」の積み上げのことだ。日本列島には何度も渡来人の群が訪れたはずだから、理想を言えば、それらの一つひとつについて「数を示した推論」ができることが望ましい。とは言っても、その一つについてさえも、根拠のある数字を示すことは至難な業だろう。いや、端的に言うならば、「そんなことは不可能」に決まっている。しかし、だからといって、こういうシナリオを示す努力まで放棄してよいということにはならない。

何千年も昔の出来事について、確実な推論が不可能ならば、「人と文化の融合のプロセス」についての、期待される理想に近いシナリオを多くの人が競って提出し、それらのコンクールを通じて、より実相に接近する努力をするべきではなかろうか？

●縄文人とは？

第二章で、アイヌと縄文人の関係について触れたが、倭人のルーツを論ずるためには、その渡来以前の日本列島住民だった縄文人の実態を見ておくべきだろう。

一口に縄文時代と言っても、その年代は今から約一万二〇〇〇年前に始まり、BC三世紀までの九〇〇〇年間にも及ぶ長期間にわたっており、その草創期（〜BC七〇〇〇年）と晩期（BC一〇〇〇〜BC四〇〇年）では器具や生活様式はいちじるしく異なるし、地域も拡大する。縄文人の人口分布状況は東高西低で、本州では東北地方から北陸地方にかけてのナラ・ブナ・クリなどが繁茂する落葉・広葉樹林地帯、関東から東海地方にかけての川岸や海岸地帯が主要な住みかだった。そして近畿・瀬戸内から九州の西日本ではシイ・カシ・クスなどの豊富な照葉樹林地帯が彼らの主な生活圏だった。

東北方面では森林でドングリを拾うことが容易であった上に、川を遡る鮭の漁が可能だった。南西日本の照葉樹林地帯では木の実に恵まれず、林野や水辺の小動物の捕食に頼り、九州では人口は極端な過疎にちかかった。

一般に、縄文時代には採集・狩猟経済で食糧が不足しており、栄養不良だと思われがちだが、福井県の鳥浜の縄文前期の遺蹟からの出土物を見ると、イノシシ・シカなどの獣類、マグロ・カツオ・ブリ・マダイなどの魚類、アワビ・サザエなどの貝類などの動物性蛋白を豊富に食べ、ゼンマイ・フキ・ウド・ミツバなどの山菜、クルミ・トチ・ヒシなどの実をふんだんに胃袋に収めていたことがわかっている。また、ヒョウタン・シソ・エゴマ・ゴボウなどやウリやアブラナの一種まで栽培しており、縄文時代にも農業があったことが判明している。すべての縄文人が鳥浜と同程度の生活をしていたとは言えないが、かなりの水準の文化をもっていた。鳥浜の縄文人は技術面でも想像以上に高く、長さ六メートル、幅六三センチ、厚み四センチほどもある丸木舟をもち、隠岐の島の黒曜石を三〇〇キロ離れた山陰各地に運ぶために往復する渡海能力ももっていた。

また、縄文人は採集生活をしていたため、縄張り意識が強く閉鎖的・排他的な社会であり、侵略者とは常に死闘をくり返す緊張状況にあったと考えられていたが、近年の研究では縄文人は互いに孤立して自給自足の生活をしていたのではなく、地域間での物資の交易は盛んに行なわれており、広い範囲に相互依存の生活圏が及んでいたということが判明している。弓矢はあったが盾や鎧は無く、それは動物を捕殺するためのものだった。集落に見張り場や防御施設も無いことから、縄文人どうしが殺し合うようなことは無く、平和そのものの世界だったと判断できる。

縄文人の集落では共同の祭祀が行なわれ、集団内での支え合いが行なわれていた。死者の埋葬は縄文初期から個別に穴を掘って手足を伸ばして埋められている。「屈葬」から進化して「伸展葬」になったわけではなく、両者は平行して行なわれている。ともあれ、縄文人は死者の霊を尊崇していたことは確実だ。中期から後期になると甕棺に埋葬する風習も起こっている。また、食物についても、種類ごとに管理して保管しており、動植物にも霊が宿るというアニミズムの信仰があったのではないかと思われる。

前期までの縄文人は、旧石器時代（BC一〇、〇〇〇年以前）人の子孫だったか否かは不明だが、アジア大陸の北部に起源をもっていたことが考えられる。しかし、縄文時代の人口は中期（BC三〇〇〇～二〇〇〇年）になると急増している理由については、黒潮に乗って南の海からやって来た人たちが多かったからと思われる。言語学者の村山七太郎氏の説によれば、日本語の中に南方系の単語があることは指摘できるという。上代日本語のうち、身体語・親族語・自然に関する言葉・代名詞やいくつかの動詞には、オーストロネシア（南島）語で説明できるものがかなり認められるという。しかも、日本語の発音形式が、「アイウエオ」の五音から成り立っているが、そういう音韻構造をもつ言葉は世界中でポリネシア語しかないという。ポリネシアというのはハワイを含む北半球の東部太平洋の一帯の島々のことで、東から西に向けて流れる北赤道海流に乗れば、フィリピン沖を経て日本付近で黒潮につながる。また、オーストロネシアとよばれるのはインドネシア方面からメラネシア（南西太平洋地域）のことで、古代の航海技術でも日本列島に渡来可能だった。

神話や民話などの古代民族の伝承を見ても、南方系のものはいくつも挙げられる。アメリカの民族学者のR・ディクソン氏は「国生み神話」と同種の「島釣り神話」はポリネシア・ミクロネシア・メラネシア一帯に広がっていることを指摘している。また、アマテラス（天照）神話に見られる太陽神の信仰は内陸アジアにも見られるが、民族学者の岡正雄氏は巫女型の太陽神信仰はインドネシアなどの系統のものであり、日本のアマテラス大神の原型は南方系であるとしている。そのことは、沖縄に今も残っているニライカナイ——海の彼方の理想境——から出入りする太陽への信仰がアマテラス神話の母型だったと言えそうだ。ともかく、縄文人が南の海とつながっていたことは確実だろう。

縄文時代の遺蹟からの出土物からみて狩猟・漁撈や採集経済が行なわれていた。しかし、中期の出土物のなかに見られる石斧がその形態や大きさから考えると土を掘る道具ではないかと思われるようになり、次第にその見解には疑問が提出されるようになった。そして、鳥浜遺蹟などの発掘や各種の調査の結果、明らかに栽培種である植物が発見されるようになった。一九五七年には長崎県の縄文晩期末の山ノ寺遺蹟からはイネのモミが発見され、六六年には佐賀県の宇木汲田遺蹟で炭化した米粒が発見され、七八年には福岡県の板付遺蹟からは縄文晩期の水田跡が見つかり、ついで八一年には佐賀県の菜畑遺蹟からそれより一〇〇年ほど早い時期の水田跡が発掘され、九二年には岡山県総社市の南溝手遺蹟からは三五〇〇年前と推定される土器片から稲の葉の痕跡が発見された。この新事実についての十分な解明はまだ行なわれていない。

ところで、日本では、近年まで各地で焼畑農業が行なわれていた。一九三五年の農林省山林局が行なった調査では、全国の焼畑面積は約七万町歩（七万ヘクタール）とされている。また、一九五〇年に行なわれた『農業センサス』では、一一・〇五万戸の農家によって九、五五三町歩の焼畑が行なわれており、四国と九州の山地および東北から北陸にかけての一帯では粟・稗・蕎麦・大豆・小豆・麦・サトイモなどが栽培されていた。

一九六六年に中尾佐助と佐々木高明の両氏は、「照葉樹林文化論」を唱え、「日本列島には弥生文化が到来する以前に、数段階を経て焼畑農業が渡来している」とし、その由来の根拠として、インド北部から東南アジア北部・中国中南部・台湾を経て日本の西半分にかけて延々として広がる照葉樹林地帯の存在を挙げている。この地帯は、気候・風土が似ており、植生もほとんど同じだから、住民は生活様式を変えずに容易に移動ができたはずだ。事実、ネパール・タイ北部・ラオス・中国の雲南省から福建省に至る地域の住民は顔が日本人とよく似ており、その風俗や文化には共通点がきわめて多い。

伊勢神宮の社殿に見られる棟持柱や高床住居は雲南省の家屋と同じ様式だし、母系制の生活共同体をもち、チマキを食い、注連縄《しめなわ》を飾り、若水取りや歌垣をしたり、五音階のメロディで歌い、独楽《こま》回しやアヤトリ・ブランコ・綱引きなどをして遊んだりする点も日本と雲南では共通している。さらに、民話などの世界でも「羽衣」・「猿蟹合戦」・「天の岩戸」など両者に共通するものはきわめて多い。また、西日本で正月に雑煮の中にサトイモを入れる風習があるが、イモ類を祝い用の食物に供するのは照葉樹林帯に共通している。さらに、山には精霊が住むとし、動植物の一つひとつにも霊が宿るといった信仰もこの地帯に広く行なわれており、晩期の縄文時代人の重要なルーツがこの地帯であることを物語っている。

このように見てくると後期以後の縄文人には南方系の血液がかなり大きな比率で流れていたことが想定される。また、アイヌも沖縄人も自然を愛し、万物に精霊が宿ると信じており、集団の長を尊敬し、外来者を心から歓迎する習慣をもっていることなど、それは縄文人の心を受けついだのではなかったかと考えたくなる。また、弥生人の渡来とその文化の伝来を受けとめた縄文人の姿勢を想像すると、なんとなく南蛮文化や西洋文明を好意的な感情と限りない好奇心とで摂受した近世・近代の日本人の態度とダブって見えてくる。それだけでなく、現代の日本人の権威重視の集団指向・曖昧な気分主義の傾向や日本文化が比較的安易に外来文化と融合するあり方などについてみても、そこには縄文的な伝統が生きているのではないかというような気がしてならない。

●道教思想のルーツ

第一章で、藤の木古墳の出土品のなかに、道教にかかわる神である蚩尤《シユウ》の像が彫刻されていることから、古代に日本に道教思想が伝えられていたに違いないと述べた。そして、蚩尤は製銅の神であり、兵主神《ひょうずがみ》とよばれていたことから、秦氏《はたし》が関係しているのではないかというふうに考えてみた。しかし、どうもそれだけではなさそうだという気がするので、ここでもう一度、道教が日本に入ってきたプロセスについて考えたい。

それというのは、日本語の特質について考えると、そのことを抜きにしては日本語を論ずることができないほど世界中で類例の無い奇妙な特徴として「気」という言葉を乱発する点について大きな疑問があるからだ。

われわれ日本人は無意識のうちに、「気がする」・「気になる」・「気がつく」・「気分がいい、悪い」というように「気」という言葉をやたらと使っている。また、「元気」・「天気」・「景気」など、日常生活上の会話にも学問的な表現にも、およそ「気」という語を使わずに物事を言い表わすことはほとんど不可能なくらいだ。それなのに、「気とは何か?」と外国人に問われたとすると、ほとんどの人は答えに窮するはずだ。そこで、辞書をひいてみよう。

『広辞苑』では、「気」の意味について、「③　心の動き・状態・働きを包括的に表す語」と規定し、「精神」とほぼ同義語であるように説明しているだけで、その用法を細かく掘り下げて説明していない。ところが、三省堂の『ニュー・センチュリー和英辞典』のほうが分析的だ。「気」という見出し語だけで二ページ余を当てており、その用法について①「心の働き・傾向」、②「性質」、③「意向・意図」、④「注意・配慮・心配」、⑤「香・味」というふうに分類し、それぞれの場合ごとに英語の適訳を掲げている。

そこで、日本語の「気」という言葉の用法について考えると、次のようなことになるだろう。そもそも、人間の肉体の中には「魂」が宿り、それが意識活動をするとき、それを「心の動き」という、「心の働き」はもともと自発的なものではなく、人間の外部にある「気」の作用によるということになる。すなわち、「気」とは生命の根源であり、それが体内に入って「魂」となり、宇宙に満ちみちている「気」のエネルギーが人に吸収されると「心の働き」が起こるのだ。そういうふうに日本人は人間と宇宙の関係をとらえているため、個人的に「思う」と言う代わりに「気がする」と言い、自分が「発見した」と言う代わりに「気がついた」と表現することになる。「その気になれない」と言うのは、宇宙からの指令が届かないからということになる。つまり、宇宙と人との一体感を基礎として「心の動き」を捉えているとすべきだというわけだ。

ここで確認しなくてはならないことは、この「気」という言葉は本来のヤマト言葉ではなく、明らかに中国語であり、しかも道教の基本概念であるということだ。道教思想の根本とは、宇宙万物の容れ物である「道（タオ）」があって、それは森羅万象を動かすエネルギーである「気（キ）」によって満たされており、それが分かれて陰陽が生じる………という玄妙深遠な哲理のことだ。ところが、驚くべきことは、日本人ならどんなに教養の乏しい人でも、そもそもが道教の基本概念だった「気」という言葉をふんだんに日常語を使っていることだろう。このように、「気の哲学」の根本原理を民族の体質的なものとして受けついでいることは、かなり古くから「気」という考えが民族的文化の最重要な要素になっており、大衆の心の底に深く定着し、今日に至るまで生き続けてきたということになろう。

では、こういった道教の考え方が日本に伝えられたのはいつの時代のことだろうか？　それは常識的に考えれば、七世紀から八世紀にかけて中国との間を往復した遣隋使や遣唐使によってもたらされたと考えたくなる。しかし、一部の支配階級が趣味的に道教を採り入れたことの説明ならそれでよいし、秦氏系の金属精錬関係者が道教系の神を祀った理由の説明ならそれで納得できるかもしれない。ところが、それが民衆の日常会話で不可欠な概念として定着しているとなると、そうはいかない。もっと古い時代に道教思想が強烈なインパクトを伴う形で日本列島に伝来し、普及していったと考えなくては理解できない。

では、それは何によるのだろうか？　そのことについては、徐福伝説に目を向ける必要がある。『史記』は、西暦紀元前二〇九年に秦の始皇帝は、不老不死の霊薬を求めていたが、道教の方士の徐福という男が皇帝を言葉巧みにたぶらかし、数千人の童男童女を授かり、それらを連れて東海の蓬萊を目指して船出したが再び祖国に帰らなかった、と記している。一方、日本でも全国二〇か所もの地方に「徐福が到来した」という伝承が遺されている。

つい近年まで、徐福については日本や中国の学会では「架空の伝説的人物」であるとされ、まともに徐福について論を立てる人は稀《ま》れだった。ところが、一九八二年、中国では『地名辞典』を編纂するため各地の地名調査をしたところ、江蘇省の北西部の山東省との国境付近にある連雲港市韓楡県に徐阜という村があり、そこはかつて徐福村と呼ばれていたことが判明した。そして、いろいろと調査した結果、その土地こそ方士徐福の誕生の地であり、二〇〇〇年以上にわたって郷土の英雄として徐福を祀っていたことが確認され、徐福の実在が公式に証明された。そして、日本列島には徐福の渡来について伝説がある場所が二〇もあることを思うと、この豊富な伝説は根拠も無しに創作されたものではなく事実を反映したものと考えるのが自然ということになる。

では、徐福がほんとうに日本にやって来たとすると、上陸した土地はいったいどこだろうか？その候補地のうちで、最も可能性が高いのは肥前佐賀郡の諸富村の浮盃《ふばい》だろう。その地は有明海に面しており、中国の山東半島から船出して東を向いて直行した場合に行き着く場所として最も適切だからだ。そして、第二に、この地の金立町にある金立神社の「由来書」によると、保食神《うけもち》（穀物の神）・罔象女神《みずは》（水の神）とともに徐福神が祀られていることも挙げられる。徐福は三千とも五千ともいわれる人々を引き連れてやって来たというのだから、当然、多くの穀物の種を持参したに違いない。日本の稲作の元祖は徐福であり、穀物の神である保食神とは徐福のことなのかもしれない。

その他にも、徐福が肥前に到来したと伝えられる文献がいくつもある上、有明海の特産魚一六種が国産種でなく中国種であるとか、有明海の舟の櫓は中国流に右舷にあり、日本の他の地が左舷にあるのと異なっているなど、いくつかの根拠が示されている。

この土地から遠くない吉野ケ里遺蹟からは弥生人骨を納めた二五〇〇基もの甕棺が出土しているが、それが徐福の教えによるものだとする指摘もある。甕棺とは道教の不老不死の思想によるものと考えられるからだ。また、布目順郎氏によると、弥生中期の絹の布地は国産の蚕や朝鮮系の蚕の糸ではなく、中国の華中の蚕糸で織られていると指摘しているし、吉野ケ里の墳丘墓の盛り土は朝鮮系の版築法ではなく、中国の江南の形式であるという事実も、弥生時代のこの地に中国文化が移植されたことを物語っている。

一方、中国の後周時代の『義楚六帖』という書物には、徐福の子孫は「今に至りて子孫皆秦氏という」とあるというし、富士山麓の旧家に伝えられた『宮下文書』には、その昔紀伊からやって来た徐福が記録した「高天原の歴史」の写しなるものが伝えられている。

ところが、山口県豊浦郡豊北町の土井ケ浜では七八体もの矢傷を負った弥生人骨が埋葬されているのが発見されているが、その戦士たちの頭はすべて故郷を偲ぶかのように西の方角を向いている。そして、頭骨の形と寸法を調べると、同時代のものではそれといちばんよく似ているものは、徐福の出身地である山東省の付け根付近のものだという。このことは徐福一行の渡来と直接に結びつかないとしてもきわめて興味深い事実だと思う。

また、『隋書』の六〇八年の記事に、倭国に派遣された使者の裴清《ハイセイ》の報告の中に、「竹斯国に至る。又東して秦王国に至る。その人華夏と同じ。以て、夷州となすも、疑うによく明らかにする能わず」と書かれている。竹斯すなわち筑紫の東に華夏（中国人）が住む「秦」という名の国があったとすれば、それは徐福の子孫であり、後の秦氏の祖先であると考えても不自然ではないと思う。ただし、秦氏が朝鮮渡来とされている点については、いろいろと説明できるだろう。

以上、見てきたように、BC三世紀の中国には、東の海の中に理想郷があると信じられていたことは間違いないし、当時の航海技術でも多数の人間が東シナ海を渡ることができたのも確かである以上、日本で縄文文化が終わったころ、九州やその近くの地に少なからぬ人数の中国人たちが先進文化を持って到来していたという仮説はかなり可能性が高いと思う。そして、彼らの手で金属精錬や水田耕作の技術だけでなく、道教の思想がもたらされたのは事実だと考えることができるのではなかろうか。

●西アジア文化の影響

倭人と言えば弥生文化を日本列島にもたらした人たちのことだから、その先住地は朝鮮半島かせいぜい中国の東岸あたりと考えるのが常識だろう。しかし、明治・大正時代から「天皇家の起源はスメル（シュメール）である」とか、「日本・ユダヤ同祖説」などが唱えられており、かなりの信奉者を獲得していたいきさつがある。また、近年でも「東アジアの古代史を考える会」では、榎本出雲氏はかねてから西アジア文化の東アジアへの渡来説を唱えている。そこで、榎本氏の説を継承した近江雅和氏が一九九三年に『記紀解体』という書物で「古代の豊の国にはアラビアの神が受け入れられており、それを宇佐八幡が最高神として祀っていた」とする興味ある説があるので、まずそれを紹介しておこう。

近江氏は、まず東北地方から関東各地に多く見られるアラハバキ神の信仰に着目する。この神を祀る神社は荒脛巾などの文字で表され、鉄製の下駄などを供えたりされており、目の神とされたり、鉄の神などと考えられている正体不明の神だった。ところが、アラハバキ神は西日本ではしばしば大元尊神という名で祀られている。アラハバキ神の正体とそれが大元尊神とされる理由の詳細の説明は省略するが、近江氏によると、アラハバキの「アラ」はアラビア語の「アラァ（唯一絶対の根源神）」のことであり、「ハバキ」はアラビア語の「バーキー（現在するもの）」あるいは「ファキ（輝かしい）」という意味の言葉で、その二つの合成語であるという。

近江氏は、南アラビアのヤマン（イエーメン）にいたアラハバキ信仰をもつ一団は、BC三世紀のころアレクサンドロスの征服によってアラビアを追われてインドに移ったと考える。そして、インドではアーラヴィ（林住族）になったという。その後、仏教がその地で支配的になるとアラハバキ神は仏の守護神であるアーラヴァカ・ヤクシャという鬼神とされ、やがて仏教が中国に輸入されると、それは外道《げどう》の明王（日本では鬼子母神・夜叉）とされ、三世紀後半になると中国に入ったアーラヴァカ・ヤクシャは、密教僧によって受け入れられるところとなり、土着の道教と習合して「大元明王法」となったとしている。そして、この神の信仰は九世紀になると空海の手で日本に到来し、大元尊神とよばれるようになったとする。

そして、近江氏は西アジアから東アジアへつながる海路が開かれていたという。中世以後の日本の周辺には籠船は無いが、チグリス・ユーフラテス河の河口付近では六千年も前からパピルスを編んでアスファルトで目を塞いだ葦の籠船があり、外洋航海もしていた。日本神話の山幸の話には「旡間勝間之船《まなしかつま》・無目籠」という船のことが記されている。山幸はそれに乗って海神のワタツミの宮に行っている。また、前章の末尾で述べたように、宇佐八幡の行幸会には「薦枕《こもまくら》」を「方舟《はこぶね》」に乗せて海に流すという奇妙な儀式がある。こうした事情をみると、丹後の籠《この》神社に祖先を祀る海人族の海部氏や御許《おもと》（大元）山を神として祀る宇佐八幡の関係者が広義のアラビアに関係があったと考えたくなってくる。

このように、日本文化の重要なルーツの一つとして、エジプト・アラビア・メソポタミヤ・インドという海路が浮かび上がってきた。そこで、これを「南の道」と名づけよう。しかし、「西アジア文化の東進」があったとすれば、そのルートはそれだけではなかったはずだ。シルク・ロードやシベリアの南の草原の道も考えられる。

そこで、「日本・ユダヤ同祖論」について目を向けてみよう。そもそも古代ユダヤ人たちは、カナンの地（パレスチナ）に住み、ダビデ王やソロモン王（BC九六〇〜九二二年ごろ）の時代に大いに栄華を誇っていた。しかし、やがてこの国は分裂し、北のイスラエルと南のユダの二国となったが、両国はアッシリアに攻められ、BC七二二年にはイスラエルは滅ぼされ、ユダは新バビロニアの捕囚とされてしまう。その後、パレスチナに還えることを許されたユダもBC五八六年にはバビロニアに完全に滅ぼされることになる。以後、イスラエルの一二部族の行方は世界史から消えてしまう。そのうちの一つが日本に来たと考えるのが「同祖論」の主旨だ。そんなことがほんとうにありうるのだろうか？

古代ユダヤ人の信仰や習俗は日本の神道とよく似ているという。ユダヤ教のラビ（導師）のトケイヤーは、日本各地の神社に見られる狛犬の起源は古代ユダヤの神殿の前に立っているライオンの像に由来するとしている。そして、日本人も古代ユダヤ人も山頂に神が住むとしており、日本の山伏の頭に乗せる兜巾《ときん》は古代ユダヤのヒラクリティーと同じであるとし、古代から日本で行なわれている修験道はユダヤ教に通じるというのだ。しかも、京都の八坂神社の祇園祭についても、それは

「シオン（モーゼが神から十戒を受けた山）」の名に因んだものだという。祇園祭が始まる日は七月十七日だが、それは「ノアの方舟」が大洪水の後、アララット山に着いた日と同じになっている。こうなるとすべてが偶然の一致によるものだとは考えにくい。また、イエルサレムの神殿の嘆きの壁には、日本の皇室の紋章と同じ一六弁の菊が刻まれていると言う。

ところが、われわれが日本古来の独自のものと信じている神社神道についても、それが古代のユダヤ教の習俗そのままであるということを説いたのは第二章の冒頭で名前をあげた小谷部全一郎（一八六八〜一九四一）だ。小谷部はアメリカ仕込みの自由で科学的な学問の方法を身に付けており、皇室を冒瀆するという非難を巧みにかわしながら、『日本及日本民族之起源』という書物で日本神道と古代ユダヤの信仰の相似を立証している。

この書物は、全十二章から成っており、第一章の概説では、考古学的知識を駆使して、「日本に発見せらるる石器・土器は天孫民族の使用せるものに非ず」と説き、日本とイギリスの二つの国の王族の祖先はヘブライ人であると唱えている。小谷部は第七章で「英邁非凡なる猶太（ユダヤ）民族」について語り、次いで第八章の「神祇及祭祀の比較研究」以下で日本民族の伝統的習俗とユダヤ民族のそれと一致する事例を詳細に掲げているので、その小見出しを抜粋してみよう。

○禊《みそぎ》の事　○鳥居の由来　○神殿の構造及び桧材使用の制定　○獅子飾と獅子舞　○榊と注連縄《しめなわ》
○自然石にて神殿を築く事　○石を立てて神を祀ること　○神を数うるに柱の語を以てすること
○神は雲の上に御座すとする事　○祭司神職は頭髪を剃らぬ事　○白色を貴ぶ事　○塩を撒く由来
○屍に触るるを忌む事と守札　○手洗盤と鳩と賽銭箱　○神酒と初穂　○拍手と低頭礼拝の事　○

これだけ見ても、両者の一致には目を見張るばかりだ。

「日本独特の祭祀の法」とは、実は古代ユダヤの信仰の形式と同じということになる。それだけでなく、小谷部は『旧約聖書』の記事から、古代ユダヤ人の生活・行動様式が古来の日本のそれとよく似ている事例を多数挙げている。その軍事面では徴兵制度があり、戦う時には敵味方の名乗りを交わし、突貫の声を挙げて襲い、敵の首級を取り、敗軍の将は自決する。また、「神武」の軍のように饗宴に招いた敵を殺す話や、ヤマトタケルが熊襲から名前を与えられたり、弟橘姫が海神に身を捧げたといったことと同じ筋の話も古代ユダヤにもあるという。さらに、民間習俗の面でも、正月行事に相当する過越しの祭りや族長や長老を尊ぶこと、あるいは貴人には地に伏して手をついて挨拶すること、履物を脱ぎ手を洗う風習や住居・衣服・飲食や占い・呪いなどに関しても、多くの点で欧米とは異なりユダヤと日本とが共通していることが小谷部の著書に指摘されている。そのほか、家族についても長男の相続制や男性側からの離縁状によって離婚されることがあげられ、敵討や罪人の逃れ場所など日本の中世以後に生まれた習慣も古代ユダヤにはあったという。

このように、どうやら縄文末期から弥生時代の日本列島の文化形成には西アジアのアラビアやユダヤの影響があったとする見解はけっして荒唐無稽なものではなく、かなりの程度の説得力を備えた有力な見方に思われてきた。もちろん、それは天皇家や有力氏族の人々が西アジアから直接に渡来したというのではなく、天皇家とも深い関わりのある海部氏や宇佐氏が西アジアからの渡来者の文化を受け入れただけのことかもしれない。つまり、そういう見方を無下に拒絶するのではなく、虚心に耳を傾けることから、倭人についての理解の幅が確実に広げられると言いたい。

ところで、西アジアのユダヤ人とアラビア人はセム族とよばれている。彼らはキリスト教徒から理解しにくい心性をもつとされている。その理由は、自己の属する集団の内と外で言行に裏表があり建前と本音が違う。個人としてではなく長老が権威をもつ集団に埋没する性癖があるというのだ。その点、日本人も欧米人からはセム的と見られる要素がありはしまいか？　もし、そうだとすると、弥生時代——おそらくその初期に西アジア文化が日本列島に伝えられたとする仮説は案外当たっているのではないかと思いたくなってくるではないか。

●古代の人口構成

古代のある時期に、日本列島にどういう文化をもった人たちが、各地にどのくらい住んでいたかを、科学的方法で推定しようと思えば、最も著しい人口変動があったと思われる紀元前三〜一世紀ごろに注目し、弥生文化をもった人たちの朝鮮半島からの移住によって、それ以前と以後とで、どれほど人口構成が変わったかを数量的に把握することから始めるのが順当と言えるだろう。

もし、それがある程度可能ということになれば、倭人のルーツを探る有力な手がかりが得られるだろうし、反対に、その点が不明瞭では日本古代史の原像そのものが曖昧《あいまい》なものに止まり、人々の納得を得ることはむずかしいのではなかろうか？

では、この課題に答える説得性の備わった理論が成り立つのだろうか？　その件については、現在のところ、島貫基久氏が『在野史論』（新人物往来社）に発表した「人口で斬る日本古代史像」し

古代の人口構成　　　　▲……縄文人　△……弥生人

島貫基久氏の推計（『在野史論』新人物往来社）による

地域	ＢＣ３００年 万人（%）	ＡＤ１００年 万人（%）	ＡＤ７５０年 万人（%）
東北	▲ ３１．９（５２．１）	▲ ６．０（５．６）	▲ １９．７（３．６）
	△ ０（－）	△ ０（－）	△ ９．２（１．７）
関東	▲ ６．３（１０．３）	▲ １７．８（１６．３）	▲ ６４．５（１１．９）
	△ ０（－）	△ ０（－）	△ ３０．２（５．６）
北陸	▲ ４．１（６．７）	▲ ３．７（３．５）	▲ ３３．５（６．２）
	△ ０（－）	△ ０（－）	△ １５．７（２．９）
中部	▲ ４．８（７．８）	▲ １５．２（１４．２）	▲ １９．７（３．６）
	△ ０（－）	△ ０（－）	△ ９．３（１．７）
東海	▲ ５．３（８．７）	▲ ９．９（９．３）	▲ ２０．３（３．８）
	△ ０（－）	△ ０（－）	△ ９．６（１．８）
小計	▲ ５２．４（８５．６）	▲ ５２．６（４９．２）	▲１５７．３（２９．１）
	△ ０（－）	△ ０（－）	△ ７４．０（１３．７）
近畿	▲ １．７（２．８）	▲ １０．５（９．８）	▲ ３８．９（７．２）
	△ ０（－）	△ ９．０（８．４）	△ ８２．９（１５．４）
中国	▲ １．６（２．６）	▲ ５．７（５．３）	▲ ２６．９（４．９）
	△ ０（－）	△ ４．９（４．６）	△ ５７．０（１０．６）
四国	▲ ０．４（０．６５）	▲ ２．９（２．７）	▲ １０．３（１．９）
	△ ０（－）	△ ２．４（２．２）	△ ２１．８（４．０）
九州	▲ ５．１（８．３）	▲ １０．２（９．５）	▲ １１．４（２．１）
	△ ０（－）	△ ８．７（８．１）	△ ５９．６（１１．０）
小計	▲ ８．８（１４．４）	▲ ２９．３（２７．４）	▲ ８７．５（１６．２）
	△ ０（－）	△ ２５．０（２３．４）	△２２１．２（３９．３）
総計	▲ ６１．２（１００．）	▲ ８１．９（７６．６）	▲２４４．８（４５．３）
	△ ０（－）	△ ２５．０（２３．４）	△２９５．２（５４．７）
合計	６１．２万人	１０６．９万人	５４０．０万人

＊　縄文時代の人口は、小山修三氏の遺跡分布比率からの推計資料による。

＊　ＢＣ300年には、渡来人は東日本では微少ゆえ省略。弥生文化の到来に対応して縄文人は西に移住したと推定している。

＊　ＡＤ８世紀の縄文系と弥生系の人口比率は、ＨＢ抗原の南北型の比率による推定に基づくもので、東日本では２対１、西日本では１対２、九州では１対５というふうに仮定。

か利用できる資料は無いので、その概要を紹介することにしたい（前頁の表参照）。

島貫氏は、まず、国立民族博物館の小山修三氏の推定に基づいて、列島全体の人口動態をとらえようとする。小山氏は、全国の古代遺蹟の分布状況を調べ、各地に住んでいた人数を推定し、縄文早期には二万、前期が一〇万、中期が二六万、後期が一六万、晩期が七万三〇〇〇であったという。ただし、ここで注目すべきことは、縄文時代には西日本と九州では人口が極めて希薄だったことだ。そして、弥生時代になると九州から西日本にかけて人口は急増し、ＡＤ一〇〇年には全国で一〇七万人ほどになったとしているが、東日本の人口は横這いになっている。さらに、人口についての最初の資料がある奈良時代には、全国で五四〇万に達しているという。

その上で、島貫氏は、Ｂ型肝炎のウィルスの抗原（ＨＢ抗原）のタイプの比率によって、列島住民の北方型と南方型の構成比率を、各地ごとに比較しながらその時代的変遷をたどることによって、二つの人種系統の動態を把握しようとする。この抗原には、adw（北方型・ヨーロッパと北アジア）、adr（南方型・中国大陸と東南アジア）、ayw（アフリカと西南アジア）、ayr（ニューギニア）の4型があるが、後の二つの型は日本の場合は無視できるので、北方型と南方型の比率だけを見ればよいことになる。

現在の日本では、南方型が全体に占める比率は、南西諸島の八九％は当然として、本州では秋田県が最も高く五五％、東日本は三四％なのに対して、西日本は一六％であり、九州は八％に過ぎない。そこで、島貫氏は、この比率は奈良時代から今日まで、ほとんど変動していないと仮定し、奈良時代における縄文系の比率は、その数値は現在の二倍――すなわち東日本は六八％、西日本は三二%、九州は一六%だったと考え、弥生初期のBC三〇〇年、中期のAD一〇〇年、そして奈良時代の七五〇年について、各地の南方型の数値を、人口増加率を一・七%として算出することにより、実人口との差は北方型の弥生人の渡来によって生じたものとしている。

それによると、弥生時代初期の人口増加は、単に大陸からの移住によってだけではなく、東日本からの移住によっても補われていたことになる。この推定の元となる「北方型と南方型の比率」についての仮定が正しいかどうかには疑問が無いとは言えないが、この推定の数値を一応信頼する立場から、「倭人」なるものの正体を推論するシナリオを描くことができそうに思われる。その場合、この数値は有力な材料として利用できるはずだ。

●倭人とその展開

では、本題に入って、倭人とはいったい何なのだろうか？ まず、倭人に関する情報を整理してみよう。

① 倭人とは、一世紀から三世紀の日本列島の住民の代表的なものである。

『漢書』に「楽浪海中に倭人あり」とあり、『魏志』にも壱岐の南の末盧国以下の国が倭人の国であり、その東にも「倭種」の国があるとしている。

② 新羅をしばしば侵したり、交際を求めた民である。

『三国史記』には、BC五〇年からAD五〇〇年までの間に、新羅に対して四九回にわたって、倭人の侵攻などの記事がある。

③　倭人は、朝鮮南部にも住んでおり、鉄器具を生産していた。『魏志』に、弁辰の国には鉄を産し、倭人もほしいままに取ったとある。

④　倭人には、南方系と思われる海人が属している。『魏志』に、倭の海人は潜水漁法を行い、入れ墨をしているとある。

そして、倭人の記事の多く見られる時代は、弥生中期〜後期に属し、水田耕作と金属器が急速に日本列島に普及して行った時期に当たっている。日本列島に弥生文化を持ち込んだ倭人は、紀元前三世紀ごろに朝鮮南部にいたと考えられるが、彼らが最初からそこにいたわけではない。

そのルーツとしては、紀元前六世紀ごろに華中の沿岸にあった呉や越などにあると考えられる。彼らはオリザ・ジャポニカ——日本種の稲を作る海洋民だったから、戦乱によって江南の住居地を離れ、秦の天下統一によって朝鮮南部や九州、さらに日本海岸に流れ着いたものとする見方が最も有力だ。というより、倭人の原郷をその地以外の他の地域に求めることは無理だろう。

今日の日本人と血液型のＡＢ比率が一番近いのは呉・越のあった江南地区であることも、この考えを支持しているし、ＨＢ抗原のタイプから見ても、江南人は必ずしも南方型ではなく、北方的要素もかなり含んでいる。このＢ型肝炎は母子感染だから南方系の海人の男が朝鮮南部に渡来して北方型の土地の女性と交わると次々と北方型の子が生まれてくることになる。だから、渡来した原始倭人は、海人としての性格を保ったまま、その子孫には北方型の抗原の保有比率が高くなるはずだ。このように考えれば、朝鮮から日本列島に渡来した弥生人に北方系が多いということは理解できることになる。

ここで、注意しなくてはならないことは、倭人を単一な人種のように理解してはならないということだ。端的に言うなら、その支配階層はモンゴルやツングース系の典型的な北方系の騎馬民族だったとしても、倭人とよばれた一般人民は海洋性農耕民であり、南方系要素も含まれていたという可能性が強いと思われる。つまり、天皇家や物部氏などの豪族の祖先は騎馬に乗る習慣をもつ夫余人の子孫であり、農業や漁業をする民衆は呉や越系の海人の子孫だったと思われる。

このことは、韓人についても言える。馬韓や辰韓の民は、中国の戦国時代（紀元前五〜三世紀）に洛陽の南にあった韓国からの渡来の農耕民であり、その支配者は韓人とは別系統の夫余などの東北アジア人だった可能性が強い。

以上のように、倭人とは弥生時代に朝鮮南部と日本列島の一部に住んでいた人たちで、それが続々と海を渡り、九州から日本海岸に移住して行き、数百年かけて混血を重ねながら列島の文化の中心的な担い手になっていったものだということになるだろう。

そして、注目すべきことは、今日の日本列島で、最も北方系の住民が濃厚に分布しているのは北九州から瀬戸内・近畿地方であり、南方系は東北地方に顕著だという事実だ。このことは、倭人すなわち弥生人の進出によって旧住民が東国に追いやられたことを意味している。そして、宮城音弥氏の調査によると、北九州・瀬戸内・近畿には躁鬱型の気質の人が多く、東北地方には分裂質の人が多いとされていることも興味深い。このことは、縄文人と弥生人の気質とつながっていると考えられるのではなかろうか？

国民性というものは、遺伝だけによって決まるのではなく、社会的条件が作り出すものとすべきだが、現代日本人のもつ積極的な性格要素は弥生人から受け継ぎ、消極的要素は縄文人の気質が残っているためだとすることは、必ずしも的はずれとは言えないのではなかろうか？

●日本人の形成

「日本人の先祖はどこから来たか？」という問題について考えるとき、とかく陥りがちな誤りは、何千年か昔に、地球上のどこかに、言葉も風俗も現在の日本人にそっくりな人たちが住んでいて、その人たちが野を越え山を越え、海を渡って日本列島にたどりつき、その子孫が繁殖して今日に至ったのだというような妄想を抱くことだ。

先祖について論ずる時、われわれはとかく男系の一筋について考えがちだ。しかし、誰にも父と母がおり、四人の祖父母、八人の曾祖父母をもっている。十代前の先祖なら千人を超える。その中のたった一人である男系の先祖の名前だけが記憶され、他は忘れ去られていることになるが、日本人あるいは倭人のルーツを語る時、そういう態度が許されるはずはない。

現在の日本人の血の中には、ごくわずかにせよ、旧石器時代人の血も流れていることだろうし、南島系の血も、照葉樹林系やシベリヤ大陸系の血液も一定の比率で含まれているに違いない。

しかし、大切なことは、その中核になるのは日本列島の人口が急増した弥生時代の倭人であることは確かなのだから、ここで問題にすべきことは、「日本人はどのようにして成立したか」ということだ。つまり、「倭人は、どのようにして日本人になったのか」ということだ。

島貫氏によれば、奈良時代においても、それ以前の「原列島住民」すなわち縄文系の人口の比率は五〇%に及んでいるというから、「倭人イコール弥生人イコール日本人」と考えることはできない。また、先にも述べたように、倭人を統率していた王族――天皇家と古代豪族の祖先と一般民衆の祖先とを混同することも大きな誤りの原因となる。考古学上の発掘物の多くは支配階級の所有物だからそれを探求すれば、王族・豪族のルーツしかたどることはできないわけだ。

そこで、以上の点を考慮して、ごく常識的に日本列島の住民の形成について概観を試みるとするとすれば、およそ次のようになるだろう。

旧石器時代人は、北方系のモンゴリアンだった。そして、一万年にわたる縄文時代には、断続的にポリネシア・ミクロネシア人などを含む南島系の海人たちが渡来し、混血と文化融合が次第に進み、縄文共通語が徐々に形成されていった。そして、縄文晩期には大陸から照葉樹林文化をもつ人たちが渡来し、焼畑農業を行なうようになった。縄文人の主流派は平和的で狩猟はするが戦いを好まず、狭い社会集団に埋没し、血液型Oが多く、生真面目――分裂質の性格だったと思われる。ただし、海人系の者は、几帳面で義理固く保守的な――テンカン質の性格だっただろう。

そのころ、朝鮮半島南部には、北方系の住民が圧倒的に多かったが、そこに戦国の抗争に敗れた韓国の遺民や呉・越の民が流入し、韓人集団や倭人集団が形成されていった。彼らは稲作と金属精錬技術を有していた。そこに、中国の東北地方にあった夫余系部族（おそらくは西アジアからの渡来者）が軍事的騎馬集団組織をもって到来し、韓人や倭人の集団を支配下に収めていった。紀元前三世紀ごろになると、そのうちの倭人たちは、すでに同族が一部に住んでいた九州から日本海沿岸に移住し始め、いわゆる弥生文化を日本列島に伝えた。それに西アジアの文化が影響を与えた。

朝鮮にいた倭人たちは、社交的・活動的で感情の起伏は激しく、血液型Aが多く、融通性に富む──躁鬱質の性格だったと思われる。そして、おそらく西暦紀元前後に、倭人を支配していた一族──天皇家の祖先は北九州に移り、博多湾沿岸から内陸にかけて奴国や邪馬台国を設立した。

弥生文化の到来によって海岸平野の開拓により稲作が普及するとともに、東北・関東の住民もそれを進んで受け入れて、人口の西への移動もみられた。縄文人の一部は相変わらず山林で狩猟を続け、弥生文化を拒絶した。これらの人たちは、国栖《くず》とか蝦夷《えぞ》とよばれるようになる。近世までに北海道に追いやられてアイヌとよばれるようになった人たちは、日本列島の原住民の一部だった。また、稲作の導入が遅れた九州南部の南方系の人たちは、肥人（熊襲）とか隼人《はやと》とされた。

日本語の発音形態は太平洋のポリネシアなどと共通するものであり、現在まで用いられている単語の一部は南方系の島伝いのものになっている。しかし、縄文共通語の主体は旧石器時代からのもので、それに照葉樹林帯から渡来したものも加わり意志伝達が行なわれていたことだろう。

そうした言語をベースにし、弥生文化の持ち主たちが朝鮮南部で使っていた伽耶《かや》（任那・弁韓）の言葉が重なり、新列島語──上代日本語が形成されたものと思われる。この言葉のうち『古事記』・『万葉集』・『祝詞《のりと》』などの文献に残されているものは、当時の支配階級の言語で、ほとんどが伽耶語といって差し支えないと思う。

こうして形成された「日本人」の社会では、文化的に見ると社会制度や生産方式などは朝鮮から持ち込まれたものが圧倒的に優勢を占めるが、風俗・習慣の面では焼畑農業民や海洋民の伝統が色濃く残されている。高床住居・棟持柱などの住居や若者宿・注連縄《しめなわ》・歌垣・通い婚などの習慣、鵜飼・闘牛などの行事、アヤトリ・羽根突き・綱引きなどの遊戯がその例で、これらは弥生文化とは関係は無い。

●古代倭国と朝鮮半島

日本人のルーツが単純でないことがわかった。しかし、八世紀の奈良時代以後の日本文化が、それ以前の千年近くの間に、間断なく朝鮮半島から渡来した文化の圧倒的な影響の下にあったことは事実だ。そのうち、弥生時代に倭人がもたらしたものは、以後の日本列島に住む人たちの生活を強く規定している。そこで、「列島の外にいた倭人」について、目を向けてみよう。

『古事記』では、「倭」と書いて「やまと」と読ませ、奈良県の大和だけではなく、わが国全体のことをさして用いている。

朝鮮の正史である『三国史記』にも、しばしば新羅に「倭人が攻めて来た」と書かれている。「倭人」という文字が最初に中国の史書に登場するのは、紀元前十世紀ごろの周の時代で、『論衡』という本に「成王の時、倭人暢《ちょう》を貢す」とあるのがそれだ。また、『山海経』という書物には、紀元前三〜四世紀のこととして、「蓋国は、鉅燕の南、倭の北にあり、燕に属す」と記している。燕というのは、渤海湾の西つまり中国内部にあった国だから、倭人は列島の外にもいたのかもしれない。そして、倭人の国家については、『漢書・地理誌』に、BC一七年の記事ととして、「楽浪海中に倭人あり、分かれて百余国。歳時をもって貢見す」とあり、さらにAD五七年には、「倭奴国、貢を奉じて朝貢す。使人自ら大夫と称す。倭国の極南界なり。光武賜うに印綬もってす」とある。

ところが、『後漢書』には、中国の東北地方にいたモンゴル系の鮮卑の王の檀石槐は、烏侯秦水という川の魚を取らせるために、倭国を討って千余家を内陸に連行したとしている。ともかくも、倭人と言えば東海に住む「海人」というイメージがあったようだ。

『三国史記』に現われる倭人の新羅襲撃は、ほとんどが四〜六月の夏期であり、新羅第一八代の実

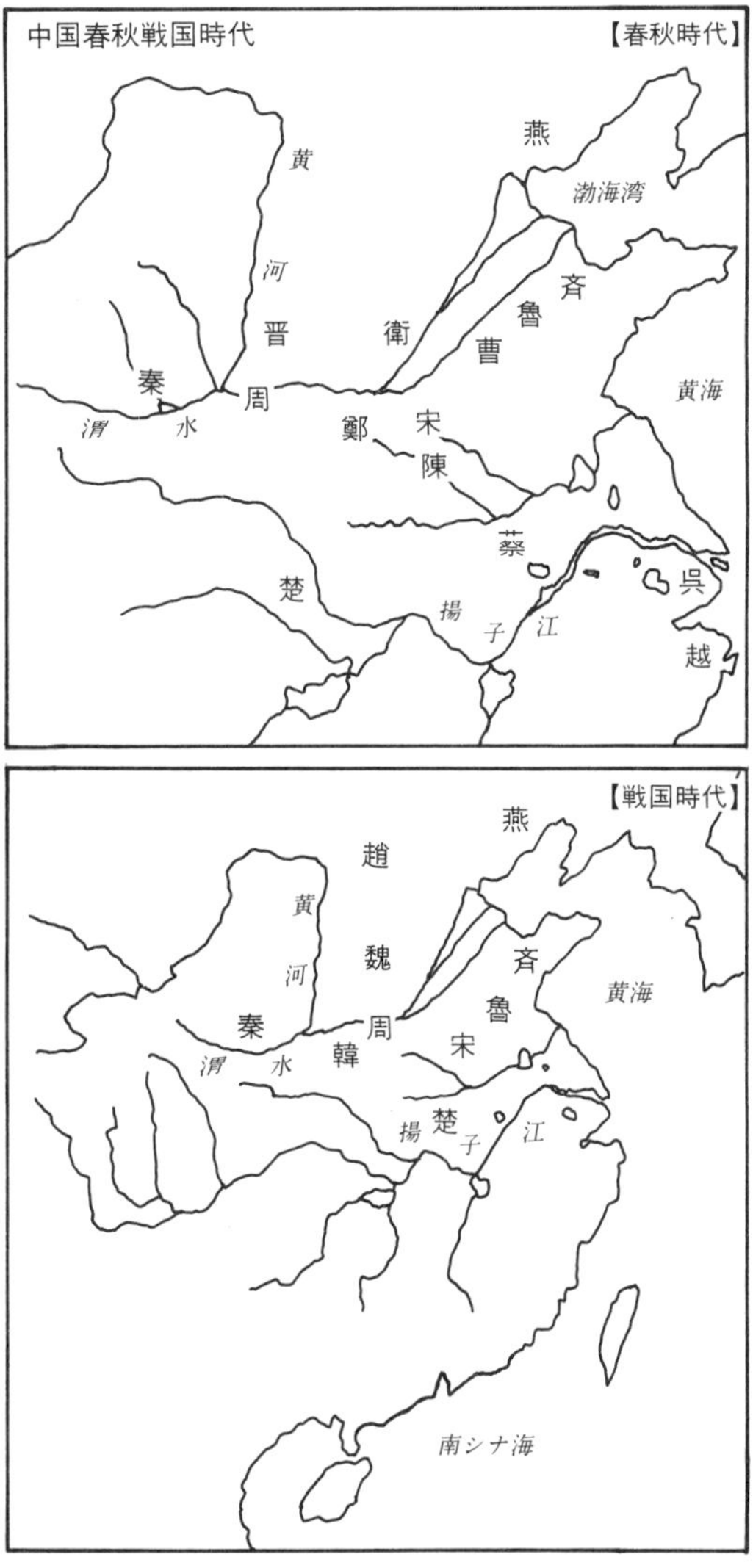

聖王は、「朕聞く、倭人、対馬島に営を置き……」とあるように、対馬に倭人の根拠地があったことは確かだが、それが九州から海を渡って新羅に攻め込んだとは思えない。つまり、朝鮮半島南部には倭人が住む所があったと思われる。このことは、『魏志』も認めている。

すなわち、弁韓の記事に、「瀆盧《トクロ》国は倭と界を接す」とあるし、弁韓の谷那の鉄山について、「国は鉄を出す。韓・濊・倭みなほしいままにこれを取る」とあるから、倭人も弁韓に自由に行ける場所――つまり半島内部にいたことは確実ということになる。

では、倭人は朝鮮の中のどこにいたのだろうか？『三国史記』の「新羅本紀」の第八代の奈解王の一四（二〇九）年の記事に、「浦上八国、謀りて加羅を侵す。加羅の王子来りて救いを請う」とある。浦上八国があった場所は、韓国の李丙燾博士によると、加耶国があったとされる洛東江流域の西で、贍津江と栄山江の流域の肥沃な土地だという。その推定根拠は、『魏志』に挙げられている馬韓五四か国と弁・辰二四か国の所在地を比定してみると、それらは当然朝鮮半島の南半分を覆うはずなのに、不思議なことに全羅南道の海岸地帯だけが空白になる。とすると、その存在は知られているが、その場所が不明な「浦上八国」という謎の国は、この辺りにあったとも考えたくなる。もちろん、その八国のうちの二つか三つが、それより東――つまり加羅国の海岸地帯にあったのかもしれない。

ところが、『日本書紀』によると、朝鮮半島南部の「任那《みまな》」に「日本府」があり、あたかも日本の支配が朝鮮に及んでいたかのような記述がある。雄略八年に高句麗の侵入に関して、「任那がわが国に新羅救援を要請して来た」としている。また、継体六年には、倭国は任那のうちの四県を百済に割譲したと記している。

この任那日本府の記事については、戦前の日本では、古代の日本国が朝鮮に領土をもっていたものと解釈していたが、戦後になると、そのような事実は無く、『日本書紀』が創作した虚妄に過ぎないと説かれている。しかし、「任那」というのは、加耶（加羅）国があったとされる南朝鮮の洛東江の西岸の一帯のことで、中国の史書には、「倭の五王」が中国の皇帝に対して、任那・加羅など朝鮮の国の支配権の承認を求め、許されている。また、高句麗の好太王の石碑や『宋書』などにその語があるから「任那」という国があったことは疑いなく、一般には、加耶諸国全体の総称であると理解されている。

では、本当に朝鮮半島に「倭」の勢力が及んでいたのだろうか？　天の日矛やスサノオ伝説が新羅――朝鮮につながっている以上、無関係のはずはない。最も自然な解釈は、加耶あるいは加羅とよばれた地域こそ、「天神族」がかつて住んでいた土地であり、その住民である倭人を率いて日本列島に渡って来たということだろう。そこで、『記・紀』は自らの原郷であるその土地のことを「高天原」として描いたということになる。だから、その土地を捨てて移り住んだ後までも、朝鮮の一部に「固有の領土」が存在するように主張したというのが、真相と考えるべきだろう。

第九章　日本国家の誕生――渡来王朝の成立過程

●伽耶国こそ倭人国のルーツ

では、天皇家をはじめとする「天神族」が朝鮮半島から日本列島に渡って来て新しく国を開いたとする考え方を証明することはできるだろうか？　この問題については、『伽耶は日本のルーツ』（新泉社）という著書を出しているが、ここでは、その概要だけを示しておきたい。

韓国の建国記念日は十月三日で開天節といい、始祖の檀君を祀っている。その建国神話によると、昔、雌の熊と虎が人間になろうと願い、神に申し出て厳しい修行を命じられた。ところが虎はそれに耐え切れず修行を途中で放棄したが、熊は最後まで頑張り抜き、とうとう人間の女になることができ、天神桓雄と結婚して王倹を生み、この檀君が初代の王となったという。

夫余系高句麗の初代の王の朱蒙は、母が日光を受けて感じて生んだ卵から生まれたとされている。新羅の始祖の朴氏の赫居世《パクヒョコセ》は閼智《アルチ》とも呼ばれるが、それは「卵主《あるち》」であるし、「穀主《あるち》」でもあり、「生まれる」という意味の「アル」とも通じる意味があるという。

この日光感精・卵生神話は北方起源とされている。また、日本語で「生まれる」ことを「あれま

伽耶(任那)諸国図

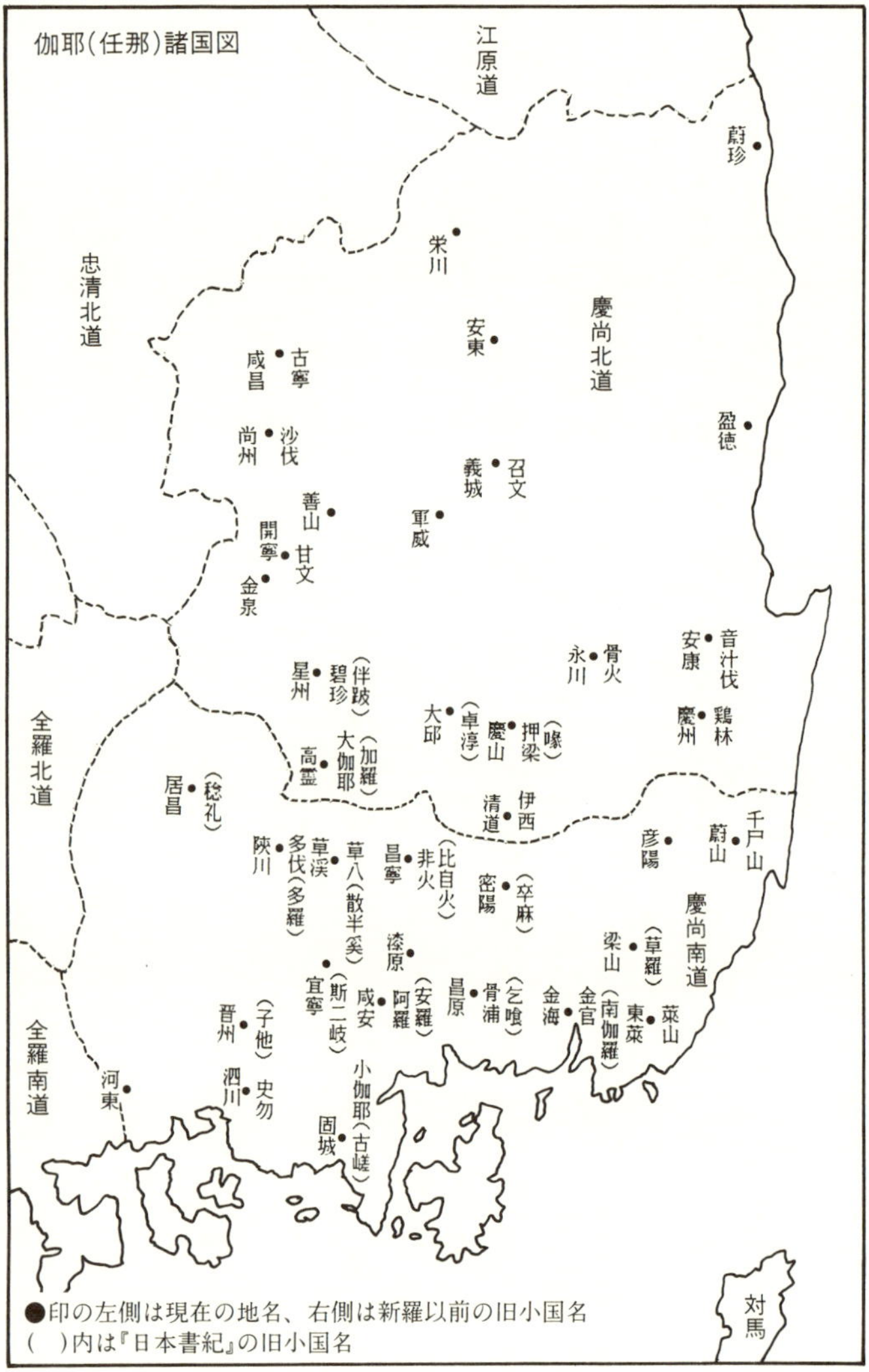

●印の左側は現在の地名、右側は新羅以前の旧小国名
(　)内は『日本書紀』の旧小国名

す」というのは、「卵《ある》」からきているとも考えられる。

朝鮮半島の南端にあった伽耶（加羅）国のことを書いた『三国遺事』の中の「駕洛国記」によると、始祖の首露王は天から降りて来たとしている。後漢の世祖光武帝の建武一八（AD四二）年の三月の禊浴《みそぎ》の日に、天から紫色の紐が地上に垂れてきて、その紐の端には紅い布に包まれた小盆があり、それを開けてみると、黄金の卵が六個あり、やがて卵がかえって童子が生まれた。その童子が長じて初代駕洛国王になったという。このように、卵から王が生まれたり、天から降りて来たというのは、その王が土地の人間ではなく、他所者だったことを表わしている。

『紀・記』では、「天孫降臨」をもって日本建国の前段階としているが、この話が駕洛国の首露王の降臨をモデルとして創作されたことは明らかだ。ニニギが降りた場所が『古事記』では、「筑紫の日向の高千穂の久士布流多気《くしふるだけ》」になっているが、それは首露王が降りた「亀旨《くし》峯」の名前を借りていることは明白だ。しかし、降臨したニニギは「この地は韓国に向かい、笠沙の御前をまぎ通りて……」と言っていることからも、天とは韓国をさしていることを自ら語っていることになる。

ただ、降臨説話で日本と朝鮮とで大きく違っている点がある。それは、駕洛国の場合も新羅の脱解王の誕生の時も、人々が集まって新しい王の到来を待ち望んでいたとしているが、わが国の場合は、それが文字通り「天下り」で、「この国は汝の子孫が王たるべき土地なり」という神勅を携え、一方的に乗り込んで来たとしている点が朝鮮の場合と違っている。

この伝承を見ても、日本の天皇のルーツが朝鮮にあることは確実と考えてよさそうだ。そうは言っても、それが西暦紀元前後ということになると、朝鮮半島には数多くの国があった。任那として総称されている伽耶地方にも、六ないし七の小国があったとされている。ともあれ、倭人が日本列島だけでなく、古代のある時期までは朝鮮半島の南部にも住んでいたことと、「天皇家の祖先」が、どうやら伽耶諸国の中のどれかの国から渡来したことは間違いないだろう。

●小国家群の成立

西暦紀元前三世紀ごろから、朝鮮半島南部に住んでいた水田耕作を行なう人たちの集団が日本列島に波状的に渡来し、北九州から瀬戸内沿岸さらには東海・山陰・北陸の各地に展開して行き水田による稲作を広め、以後二〇〇年ほどの間にそれは東北地方にまで及んでいった。こうして始まった弥生時代は、通常、前期（BC四〇〇〜一〇〇年）、中期（BC一〇〇〜AD一〇〇年）、後期（AD一〇〇〜二五〇年）に分けられている。

朝鮮半島の南部では、AD一世紀ごろにはすでにいくつかの小国家が成立していたことがわかっている。『魏志東夷伝』の「韓の条」に、「秦が天下を併せるにおよび、（朝鮮王は）秦に服属し……」と記しており、「辰韓は馬韓の東にあり古の亡人は秦の役を避けて来り韓国に適《あた》る。馬韓はその東界の地を割きてこれに与う」と明記し「秦人に似たるあり」とも記しているから、秦が滅亡したBC三世紀半ば以後には、新羅地方に秦の遺民が渡来し、ここに氏族を統合した部族集団が生まれ武力を備えてその統合をはかり、小国家群が成立したものと思われる。このことは、秦氏の祖先を考えるときの一つの示唆を与えてくれる。

その一方、『三国史記』の「新羅本紀」によると、初代新羅王の赫居世《ヒョッコセ》（BC五七〜AD四年）の時代にすでに倭兵や楽浪郡の兵の攻撃を受けたり、卞（弁）韓が服属してきたとあり、馬韓とは使者を交換したりしたと記している。また、新羅の西隣の伽耶地方でも、西暦紀元より少し前にいくつかの部族国家が成立していた。このへんの確かな事情はわからないが、伽耶地方には韓人と倭人とが同居しており、新羅に攻撃をしかけた倭人というのは九州にいた倭人ではなく、伽耶の住民だったとするのが当たっていると思う。

朝鮮南部にあったこれらの小国家の支配者は、かつて中国の東北地方の夫余やその流れをくむ高句麗系の北方騎馬民族出身の王であり、農耕を行なう海人系の民——伽耶の場合その大半は倭人だったと思われる——を率いていたと考えたい。その推定の根拠としては、一九八〇年代に始められた大成洞《てすんどん》（半島南端の金海《きめ》市）の古墳の発掘によって騎馬民族特有の馬具類や装飾品が見つかっていることが挙られる。そして、これらの小国家の一部は本体を離れ、船団を組んで日本列島に向けて流出して行ったことだろう。その動機には、人口の増加や軍事的理由が考えられるが、その時期は新羅の建国すなわち赫居世即位とあい前後するBC一世紀半ばごろだったのではなかろうか。

さて、弥生時代の中期の北九州には、「弥生銀座」という言葉が示すように、各地に弥生式土器を含んだ遺蹟が数多く存在する。そして、最も特徴的なことは、そこでは朝鮮南部と同じ形式の碁盤型の支石墓が造られるようになったことだ。これは規模と出土品から王侯墓と判定され、この時期に階級国家が発生したことがわかる。また、北九州各地では大型甕棺墓が群集する共同墓地も出現している。そして、副葬品として、多紐細文鏡や青銅製の武器も埋められている。とりわけ注目すべきは鉄製の刀剣などの出土品だ。それが最も稠密に分布するところは武装集団が存在していたことを意味するからだ。
弥生中期には、東松浦半島の付け根から博多湾沿岸から内陸にかけて、遠賀《おんが》川の沿岸と有明海の東岸のやや内陸に、弥生後期になると筑後川の右岸一帯の平野部にこれらの小国家が成立し集中している。こうした事実をふまえ、考古学者の間では、北九州の弥生遺蹟群をそれぞれ『魏志』に名のある邪馬台国につらなる国々に当てはめることが試みられている。そして、一般に次のように考えられている。

魏使が上陸した末盧国は、東松浦半島の付け根に広がる唐津平野の一帯であり、その地の宇木汲田遺蹟や半田葉山尻遺蹟がその時代ものであるとする。次の伊都国は福岡県前原町の糸島に相当し、この一帯にある三雲遺蹟・井原鋳溝遺蹟・石ケ崎遺跡が同国のものであると比定している。そして、奴国は博多湾岸の春日丘陵一帯に展開しており、須玖岡本遺蹟がその代表的なものであるとする。湾の背後には可也山があり、日向峠があることは、伽耶からの渡来者が北九州に渡来したことを「天孫降臨」になぞらえれば、「朝日が直刺し、夕日が日照る国」と感動した土地にふさわしい名と言える。そして、不弥国はその東方に当たると考えられている。

一九九四年、佐賀県唐津市の久里双水古墳の発掘が行なわれ、時代は下がるが、それが早期の前方後円墳であることが確認されている。また、同じころ韓国の全羅南道の光州市外の明花洞古墳から円筒埴輪が出土されたことが報告されている。これらの事実は、「埴輪や前方後円墳は日本固有のもので畿内が発祥地である」という従来の考古学の通説が成立しなくなったことを意味している。
博多湾岸の東から北にかけて「海の中道（通称、向浜）」の半島が博多湾を抱えるように伸びており、その突端はかつての志賀島で、現在では陸続きになっているが、この島からは天明四（一七八四）年に福岡藩の百姓甚兵衛が『漢委奴国王』と刻まれた金印を地中から発見している。当時の倭人が大陸と往来していたことを証明する第一級の証拠品だ。いずれにしても、博多湾は古来、わが国の西の玄関口であったことは事実で、ここ一帯は古代には安曇《あづみ》海人族の根拠地だった。倭奴国というのは、『倭人伝』では「倭の極南界なり」とされている「奴国」のことと考えてよさそうだ。また、「奴」という文字は、「ナ」とも読めるし、古く博多は「那の津」と呼ばれていたことから、「奴国」はここにあったと推定されている。

もしかすると、この安曇海人族は船運力を利用して、朝鮮半島から伽耶系の騎馬民族の王を戴いて、稲作農耕民である倭人集団をこの地に導いてきたのではなかろうか。その後、安曇族は日本列島の各地に広く展開して行った（一二二ページ参照）。

考古学の立場から最も重要な問題は、九州と畿内とでは、どちらが文化的な先進地域だったかということだろう。とりわけ、最も高い価値のあった鉄製の武器の導入は畿内のほうが北九州より遅れている。弥生後期の鉄器の出土数については、奥野正男氏が指摘しているように九州が圧倒的に多くて五二四なのに対して、中国地方は二六、四国は一〇、近畿は七三であり、中部は三〇、関東以北は一七となっている。この紛れもない事実は、日本列島に初期の小国家が成立したのは弥生時代のことであり、それは九州北部であったことを意味しており、その勢力が東方に進出して大和などの畿内とよばれる地方にも国家を建設するようになったと考えねばならないことを明瞭に示している。前方後円墳も北九州に最初に築かれている。

もう一つ、環濠集落が発生したことも弥生遺蹟の特徴だ。それはこの時代になると小国家どうしの戦闘が起こるようになったことを示している。環濠は明らかに外敵の侵入を防ぐ目的のものだ。また、物見櫓とも考えられる楼閣が吉野ケ里遺蹟で発掘されたこともよく知られている。こうした事実は、平和な縄文時代と異なり、弥生時代が部族間の激しい殺し合い盗み合いの攻防の世界であったことを物語っている。

ところが、一九九二年八月に、博多の那珂遺蹟で、縄文時代が終りを告げるBC四世紀の二重環濠住居跡が見つかり、話題になった。同じ年の四月には、金官加羅国の鳳凰台遺蹟で三世紀の二重環濠集落が見つかったし、十二月には福岡県甘木市の平塚川添遺蹟では、二世紀後半のものと思われるなんと五重の環濠集落が発見されている。つまり、環濠集落は伽耶系の倭人がつくったものということになる。この甘木こそ第一次邪馬台国が営まれた地である可能性はきわめて高いと思う。文献数理学者の安本美典氏らは、この甘木を邪馬台国の所在地だとし、しかも、この地は日本神話でいう高天原だったと唱えている。

朝鮮半島から渡来した人たちが日本列島内部に建てた小国家群は、北九州各地に限らず瀬戸内の吉備地方、山陰の出雲から丹後そして北陸の各地などにも及んでいる。とりわけ備中（岡山県東部）には賀陽《かや》郡があり、吉備の一帯には栢野《かやの》・唐松など伽耶を連想させる地名が数多くあり、多数の渡来人が住んでいたことを物語っている。また、吉備平野には造山・作山などの前方後円墳が多く、古代の小国家群があったことになる。同じような古墳は丹後（京都府北部）にも見られる。ただし、それらの小国家の建国の時期は、北九州の場合が弥生中期だったのに対して、他の地方の場合はそれよりも遅く、主として古墳時代（AD四〜五世紀）のものだったことを忘れるわけにはいかない。

また、出雲（島根県東部）や北陸地方の場合は、朝鮮半島とは直接に日本海を渡って海路が通じていることから、弥生時代から古墳時代にかけて多数の人が渡来していたことは間違いない。韓国人で古代日本の言語や歴史に詳しい朴炳植《パクビョンシク》氏は、出雲には荒木とか新井など「アラ」の付く名前が多いことなどを理由とし、この地方には伽耶諸国の一つだった安羅国（慶尚南道の咸安《ハナン》。洛東江右岸の下流域で釜山の北西方）から渡来した人たちが移り住んでいたという説を唱えている。しかし、出雲には安羅系以外の勢力も存在したに違いはないが、後にヤマト王朝の攻撃を受け「国譲り」という屈辱を負うことになる。

このように、弥生後期には日本列島の各地に小国家が成立したが、大胆な言い方が許されるとすれば、それらはすべて伽耶から騎馬民族の王に率いられて渡来した倭人の国だったと考えてほぼ誤りがないものと思う。

●邪馬台国家連合

弥生時代末期の三世紀半ばの日本列島の情勢についての唯一の史料である『魏志』は、その当時の倭国には二十余の国があり、女王卑弥呼を推戴する邪馬台国を盟主として一種の国家連合ともいうべきものを形成していたと記している。そして、「女王国より以北には、特に一大率を置き、諸国を巡察せしむ。諸国之を畏憚す。常に伊都国に治す」とし、女王卑弥呼が権威をもって諸国を統制していたことを物語っている。また、卑弥呼については「鬼道を事とし、能く衆を惑わす。年長大なるも夫婿無し。男弟あり、佐《たす》けて国を治む」とし、一種のシャーマニズムで人心を掌握していたように述べている。

ところで、この邪馬台国の位置については、帯方郡（韓国のソウル付近）からの経路と里程が略述されてはいるが、それによってストレートにその場所を知ることはできない。通説では、魏使が上陸したのは肥前の東松浦半島であり、末盧国・伊都国・奴国の位置については、前節に紹介したように北九州の博多湾に近い海岸地帯であったとされており、その一帯には弥生遺蹟が多いことから疑問の余地は無いというのが常識となっている。

しかし、この常識は残念ながら成立しない。その第一の理由は、通説でいう末盧国の港とされる東松浦半島の突端の呼子と壱岐の間の直線距離は僅か二〇キロほどであり、狗邪韓国〜対馬間と対馬〜壱岐間の千余里とする『魏志』の尺度で計算すると二百か三百里の距離しかなく、『魏志』にはその距離が千余里と明記されているが、その三分の一にも足りず現実と記事とは一致していない。次に、末盧国からは「東南して陸行五百里、伊都国に至る」と記されているが、通説でいう東松浦半島の末盧国から見て、糸島にあったという伊都国は北東に当たるから『魏志』の記述に反する。しかも、この間を魏使は船を捨てて陸路をとっていることから考えてもこの経路は不自然と言わざるをえない。つまり、伊都国は末盧国の南東にあり、その付近は「草木茂りて盛ん、行くに前人を見ず」とあるから、その経路は陸路でなくてはならない。

この件については、壱岐から真東に千余里を沖ノ島——大島——宗像《むなかた》とつらなる海北道中にそって行くと宗像大社のある神湊《こうのみなと》に至るから、そこが魏使の上陸地としなくてはならない。このことは、推理作家の高木彬光氏が指摘しているところで、その最大の根拠は、玄界灘では、一年中で最も海の状態が安定するのは五月から夏にかけてで、南または南西の風が吹く季節を選んで船を出し、風には幾分逆らいながらも西から東に流れる海流に乗れば容易に神湊に着くという、きわめて合理的な推論によっていることだ。これは、航海の専門家も確認している古代からの常識だという。こういう科学的根拠をもった論証があるのに、世間では相変わらず成立不能な東松浦半島上陸という通説にしがみついていることは、いかにも情けないことだとしか言いようがない。

しかも、神湊のある福岡県玄海町の西部の海岸地帯は松原といい、末盧国にふさわしい名前だ。では、末盧国の次の伊都国はどこにあったのだろうか？　それについて、高木氏は北九州市であるとしているが、この意見には承服できない。なぜなら、そこは神湊から東北東に当たり記事と異なるし、その場所に行くのなら船を捨てる理由が無いからだ。つまり、伊都国は内陸になくてはならない。そこで、『魏志』の指示にしたがって、神湊から陸路を東南にとり、『魏志』の方式によって五百里行くといかにも伊都国を思わせる「糸田」という名前をもった土地にぶつかる。そこは博多と豊前中津を結ぶ古代の幹線道路に面しており、北九州から豊後の日田を結ぶ道とも交わり、一大率が「諸国を巡察する」に最適の場所といえる。

ただし、高木氏が指摘する北九州の小倉には「到津」という所がある。その名は「イトウツ」であり、船の往来を巡察するのにふさわしい場所だから、あるいはここに「海の伊都国」とでもいうべき出張所があったのかもしれない。

では、肝心の邪馬台国はどこにあったのだろうか？　そのことを論ずる前に見ておきたいものがある。それは『先代旧事本紀』(『旧事紀』)の「巻五・天孫本紀」に載っている尾張氏の系図と、丹後の籠神社に伝えられる文書(国宝)とされている海部氏の系図だ。『旧事紀』の説くところによると、尾張氏の始祖の天火明命はまず天道日女を妃として天香語山命を生ませ、それを初代として以後、天村雲命、天忍人命、瀛津世襲《オキツヨソ》命というふうに子孫が続き、以後、第一三世の子孫の尾綱根命は「尾治(尾張)連」という姓を朝廷から賜ったとしている。この尾張氏とは代々熱田神宮の宮司をしている名門だ。『旧事紀』では、この天火明命の正式の名前は天照国照彦天火明命櫛玉饒速日尊であるとし、彼は天磐船に乗って河内の河上哮峯に天降りし、ついで大倭国鳥見の白庭山に坐したとしている。そして、その地で長髄彦の妹の御炊屋姫を娶り、宇摩志摩治命を生ませており、以下、その子孫は物部氏につながっているということになっている。

一方、海部氏の系図については一〇八ページに紹介したが、それを伝える丹後一の宮である籠神社は京都府の天の橋立の近くの宮津市にあり、その神社の祝部(宮司)職にあった海部氏に代々伝えられているもので、『籠名神社祝部氏系図』と『籠名神宮祝部丹波国造海部直等氏之本記(丹後国本記)』の二つになっている。それによれば、始祖の火明命の第一九代の都比が丹波の国造に任じられ、第二四代の五佰道は大化元(六四五)年に国造となったと年代まで記録している。この二つの系図を並べて見ると、両者の前半に多少の表記の違いはあるものの、その内容がソックリ同じになっている。

そこで注目すべきことは、この二つの系図の共通部分の第九代目に「日女命《ヒメノミコト》」という名があることだ。この日女命こそ卑弥呼のことではなかろうか。しかも、日女命には「弟彦命」もいるし、その二代後にはもう一人の日女命（小《オ》止《ト》与《ヨ》姫）の名がある。『魏志』が記す卑弥呼には、男弟がいたし、卑弥呼の死後には「宗女の台与」が後をついだとある。このことを念頭において邪馬台国の所在地を探っていくことにしよう。

●倭国大乱

前節で、三世紀に魏使が上陸した末盧国は東松浦半島にではなく神湊にあったとした。そして、伊都国は博多湾の糸島ではなく内陸の糸田にあったと説いた。そうなると、世間一般で承認されている通説との関係はどうなるのだろうか？　その答えは端的に言うと次のようになる。それは「邪馬台国家連合が全体として東方に移転した」ということだ。それは、二世紀末の「倭国大乱」が契機になったと考える。

「倭国大乱」というのは、『後漢書』に「桓・霊の間（一四七～一八九）、倭国大いに乱れ、更々相攻伐し、歴年主無し。一子女有り、名を卑弥呼という」と記している事実のことだ。同じことを『魏志』では倭国の状況について「この国、男子を以て王となす。往七、八十年、倭国乱れ、相攻伐して歴す。乃ち、共に一女子を立てて王となす。その名卑弥呼」と述べている。そして、『魏志』には「倭の女王卑弥呼は狗奴国男王の卑弥弓呼と素《もとよ》り和せず」とも記している。

狗奴国は筑後（熊本県）にあったと考えられるから、この国が強大な力をもって他の諸国に攻勢をかけたため大乱が起こり、その難を避けるために諸国は東方に移動したというわけだ。そのことは、博多湾周辺の弥生遺蹟には一～二世紀のものは多いが、それ以後のものは少なく、九州東部の

「豊の国（豊前・豊後）」では逆に三世紀以後の遺蹟が豊富になっていることがこの想定を支持している。しかも、第一次邪馬台国があったと思われる甘木地方には五重の環濠集落があったことから考えても周囲から相当の圧力がかけられていたことがわかる。

そこで、右のような邪馬台諸国の東方への移動の仮説を認めると、末盧国は東松浦半島から神湊へ、伊都国は糸島から糸田に遷ったことになり、奴国も博多湾岸の那の津から豊前の中津に移動したということになる。そうなれば、甘木にあった邪馬台国も東に遷り、「豊の国」のどこかで新たに女王卑弥呼を盟主に戴いたことになってくる。

では、卑弥呼はどこにいたのだろうか？　その場合、前節に紹介した「尾張氏・海部氏の系図」が有力な示唆をしてくれる。というのは、四世紀以後に海部氏がいた丹後の地名とそっくりな地名がセットになって豊後地方にある事実（一〇八ページ参照）があるからだ。豊後の南部には海部郡があり、そこには大野とか三重という地名がある他、両者には「ヒジのマナイ」――豊後では「日出の真那井」、丹後では「比治の真名井」――というふうに多数の地名の一致が見られる。このような地名の一致は偶然には起こりえない。つまり、海部氏は三世紀ごろまでは豊後にいて、後に丹後に大挙移住したと考えられる。すなわち、豊後は海部氏の発祥の地ということになる。

そこで、海部氏の九代目の日女命が女王卑弥呼だとすれば、彼女が九州にいたことがあるとすれば、それは豊後のどこかということになろう。そして、卑弥呼が「鬼道」を行なう女シャーマンだったとすれば、奈良時代の道鏡の皇位問題に関して宇佐八幡で行なわれてた神託こそ「鬼道」の後の姿だとみることが許されると思う。ということは、魏使が来たときの邪馬台国は宇佐に遷っていたというのが最も可能性の高い想定ということを意味する。しかも、宇佐が邪馬台国ならば、「女王国の東、海を渡りて千余里、みな倭種……」という『魏志』の記述にもみごとに合致する。

邪馬台国の所在地をめぐっては諸説があるが、その決定的な証明は卑弥呼の墓を発見してそこから「親魏倭王」の金印が出てくることしか期待できない。宇佐八幡の社殿がある亀山（菱形山）は大きな前方後円墳を思わせる形をしており、昭和十年代の大修理の際に社殿の下に石棺があったという目撃証言があることも興味をそそる。しかし、邪馬台国が筑前甘木から宇佐に遷ったという仮説のように、時代背景や海部氏の系図のような副次的史料と結びつけながら時代的に、そして固有名詞込みの論証法は従来の邪馬台国論に欠けていたので、これこそ本格的な真実へのアプローチの道ではなかろうか。

なお、『魏志』に掲げられている数多くの邪馬台国の旁国の一つひとつについても、それがどこにあったか知りたくなってくる。しかし、ここではそこまで欲ばるのは遠慮し、それらの諸国がどのようにして成立し、さらには三世紀半ばに卑弥呼が死んで後どうなったか、ということを中心に考えを進めていくことにしたい。

●九州勢力の東遷

二世紀後半から三世紀にかけての東アジアは激しい戦乱に明け暮れしていた。中国では後漢の王室は倒れ、魏・呉・蜀の三国が鼎立する時代となったし、遼東から朝鮮にかけても公孫氏が勢力を伸ばし、高句麗の半島への進出があった。そのことを考えれば、「倭国大乱」というのも、こういった戦乱の余波であったということができよう。日本列島内の各地では軍事力による征服戦が起こり、小国家のうちの幾つかは隣国に併合されたり、他の場所に移転せざるをえなくなったはずだ。前節で唱えた邪馬台諸国の東方への移動も、「倭国大乱」の一つの例ということになる。実際にはそれ以外にも「大乱」の余波を受けたところがあるはずだ。

そのことを証拠だてるものとして、瀬戸内海の沿岸や大和盆地などに、高所性集落が生まれたという事実が挙げられる。それは海抜数十メートルあるいはそれ以上の高台につくられた防御用の集落で、それは外部からの侵略に対抗して自らを守るためのもので、いわゆる逃げ城のことだ。それは現実に利用されたことがあったに違いない。そして、その成立時期には幅があり、弥生末期から古墳時代初期にまで及んでいる。このような事実の意味を考えるならば、端的に言って九州にあった強力な集団が瀬戸内海を東に進み、文化的に遅れた近畿地方に武力進出したというような史実があったと考えなくてはならなくなるだろう。

では、そういう「東征」はいつごろ、どんな勢力によりどのように行なわれたのだろうか？　そのことを考えるならば、誰の頭にもすぐに浮かんでくるのは『記・紀』が説く「神武東征」のことだろう。しかし、『記・紀』に書かれていることをそのまま史実とするのは無理だと思う。とはいっても、そういう記事をまったく無視したままでは何一つ論じることはできない。そこで目を『日本書紀』の「神武東征」の記事に向けてみよう。

すると、「東征」に先立って「ニギハヤヒ（饒速日尊）の東遷」があったことが述べられていることに気がつく。それは、後に日本磐余彦（神武）天皇となる王子が、シオツチ（塩土）老翁から

「東に美地あり、青山四もにめぐり、その中に天磐船に乗りて飛び降れる者あり。謂うに是れ饒速日か」と聞かされ、「東征」を決意したことになっている。このことについては、九一ページに述べたように、『先代旧事本紀』は、「饒速日尊、天神の御祖の詔勅をうけて天磐船に乗り河内国河上哮峯に天降りまし、すなわち大倭国鳥見の白山に遷座すいわゆる天磐船に乗り大虚空を翔け行きて、是の郷を巡り睨て天降ります。すなわち虚空みつ日本国と謂うは是なるか」と記している。そして、物部氏が祖先として仰ぐニギハヤヒは現地の主だったナガスネ（長髄）彦の妹のミカシキヤ（御炊）姫を娶ったとしている。

『紀』によると、「神武」は降伏したニギハヤヒの持っていた天羽羽矢と靫とを「神武」のものと比べると、それが同じだったと記している。これは両者が同じ祖先をもったという意味で、ともに朝鮮からの渡来者の子孫だったことを裏づけるものと言えよう。では、ニギハヤヒはなぜ近畿地方にいたのであろうか？　この件については、鳥越憲三郎氏の指摘がある。それは、『和名類聚抄』などによって、北九州の遠賀川の河口近くの一帯には芹田物部・二田物部など物部系の地名がいくつもあり、河内・大和方面にも同じく芹田物部・二田物部がいたことを挙げ、物部族は九州から近畿地方に東遷したという史実があったことを実証的に説いている（九二～九三ページ参照）。

物部氏が九州から東遷した時期を推定するとすれば、それはＢＣ一世紀に新羅（当時は弁韓の斯盧）から渡来したニギハヤヒを仰ぐ勢力は北九州の遠賀川の河口付近に上陸し、そこに新国家を築いたが、「倭国大乱」の気運に乗じて東進して河内・大和方面に「第二物部王国」を作っていたのだろうというふうに考えられる。したがって、「神武」はそのことを知っていて「東征」を開始したことになる。では、この「神武東征」というのはほんとうに史実としてあったのだろうか？　史実だとすればそれは、いつごろのことで、「神武」として描かれている人物は誰であり、どんな形で「東征」が行なわれたのだろうか？　その答えについて考える前に「東征」を受け入れた大和地方の弥生時代の状況についてしばらく目を向けてみよう。

日本列島内部の弥生遺蹟として最も古いものは、BC三〇〇年ごろのものとされている九州の遠賀川の河口の夜臼遺蹟で、福岡市博多区の板付遺蹟がそれに次いでいる。板付遺蹟は弥生中期つまりBC三〇〇～一〇〇年のもので、古い順にI期・II期・III期と名づけられている。ところが、近畿地方で最も古い弥生遺蹟は、大阪府堺市の四つ橋遺蹟と奈良盆地のほぼ中央の田原本市の唐古遺蹟とされている。唐古遺蹟は古い順にI期（弥生前期）・II期・III期・IV期（弥生中期）・V期（弥生後期）というふうにほぼ弥生時代の全期間にわたっているため、各地の土器の編年の基準とされている。

板付遺蹟と唐古遺蹟とを比較すると、前者のほうが一〇〇年ほど先行している。唐古遺蹟で石鏃が大型化する唐古III期（BC一〇〇年ごろ）には、すでに北九州の板付III期（甕棺墓や銅剣・銅弋などの細形の青銅製利器が多い）の時代は終了しており、須玖岡本遺蹟や三雲遺蹟で国産の銅器具の製造が始まり、石器類の製造は廃止されるようになる。つまり、このころが騎馬民族に率いられた集団が大量に北九州に渡来して小国家を築き始めた時代であることを物語っている。ところが、近畿地方で石器が消滅し始めるのは唐古V期の弥生後期になるころからだ。そして、弥生中期になると、地方的小国家群は九州北部と大和・河内方面だけではなく、瀬戸内沿岸の吉備一帯や山陰の出雲から北陸にかけての地域にも見られるようになり、後期になるとさらにその範囲は四国から東海方面へと次第に拡大されていく。

また、弥生時代の青銅器を見ると、鉾や剣の類は最初のうちは朝鮮様式のものであり、それも武器として使用していたが、やがて九州方面から鉄製の武器に代えられてくるにしたがい祭祀用のものと変わり形も大型化し実用性は失われてくる。ところが、近畿地方を中心とする地域では銅鐸が作成され祭祀用に用いられていたらしいことも注目に値する。ところが、銅鐸は弥生前期末ないし中期に作成・使用し始められ、後期末になると突然消滅してしまう。しかも、銅鐸は多くの場合、なぜか集落のはずれにまとめられて廃棄されたかのように地中に埋められて出土している。その理由は何だろうか？

それが、もし外敵が侵入したため隠したとか、外部から到来した勢力によって古い神の祭りが禁じられた結果廃棄されたのだとすると、銅鐸を使用しており、その後、征服された人たちはそれからどうなったのだろうか？　その件については、銅鐸が使われ始めた時期が次節で見るように、物部族が九州から近畿に移動したころと考えられ、それが廃棄されたのが、物部氏が後に説くように「崇神東征」の軍に降伏した時期――三世紀半ば過ぎと一致することから説明できるように思われる。

●邪馬台国の崩壊と崇神東遷

そもそも『記・紀』が伝える「神武東征」とは、「豊葦原の瑞穂国」を平定するという神聖な使命を実行するものという建前になっている。ところが、その実態は卑弥呼の死によって統制を失った邪馬台国家連合系のある勢力が九州から脱出し、大和にあった物部系の王国に迎え入れられて新王朝を開いた――というのが真相と思われる。

『魏志』によれば、「卑弥呼以て死す。大いに冢を作る。径は百余歩、葬に殉する者は奴婢百余人。あらためて男王を立つ。国中服さず、こもごも相誅殺すること千人。また卑弥呼の宗女台与年十二を立てて王となす。国中ついに定まる」となっている。これが事実とするならば、一時的に立てられた男王は殺されなかったとすれば、九州からの脱出したという可能性が高く、その後、その男が大和にあって「天皇」になったとしよう。そのことを『記・紀』は「神武東征」という物語で描くとともに、それよりあとに八代の「天皇」を挿入し、第一〇代の天皇としてこの男を位置づけ、『古事記』では「初国知らしし御真木の天皇」と記し、後に崇神天皇という諡号が贈られることになったというわけだ。

しかし、このような想定を事実であると主張するためには、邪馬台国王となりそこない、九州から脱出した男の素性を明らかにし、どういう勢力がこのような「東遷」を演出したかについて納得がいくような具体的なシナリオを描くことが必要だと思う。果たしてそれが可能だろうか？『日本書紀』で「神日本磐余彦」と名乗ったとされ、「始馭天下之天皇」と記されている人物の実像に迫るためには、その「東征」とは史書にどう描かれているかを見ることから始めるべきだろう。

その出発点は日向であり、国を出る動機は「東に佳き国あり」ということだった。その経路は、宇佐～崗の水門すなわち遠賀河口に立ち寄り、以下、安芸～吉備を経て難波に上陸するが、迎え撃つナガスネ（長髄・那賀須泥毘古）彦に進軍を阻まれ、いったん紀伊の北西部に退き、ついで熊野に迂回して再上陸して北上し、吉野から大和に入り各地で抵抗者を制圧し、最後に磐余《いわれ》地方で征服を完了し、畝傍の橿原《かしわら》宮で天皇の位についたとしている。この「東征」の内容がことごとく虚妄のものと決めつけたのでは何一つそこから学び取ることはできない。それは五百年前に実際にあった「九州勢力の近畿進出」という事件に関する伝承をベースとしたもので、何らかの事実が秘められているとすべきだろう。

では、卑弥呼の死後に起こった邪馬台国家連合の一部が東方に移転したのが「東征」の真相だとすれば、その実態はどういうものだっただろうか？　それが成功したものである以上、「東征者」にはある程度の勝算があったはずだ。と言うより、兵員の輸送力も戦闘可能な軍事力も備え、かつ自分たちを迎え入れてくれる勢力がすでに近畿地方にあることを知っていたとすべきだろう。つまり、早くから近畿地方に進出していた物部族の長のニギハヤヒはナガスネ彦の妹を妻としていたが、その子孫は「神武」に降伏して後は大連家として高い地位と名誉を保障されているし、第二代以後の天皇の妃として物部氏やその同族の娘が選ばれていたとしている。したがって「東征」はあらかじめ受け入れ側の合意があったか否かは別として、局部的には抵抗はあったとしても比較的平穏に達成されたと考えていい。

そこで、「邪馬台国の崩壊」と「崇神天皇の誕生」を結びつけて考えてみよう。一時的に卑弥呼の後継者となった男というのは、旧邪馬台国の旁国や末盧・伊都・奴・不弥国などのうちのどれかの王であった可能性が高いと思う。そのなかで抜群に有力な国の王がある。その決め手となるのは、例の「神武東征」のコースだ。それを分析してみると、「神武天皇」は日向から出発し、宇佐に立ち寄り、ついで崗の水門で軍兵を整えている。それは何故だろうか？　この崗とは遠賀川の河口の東方に当たり、ここで水軍を用意するとすれば当然に宗像族の力に頼ることになる。

ところが、筑後川の河口付近にも宗像族の同族がいた。それは一〇〇ページで述べたように「水《みぬ》沼君《まのきみ》」とよばれ、宗像族と同じく「三女神」を信奉していたことが『日本書紀』にはアマテラスとスサノオとの「誓約《うけい》」の記事の注に記されている。この「誓約」というのは、乱暴を働いたスサノオが「自分には悪意は無い」ということを姉のアマテラスに誓うため二人で持ち物を交換したという説話の形をとっている。そして、スサノオの劔から三人の女神――タギツ（湍津・多岐津）姫・イチキシマ（市杵島・市寸嶋）姫・タギリ（田霧・多紀里）姫が生まれたとしている。しかも、この「三女神」は「宇佐嶋に降りた」と『書紀』に出ている。

そこで気がつくことは、「水沼君」に注目すると、彼は「東征軍」が立ち寄った崗に近い宗像氏の同族であり兵力を集めるのに都合がいい。しかも、その宗像の三女神は宇佐とも関係が深い。ということは、邪馬台国が宇佐にあったとすれば、水沼君はその女王に対して王位の継承を主張する根拠をもっていたことになる。つまり、彼は卑弥呼のあとをつごうとした男王の最有力候補だということは第四章で述べたとおりだ。

それだけではない。水沼君の根拠地は筑後川の河口付近の三潴の一帯にあった。そして、その支配地は『魏志』で「弥奴国」とされている所と考えられる。したがって、「ミヌマ・ミツマ・ミヌ」という呼称は崇神天皇の名前の「ミマキ」とも通じそうに思えてくる。また、その国は筑後平野の穀倉地帯にあり、豊後の日田とは水流で結ばれ、かなり豊かな土地だったと思われる。邪馬台国家連合の盟主の座を窺う資格はありそうだ。

水沼君の国が弥奴国だとすると、隣国に当たる狗奴国との関係が意味をもちそうに思われる。狗奴国は邪馬台国とは対立していたとしても、隣の弥奴国とは好んで事を構えなかったと思う。ともに有明海に面しているから、時にはトラブルはあったとしても両者は妥協する必要があった。そこで、「卑弥呼の死去」というバランスの空白が生じたとすると、狗奴国はただちに攻撃を仕掛けそうだと思われるのに事実はそれがなかった。それはなぜだろうか？

その答えは一つしかない。狗奴国の主力は弥奴国の王を支持して、一時的に連合の統制権を掌握したが、事が破れたためともども近畿に転出して行ったと考えられる。その証拠を挙げろと言うならば、この狗奴国というのは後の大伴氏のことだと答えることになる。つまり狗奴国の勢力は「弥奴国王イコール水沼王――後の崇神新王朝」の私兵的な軍団となり、後にその名を大伴氏と称するようになった、というのだ。そして、大伴氏は物部氏とともに大連《おおむらじ》家となって大和王朝を支えることになった、というわけだ。大伴氏の祖は大久米主ともいわれている。

なお、九州に残った邪馬台国では、台与が女王として君臨したものの、かつての盟友たちの多くは「豊の国」を去り、弥奴国も狗奴国もともに分裂して大半は大和に遷ったため、九州における諸勢力はいずれも力を弱め、バランスは回復したものの女王の権威は色あせたものとなったと考えられる。そして、邪馬台国家連合の実態は名ばかりのものになり、五世紀ごろになると宇佐は宗教的な場としてだけの意味をもつこととなり、国家ではなく八幡宮となっていく。

●ヤマト王朝の展開

九州から大和にやって来たミマキイリ彦は、物部氏に迎えられて新ヤマト王朝を開いたと考えられる。『記・紀』では、「崇神天皇は開化天皇の子である」としているが、実は、その皇后とされているミマキ（御間城）姫の婿となったと言うべきだ。夫婦が同じ名前であることがそのことを裏書きしている。ミマキ姫の父は開化天皇の兄弟の大彦命ということになっているが、その二人の母の伊賀色謎命は物部氏の娘だから、ミマキイリ彦は母系氏族である物部氏への入り婿ということになるわけだ。

ところで、これまで述べてきたことは第一〇代の崇神天皇とは初代の神武天皇と同一人物だということになる。そうだとすると、二代の綏靖天皇以下、安寧・懿徳・孝昭・孝安・孝霊・孝元・開化の八代の「天皇」の存在をどう考えるべきだろうか？　この件については、史書には宮殿の所在地と皇后・皇子らの名前や陵墓についての記述以外に記事らしいことが書かれていないため、一般には「欠史八代」とよび架空の天皇であるとしてその存在を無視している。しかし、それは安易な解釈というものだ。この件については、九九ページ以下に説いたように、『日本書紀』の「一書」では、これらの「天皇」の皇后はすべて物部氏系の女だと記されている。このことは、「崇神」同様に、それ以前の大和において、母系氏族である物部氏の女のところに婿入りした男たちの名を、あたかも父子の系統だったかのように記したものだったということになる。なぜそんな系譜を記録したかというと、「欠氏八代」の「天皇」の子孫に「皇別氏族」としての名誉ある高い家格を与えるためだったというわけだ。

さて、ミマキイリ彦（崇神天皇）が初代天皇――当時は大王というべきだが、以下、便宜上から天皇とする――として在位したのは、卑弥呼の死後のことだから三世紀後半に当たる。その治績については『書紀』が記すものは建前的なものばかりであり、一々実証することはできない。続くイクメイリ彦（垂仁天皇）についても同様だ。そこに書かれている四道将軍の派遣など、ほとんどの記述は、新王朝ならこういうことをしたに違いないといったところから創作されたものばかりと言っても過言ではない。

さらに言うならば、この二代の治績なるものは、崇神は武埴安彦と吾田姫に、垂仁は狭穂彦と狭穂姫の兄妹に反逆され、崇神は四道将軍を辺境へ、垂仁は田道間守を常世国へとそれぞれ派遣しているというふうに、内容的に見てもそっくりと言いたくなるほど似ている。両者はともに神宝収奪事件（崇神は出雲神宝を振根から、垂仁は日槍の神宝を清彦から）を起こしているし、どちらも天照大神を笠縫や伊勢に遷している上、法制を整えたり池を開発した点まで同じになっている。こういう類似から見れば、どれもそのまま史実だとは思えない。数多い古代の伝承を適宜二人の業績として配置したまでのことだろう。

ただ、垂仁が在位したとされる時期が中国や朝鮮の史書に倭国の記事が現われない「謎の四世紀」とよばれる時代の前半に相当するため、その真相を探りたいと思うのは歴史愛好家にとって当然の欲求だろう。そこで、『古事記』の伝える系譜を頼りに若干の考察を加えると、次のような史実らしいものが浮かびあがってくる。それは、垂仁の時代にヤマト王朝は近畿北部から吉備方面に勢力を伸ばしていったということだ。

垂仁は、『記・紀』では崇神の子とされているが、実はやはり養子的な相続だったと考えたい。詳細は省略するが、垂仁の最初の皇后はサホ（狭穂・沙本）姫なる女性で、彼女にはサホ彦という王位を狙う陰謀家の兄がいて、それに唆された妹は自分の夫である天皇の暗殺を企てたものの露見してしまい、兄妹は稲城の中で焼き殺されたという物語が記されている。この事件は真実そのものとは思えないが、注目すべきことは第一の皇后に叛かれた垂仁が丹波から五人（『記』では四人）の女を入れて皇妃とした際に、そのうち容貌が醜い竹野媛は返し、美しいヒバス（日葉酢・比婆須）姫を二度目の皇后にしたとしている点だ。この話は、神話に出てくるニニギノミコトが顔の醜いイワナガ姫を返し、美しいコノハナサクヤ姫を迎え入れたという話とよく似ている。そのことにも興味があるが、天皇を裏切った最初の皇后とされるサホ姫は、ヒコイマス（彦坐・日子坐）王の子であり、二度目の皇后のヒバス姫（日葉酢媛・氷羽州比売）も、ヒコイマス王の孫娘ということになっているという何とも理解に苦しむ記事のことだ。

そのことを理解するためには、ヒコイマス王をめぐる謎を解明する必要がある。ヒコイマス王というのは、開化天皇の子――したがって崇神天皇の兄弟――ということになっている。『古事記』に載っている詳しい系図によると、この王には山代（山城、京都府）や淡海（近江、滋賀県）の四人の豪族の娘を妃としており、多数の子孫がいたことになっている。そして、旦波（丹波、京都府から兵庫県東部）の平定をした将軍とされている。

ということは、垂仁天皇というのは、近畿北部に広い勢力圏を有する準大王ともいうべき人物であるヒコイマス王のところに婿入りした男ということになる。端的に言うならば、近畿の南北二大王朝が合併したということになるだろう。それだけではない。このヒコイマス王というのはヤマト王朝と血縁関係がある人物ではなく、実は第三章で論じたヒボコ（天の日矛）の孫のヒネ（斐泥）のことだと思われる（七三ページの系図参照）。

そう考える理由は、第一に『日本書紀』ではヒボコの系譜を紹介しながら、故意か偶然かヒネの名前が隠されていることだ。第二に、両者の年代はほぼ一致し、勢力範囲も重複しており、ともに近畿北部で絶大な勢威をふるっていたと思われることだ。同時に同一空間を異なる存在が占めることは許されない。そして、第三に、ヒコイマス王の系統では反逆者のサホ彦の子孫が甲斐国造となっているくらい多数いるのに、ヒボコの子孫は三宅・糸井の二氏に限られていることだ。そこで、ヒコイマス王というのは、新羅からの渡来者であるヒボコの血統をあたかも皇統に属するかのように偽装した名前だと考えれば「謎の四世紀」の近畿北部の姿がスッキリと見えてくると思う。

また、吉備方面を支配したとされている吉備津彦の系統に関しても、それが孝霊天皇から出ているとされているが、吉備諸進《モロスス》という皇子は実はヒボコの子のモロスクのことだとすれば、吉備にまでヒボコの勢力が及んでいたことになる。なお、次節で扱うオキナガ・タラシ姫（神功皇后）の父の息長宿禰《オキナガスクネ》はヒコイマス王の三代の孫であり、母の葛城高額《タカヌカ》姫はヒボコの六代の子孫ということになっている。

垂仁天皇の次の天皇（大王）はオオタラシ（大足・大帯）彦という名で諡号は景行天皇とよばれている。この天皇は『紀・記』では、垂仁天皇とヒバスヒメ皇后の子であるとされており、次の成務天皇はワカタラシ（稚足・若帯）彦といい、これまた前の天皇の嫡男であるとされている。この二人の天皇は名前に「タラシ」という文字が付いており、他にもそういう名の王族がいるので、しばしばこの王朝は「タラシ王朝」とよばれている。

この二人の天皇に関する記事は前の崇神・垂仁以上に信頼しがたいものがある。とりわけ怪しげなのは、両者ともにその在位期間が干支一巡（六〇年）ぴったりになっていることだ。それは明らかに作為的だ。その治績なるものも、景行の場合は軍事力による国土の平定、成務の場合は国郡と県邑の長の任命というように、崇神・垂仁の二人がやり残した新国家の建設事業をこの両者が軍事的および官制人事の面で完成させたというふうになっている。つまり、ミマキイリ彦以下の四代は新王朝建設のために必要と考えられることをなしとげたとするために「必要上から作られた天皇」と言えそうに思える。

しかし、だからと言って、そこに書かれているような中央政府による諸国への支配の貫徹事業や地方への官吏の任命事業が、すべてが虚構であるというのではない。このようなことは事実として何らかの形で行なわれたことであろうし、三世紀後半の段階では小国家の連合体の結合をやや強めた程度のものであったのを、四世紀末には相当程度まで実効のある政治支配体制に整えていったことは事実だったと考えていいと思う。

成務については、『先代旧事本紀・国造本紀』に、全国に国造が置かれたとし、その任命について「志賀高穴穂宮の御世……」という記述の仕方をしている。この穴穂宮というのは『古事記』が成務天皇の都としている所だ。「国造の任命」といっても、すでに実力で各地に勢力を張っていた豪族たちに「国造」という虚名を与えただけのことと考えればほぼ当っているだろう。

成務の父の景行天皇は、その名はオオタラシヒコ（大足彦・大帯日子）オシロワケ（忍代別・淤斯呂和気）といい、『古事記』では多数の后妃と皇子・皇女がいて、そのうちのヤマトタケル（倭建命）が西国の熊襲の討伐と東国への遠征をなしとげたことをドラマティックに描いている他、田部を定め若干の開発事業をしたことなどを記している。『日本書紀』の場合は、天皇自身が熊襲を征討するために出陣したとし、九州各地を長年月かけて巡行したことになっている。いずれにしても、この「天皇」や息子とされるヤマトタケルとは個人の名前ではなく、数世代かけておこなわれたヤマト王朝による全国平定事業のことを、集約的に凝集表現した象徴的英雄像に付けられた名前と考えるべきだろう。その素材となったのは、ヤマトタケルの子孫と称する建部氏や綾氏などの伝承だろうし、八世紀に中央から各地に派遣された官員たちが収拾した物語などに依拠したものに違いない。

その征服・平定事業には当然のことながら武力が行使されたに違いないが、それに対する抵抗はさほど大きくはなかったのではなかろうか。ただ、出雲の場合は「国譲り」の伝承が奈良時代に「神賀詞《かみのよごと》」を朝廷に捧げるという儀式の中に生きているだけにかなり深刻なものがあったと思われる。ただ、出雲地方がヤマト王朝の支配下に置かれた時期は、神代のことであるはずはなく、恐らくは四世紀後半以後のことであり、そのあり方は「出雲神話」で語られているものと、「崇神紀」にある「神宝収奪事件」にある程度反映されているものと考えたい。

なお、オオタラシ彦という名前から、それが伽耶の一国である多羅（慶尚南道の陜川《はぷちょん》に比定）の王族が渡来して九州方面を征服したものであるとする解釈もあり、それが事実である可能性はかなり高いと思う。というのは、オキナガ・タラシ姫が朝鮮に出兵したという伝承があることから、反対に「タラシ族」が朝鮮と縁が深かったとする考え方が成り立つと思えるからだ。ともあれ、『記・紀』がこういう記事を載せたことは、崇神・垂仁の場合と同じく八世紀の官僚としての感覚から「中央集権国家の建設はかくあるべし」ということを「事実、こうであった」としてあたかも歴史上の事実の記録であるように記したものと言っていいだろう。

●応神新王朝の成立

『記・紀』の記事が外国史料と照合でき、その信頼性について論ずることができるようになるのは、六世紀前半の欽明天皇以後というのが一般的な見解と言えよう。しかし、年代的な修正を施せば、応神天皇やその母とされる神功皇后に関する記事についても、ある程度の議論は可能と言える。それに、河内平野にある二つの巨大古墳(いわゆる応神陵と仁徳陵)の被葬者が誰であれ、ほぼ五世紀の初頭には近畿地方には強大な権力をもつ大王による支配が確立しており、その勢力圏が日本列島のかなりの範囲に及んでいた事実は否定できないから、その大王の権力成立過程を明らかにすることは日本古代史の解明にとっての最大の重要課題であることは間違いない。そこで、応神天皇についての系譜や伝承の記事を軸としその具体像についてシナリオの形で描いてみよう。

その解明の最初の手懸りとなるのは応神天皇の后妃と係累に関するものとなる。

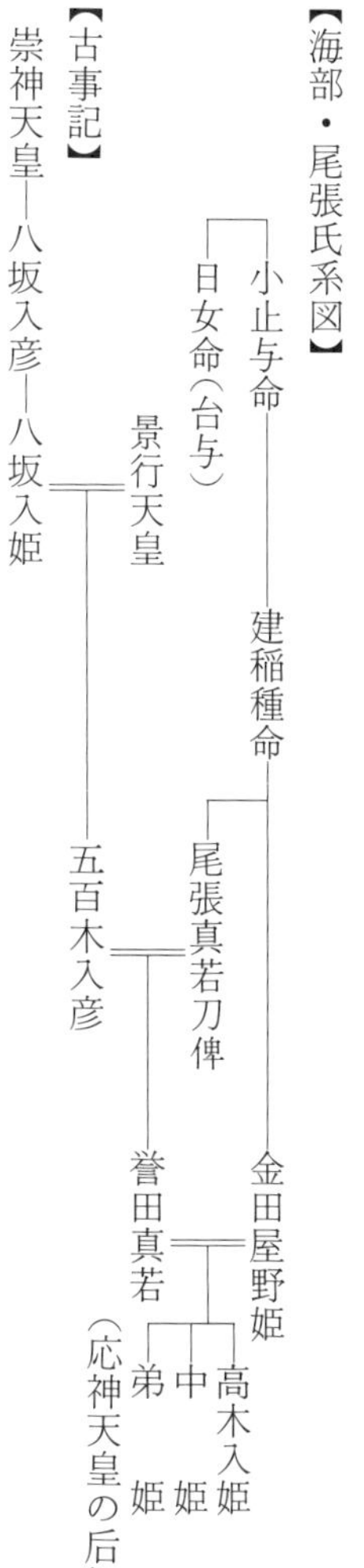

右の系図で、八坂入姫は『日本書紀』では、景行天皇が「美濃で得た女」であるとしている。しかし、崇神天皇が筑後川下流の弥奴《みぬ》国の王であったとすると、その孫の八坂入姫の生まれたのは筑後川の左岸（南側）の耳納《みのう》（水縄）の産だった可能性が高いと思う。そして、その子の五百木《いおき》入彦は同じく九州にあった已百支《いほき》国の王だったと考えられそうだ。この已百支国というのは『倭人伝』にある旁国の一つだが、第三章で述べたように五百木部が全国の銅の産地に広く分布していることから、九州の已百支国は豊前の香春《かわら》にあったと思われる。その北方には伊吹山と似た名の福智山がある。しかも注目すべき事実は、香春神社にはオキナガ・タラシ姫らしい神が祀られている。

そこで、思い切った仮説を導入しながら、四世紀末の北九州の情勢を図式化してみることにしよう。まず、旧邪馬台国ではヒミコの宗女のトヨ（台与。小止与姫）が女王の地位についた後、その兄弟の小止与命の子の建稲種命の子の金田屋野姫が女王になっていたと思われる。そこにその夫として婿入りしたのが、誉田真若という男だった。彼は五百木入彦の子で製銅国で香春にあった已百支国の王でもあった。しかも、その配偶者もまた建稲種命の娘の尾張真若刀俾だった（系図参照）。そこで、重要なことは、この誉田真若と宇佐女王との間に生れた三人の娘が後に応神天皇の后妃になったことだ。

この事実をどのように解釈すべきだろうか？　応神は九州で生まれ、後に母に抱かれて近畿に進出して河内で大王となったと『記・紀』は記している。しかも、宇佐女王が誉田真若という香春の已百支国王と思われる男との間に生まれた三人の娘たちを后妃に迎え入れている。ということは、新羅遠征から帰り、九州で子を生んだオキナガ・タラシ姫を背後から支え、その近畿地方への「帰還」を援けたのは、誉田真若だったということになる。

この場合、「帰還」という言い方は正しくない。「進出」と言い換えるべきだ。と言うのは、そもそもオキナガ・タラシ姫は仲哀天皇の皇后などではなく、香春の生まれの女傑としなくてはならないからだ。その第一の理由は、仲哀天皇というのは実在しない人物だからだ。なぜかと言うと、その父は架空の人物であるヤマトタケルで、しかも『日本書紀』によると父の死後四〇年近く経ってから生まれたことになっている。つまり、「応神の父は天皇でなくてはならない」という建前から、母親を皇后とするために創作されたのが仲哀天皇というわけだ。それだけでなく、息長氏が近江に進出するのは五世紀以後のことであり、現に近江にはこの姫を祀る神社はほとんど無いのに対して、九州方面にはオキナガ・タラシ姫を祀る神社は数多くある。

右のシナリオには「近畿進出の動機」を加える必要がある。そのへんの事情について、『記・紀』はさりげなく神話の形で書き記している。と言うのは、「日本神話」というのは実は天皇家の祖先が九州にあった時代、いわば邪馬台国の時代の歴史であり、それを神たちの営みに仮託しデフォルメした形で描いたものであるに違いないというのだ。そこで、その視点からこの問題を見ると、七八ページで想定したようなことになる。すなわち……

　西暦四世紀の末か五世紀になったばかりのころ、アマテラスを思わせるような宇佐・邪馬台国の女王は危機に陥っていた。それは、豊後の大野川の中流の大神郷《おおが》を根拠地とする「蛇神族」である大神氏が宇佐の神領を侵していたからだ。そこに、香春の巳百支国の王でありスサノオに喩《たとえ》られそうな誉田真若という頼もしい男が現われ、彼女を救い、二人は結ばれて三人の娘子ができた。この話を『紀・記』は「八岐の大蛇」の説話として描いている……ということになろう。

　ここで、この二人の男女の間には三人の女の子が生まれているが、アマテラスとスサノオの間の「誓約」の場合にも宗像の三女神が生まれていることは前に述べた。つまり、日本神話では、アマテラスとスサノオという神に仮託して二重の形で「豊の国」で起こった大事件をロマンティックな神話としてみごとに描き上げたというわけだ。なお、ここで名を挙げた大神氏というのは、宇佐八幡の神官を出す三家の一つで、豊後の大神郷が出身地とされており、その地には蛇を祀る神社がある。

　では、応神天皇の父――オキナガ・タラシ姫の夫は誰だろうか？　その答えは、常にさりげない顔をして「神功皇后」の傍にいる人物――忠臣武内宿禰であることは明白だと思う。ただし、それは『記・紀』が描くような長寿の巨人ではなく、九州のどこかで勢力を張っていた大豪族の長に違いない。そのことを論ずる前に興味ある事実に触れておこう。それは北九州の地名が広い範囲でセットになって近畿地方にほとんど同じ配置で存在しているということだ。これは、数理統計学者の安本美典氏が著書『高天原の謎』で指摘したことで、筑前甘木市の周辺の地名がワンセットになって大和平野の周囲に遷移しているというのだ。それによると、甘木市の中央の三輪町を中心にして、その南から東回りに、高田・朝倉・香山・鷹取山・星野・浮羽・鳥屋山・山田・田原・笠置山・御笠山・池田・三井といった地名が配置されているが、奈良盆地でも三輪山を中心としてこれと同じ方角に、同じ順序で、そっくりな名前が配置されている。これと同じことを考古学者の奥野正男氏も、五万分の一の地図を用いて両地方で一致する地名のセットの数は九〇個にも及ぶことを著書『邪馬台国の東遷』で発表している。

この奥野氏が挙げる共通の地名中に平群《へぐり》・曽我（蘇我）・羽田・巨勢《こせ》・葛木（葛城）という名前が揃っていることには重要な意味が隠されていると思わざるをえない。それに、肥前（佐賀県）の基《き》肄《い》と大和の西の紀伊《きい》とを加えると、これがなんと問題の武内宿禰の六人の子たちの名前になるからだ。このような地名と人名の一致は絶対に偶然で起こるはずはない。それは一方の土地から他方の土地に、一団の氏族群が大移動したことの結果であることは確実だ。つまり、武内宿禰は北九州の出身であり、その子から出たとされる氏族とともに「応神東遷」の際に近畿地方に進出して行ったとしてまず間違いないだろう。因みに、肥前の武雄市には武内宿禰を祀る武雄神社があることを付記しておく。

なお、蘇我氏や葛城氏が朝鮮の出身であるとする説もあり、その可能性はきわめて高いと思われるが、その追求は後の機会に譲りたい。

前節で、『記・紀』が描く「神武東征」というのは「崇神東遷」のことだとしたが、より厳密に言えば、右の「応神東遷」も「神武東征」の記事に部分的に反映している点が認められる。また、「応神東遷」に反抗して除かれた二人の皇子に関連して、ナガスネ彦の兄弟が東北に逃れて安倍氏の祖先となったという面白い話もあるが、本書の大筋とは関係が乏しいのでこの件は割愛する。しかし、第八・第九章を通じて言えることは、『記・紀』は常に朝鮮のことを意識しながら記事を組み立てているということと、歴史時代以前の邪馬台国の出来事が「神話」の形で見え隠れしていることに注目すべきだということだろう。つまり、日本誕生の真実の姿はアマテラスとかスサノオという「神」を通じて『記・紀』の編集者が何を語ろうとしているかを読み取ることによって得られるのではなかろうか。

●倭韓連合王国はあったか？

応神王朝に属する雄略天皇は、どうやら「倭の武王」として宋の順帝に朝貢しているらしい。その奏文には、「自ら使持節都督、倭・百済・新羅・任那・秦韓・慕韓六国諸軍事、安東大将軍、倭国王を称し、表して除正を求む」とある。それは、四二一年のことであり、もし慕韓というのが馬韓のことならば、それは後の百済のことであり、すでに存在しないわけで、内容的に不備はあるとしても、自分が朝鮮半島の大王であるという自覚ないし虚勢的主張をもっていたことがわかる。そのことは全く根拠無しに思いつくはずはないから、雄略天皇は自分の祖先がそういう身分にふさわしいとする理由を信じていたことを意味する。

その奏文には、「昔より祖禰、躬《みずか》ら甲冑を環き、東毛人を征すること五十五国、西衆夷を服すること六十六国、北海を渡り平ぐること九十五国――」と述べ、朝鮮をも支配していたと誇示している。それに対して、宋の皇帝は、百済を除いて申請通りの称号を「武」に与えている。このことは、当時、百済が独立国であることを宋は知っていたが、他の地域については無知だったからにせよ、「かつて朝鮮南部にいた王が倭の国王になっている」といったような漠然たる認識はもっていたに違いない。そうでなければ、『魏志』の記述に即し、倭王はあくまで倭王であり、「武」の主張は根拠が無いとして却けられたはずだ。

このことについて、『魏志』の時代の三世紀半ば以後に、朝鮮のどこかの王が、「崇神天皇」あるいは「応神天皇」として乗り込んで来たと考える人がいる。もし、そうだとすれば、雄略以後の天皇が任那を自分の領地のように考えるのも「もっともなことだ」と言えそうに思える。しかし、それでは、倭国から「北海を渡り」、朝鮮を攻め取ったように雄略が奏文で言っているのとは明らかに話が反対になってしまう。

そのことに関連して、『魏志』の「韓伝」にある辰韓の王のことが気になってくる。それは、「辰王は常に馬韓人をもってこれを作し、世々相継ぐ。辰王は自立して王となるをえず。『魏略』にいう、その流移の人たるを明らかにす。ゆえに馬韓に制せらる」と書かれていることだ。

つまり、馬韓人である辰王は、騎馬民族らしく定住せず、周囲の小国家の王に推されて国家連合の盟主となり、朝鮮南部地方を支配下に置いたということだろう。そこで、この辰王に注目し、その何代目かが日本にやってきて崇神あるいは応神天皇になったとする説を唱える人がいる。『日本書紀』の「神功紀」と「応神紀」には、百済の「辰斯王が日本に対して無礼であるので、紀宿禰らが派遣され、この王を殺した」という記事がある。それは、『三国史記』にある辰斯王の記事と干支二巡（一二〇年）違うだけで内容に似た点があるので、辰斯王は殺されたのではなく、日本にやって来て応神天皇になったのだとするような見解がそれだ。「百済本紀」では、辰斯王は三九二年に高句麗と戦闘中、「狩りに出掛けたまま帰らなかった」とあるので、こういう説がもっともらしく論じられるわけだ。

しかし、そういう推理をする余地は一二分にあることは確かだし、極めて魅力的だが、それを補強する資料がわが国の内部になければ、筆者としては残念ながら「単なる楽しい空想」ということになり、採用することはできない。また、一人の王が朝鮮半島と日本列島の双方にわたる覇権を有していたとする「倭韓連合王国」という考え方もある。確かに、四～五世紀から七世紀の東アジアでは、南北朝から隋・唐帝国の動きは激しく、周囲の諸国とりわけ、高句麗・百済・新羅の朝鮮三国は、互いに骨身を削る闘いに明け暮れしていたから、どこか一国だけの出来事というものは少なく、倭国まで組み込んだ国際社会的状況があったことは言えるものの、「倭韓連合王国」というものの実態は想像の域を出ないし、その存在も証明することが困難であり、目下のところではただちにそれを肯定することはできないと言っておこう。

ところで、欽明天皇は『書紀』では三二年間在位していたとされ、その時から記事は一段と豊富になり、書きぶりも大きく変化している。ところが、「欽明紀」はその分量が「天武紀」についで多いにもかかわらず、書かれている内容となると、新羅の横暴と百済への同情に傾き、任那復興の悲願達成にこり固まっている。しかも、その前半生はもとより、歿年齢さえ不詳とされている。このことは欽明が亡命君主だったからとして以外理解しようがない。

次の敏達天皇、さらに用明天皇・崇峻天皇を経て推古天皇の時代になると、その補佐役として聖徳太子が皇太子として当てられたことになるが、その父方も母方も祖母は蘇我稲目の娘とされており、その意味では完全に蘇我馬子に頭を抑えられた立場にあったことになる。この時代には、六〇三年に「官位十二階」が定められ、翌年には「十七条の憲法」が作られたとされているほか、高句麗僧の慧慈が帰化して来たとか、再三にわたって新羅遠征が企てられながら中止されたとか、多くの事件が記録されている。さらに、もう一つ、六二〇年には、『天皇記および国記、臣・連・伴造・百八十部ならびに公民などの本記』が撰ばれたとしている。このへんの歴史の真相については別の機会に論じてみたいと思う。（この件に関しては、拙著『ヤマト国家は渡来王朝』に詳しいので併読していただきたい）

第十章　『記・紀』の秘密――その建前と創作の技法は？

●氏族の序列の基本

『古事記』と『日本書紀』の編集目的は何だったろうか？　その件については、すでに多くの論がなされており、それに付け加えるべきものは多くはないが、若干の考察をしてみよう。

官製の史書の編集については、『書紀』によると推古二十八（六二〇）年に、聖徳太子が『天皇記』・『国記』・『臣・連・伴造・百八十部併せて公民らの本紀』を記録したとある。それらは、大化の改新（六四五年）の際に『国記』の一部を残して焼失したとされている。『先代旧事本紀』は、聖徳太子の編撰と称しているが、それを信じることは無理だろう。

また、『古事記』の多安万侶《オオノヤスマロ》の書いた『序文』によると、「天皇、詔したまひしく、朕《われ》聞くは、諸家のもたる帝紀と本辞と既に正実に違ひ、多くの虚偽を加ふといへり。今の時に当たりて、その失を改めずば、いまだ幾年を経ずして、その旨は滅びなむ。……ここに帝紀を撰録し、旧辞を討覈《とうかく》して、偽を削り実を定め、後葉につたへむと欲《おも》ふ」と記している。

このことは、八世紀の初頭に、各氏族の家には、それぞれ内容の異なった文献史料が多数存在していたことを物語っている。そして、それらは相互に矛盾したり、虚偽が加えられていたことになる。このことは、誇張もない事実どおりと考えていいだろう。また、『日本書紀』も、各処に、「一書に曰う」として異説を掲げているから、『記・紀』の編集には、多くの文献が使用されたことがわかる。『古事記』の場合は、それらの中の一つを採用して、「これが正しい」と主張していることになる。

『日本書紀』と『古事記』との相違点については、いろいろと論じられているが、内容的には概して『書紀』のほうが詳細であるにもかかわらず、「出雲神話」や「ヤマトタケル」については『古事記』のほうが内容が豊富であるだけでなく、諸々の氏族の祖先についての記述の量を比較してみても『古事記』のほうが多い。例えば、ヒコイマス王の系譜は『書紀』は完全に無視しているのに対して、『古事記』は詳しく載せている。

そのことから、梅原猛氏のように、『日本書紀』は唐に対して日本が新羅よりも古く、神が開いた貴い国であることを主張するための海外版の史書であり、『古事記』は国内の氏族に向けた家格についての公式評価を下したものだと論ずる向きがある。このことは、ある意味では正しいと言うことはできるが、必ずしも『古事記』の説くところによってのみ、氏族のランキングが決定されていたとは言いがたい。例えば、大伴氏のように高産霊尊《タカミムスビノミコト》から発するとされ、「神武東征」の先導役を務めた名族より、藤原氏やそれに近い氏族のほうが家格が上になっている。

氏族の家格は、初め允恭天皇が「姓《かばね》」として定めたものによっている。中央の上流貴族には臣《おみ》・公《きみ》と君《きみ》・連《むらじ》、地方豪族には直《あたい》、そして、中小豪族には造《みやつこ》・首《おびと》・史《ふひと》などの他、職業的な姓として薬師《くすし》・画師など、帰化人系には村主《すぐり》・勝《すぐり》・吉士《きし》・使主《おみ》などの姓が与えられている。

そして、天武天皇が定めた「八色《やくさ》の姓《かばね》」によって新時代に即した序列が決められている。それは、真人《まひと》は五世以内の皇族系に、朝臣《あそみ》は原則として皇子族から派生した五世以外の者に、宿禰《すくね》は旧くは連姓だった神別氏族に、忌寸《いみき》は旧直姓《あたい》の国造《くにのみやつこ》クラスに、そして、新しい連の姓《むらじ》が伴造《とものみやつこ》（職業部民の長）と畿内の国造・縣主《あがたぬし》級に与えられた。

ここで、「神別」というのは、祖先が高天原にいた神から分かれたものという意味だ。平安時代に作られた『新撰姓氏録』では、全氏族を「皇別」すなわち「神武」以後の天皇家から分かれたものと、「神別」、そして帰化人系の「蕃別」に三分し、「神別」には高産霊・神産霊・天児屋から出たものと饒速日の子孫である「天神系」を筆頭に、それと並んで「降臨」に随伴した「天孫系」と、もう一つ、「降臨」を国土で迎えた「国津神」系の「地祇」に三分された。

こうした姓の制度は、新羅の骨品制などとともに、騎馬民族の伝統を受け継ぐものだが、そのへんのことは別の機会に述べたい。このように見るならば、『記・紀』には、いわば祖先の履歴の基本台帳の意味をもつもので、単なる歴史書ではなかったことがわかる。

●『記・紀』の編集

八世紀の前半の大和の朝廷の修史官たちは、どういう歴史認識をもっていただろうか？　それは想像する以外には無いが、おそらく次のようなものだったと思う。

この地方の最初の開拓者は物部氏であり、五百年近く前にミマキイリ彦という王が九州からやって来て、新しい国家を建設した。しかし、それから二百年ほど後、イザホワケ（履中天皇）という王が葛城・巨勢・平郡などの豪族を引きつれてやって来て、大和の磯城郡の磐余《いわれ》で新大王になった。その王の父は、誉田大君といい、九州から河内方面に進出して大きな陵を築いていた。しかし、その王朝は百数十年で断絶し、混乱の時期を経過した後に、約二百年前に、蘇我氏が新しい大王を擁立して国家の体制と基盤を確立した。そして、各豪族たちは自分の祖先についての記録を新王朝に提出し、家の格付けをしてもらった。それに関連して『国記』という書物が作られ、自分の祖先に関する部分の「写し」くらいは保存していた。また、自らの祖先についての系譜と伝承を文書化していた氏族も多かった。

ざっとこんなところだったと思う。この場合、最も肝心なことは、「神武東征」の物語は蘇我氏の手ですでに作成されていたこと、そして、応神天皇については数々の断片的な情報が存在しており、蘇我氏が立てている天皇は古い天皇の子孫であると強調されていたということだ。

そういう歴史認識があった上で、天武天皇については、近江にあった天智天皇の王朝と幾重にも結びつけられた姻戚関係にあるということはよく知っていたが、修史者たちはこの二人が「まさか兄弟に仕立て上げられるとは夢にも思っていなかった」というのが本当のところだと思う。

筆者がこのように推定する根拠は、欽明天皇の生まれについての記述と天武天皇の係累についての書きぶりとが、他と比較して異常であるからだ。欽明の場合は、父の継体が常に身近において愛したとか、将来皇位につけるという夢物語が書かれているのも奇妙だし、その没年が「年若干」とされていることも不可解だ。また、天武については、「天智の同母兄弟なり」とことさらに強調しているにもかかわらず、即位以前のことには触れていない。

さて、こういう状況で、『記・紀』は編集された。「神代」のことは、次節で述べるが、初代天皇を崇神天皇にすることは具合が悪かった。なぜなら、それ以前から続く物部王朝の存在と三輪山の大物主の信仰の由来を、歴史からはずすわけにはいかないからだ。その上、多数の氏族に「皇別」という名誉ある格付けを与えるためには、「神武」以後「崇神」以前に八代くらいの「天皇」が必要だった。それは、作文で創作したのではなく、祖先の男で物部氏の娘と姻戚関係にあったものを、天皇だったことにし、それを直系のものとして並べ「欠史八代」の天皇とした。実は、こういう皇統系譜は、すでに蘇我氏の手で七世紀の初めには出来ていたと思う。

『書紀』の編集段階では、物部系の磯城縣主の娘という叙述はすべて「一書」の扱いとされ、本文では、春日・和珥《わに》氏系の后妃にすり替えられている。これは、物部系の臭いを薄めるとともに、「神武」の母を海人族だとしたことと関係し、海人系の和珥氏に結びつけられたのだろう。

崇神・垂仁・景行・成務の時代については、部分的な伝承しか無かったので、新国家建設事業としてふさわしい事業を並べ立てた。崇神と垂仁の業績の内容は重複とも言いたくなるほど似ているし、景行と成務はどちらも干支一巡、つまりぴったり六〇年ずつという不自然なものだ。

そして、応神の出自は神秘のままとし、その母のオキナガタラシ姫の伝承が豊富なことから、彼女が皇后であったことにし、夫の天皇――仲哀天皇を創作した。この天皇の父はヤマトタケルという架空な人物である上に、仲哀天皇は父の死後数十年してから生まれている。

このような工夫をこらして『記・紀』の骨組みが作られていった。だから、修史に携わった史官たちは、「自分たちが嘘を書いている」ということを重々知っており、その自覚をもって編集意欲を駆り立てたに違いない。しかし、各氏族に名誉ある祖先を与え、唐の国の人を驚かせるに足りる「歴史」を確立していく作業に誇りさえ感じていたものと思う。

●高天原の神々

『古事記』と『日本書紀』とでは、『古事記』のほうが成立がわずかに古いことになっている。しかし、その内容は固有名詞の表記などの違いがあることと細部について若干の相違がある以外は、大筋において一致している。それはなぜだろうか？　それは、すでに七世紀のうちに、「日本の歴史」の骨組みが出来ていたからとしか説明できない。それを構想したのは、蘇我氏であったはずだ。そして、その歴史の構想に異論を唱えることは、どの氏族にしても自分たちの存在基盤を崩すことになるから、あえて口をつぐみ、虚妄を受け入れたのだと思う。

さて、『記・紀』は、「神武」以後を「人皇の時代」とし、それ以前を「神代」とし、「天孫降臨」から「神武東征」までの間に「日向三代」を置く構成になっている。

では、「神代」の記述内容はどのようにして作られたのだろうか？　そのことについては、例えば、「渾沌《こんとん》たる鶏子から天地が開闢《かいびゃく》する」という思想が中国の『准南子《えなんじ》』や『三五暦記』、あるいは『礼記』などの書物の引用であるとか、「神武即位」の年を紀元前六六〇年にしたのは、「讖緯説《しんいせつ》」による「辛酉革命《しんゆう》」に相当する年をえらんだものであり、それがわが国固有の思想によるものではなく、中国思想——特に道教的発想によることは、つとに学者が指摘している。

また、自然に発生した神々が住む「高天原」というという観念——ひいては「貴尊の者が天空から降りて来て地上を統治する」という考えは、朝鮮半島や中国東北地方にあった扶余の始祖伝説や駕洛国の神話などに由来することも定説となっている。

『記・紀』は、このような海外思想を採用しながら、大和に確立された国家の支配者グループの各氏族が、それぞれどのような役目を負うものかについて、高天原時代の神話や降臨以後の出来事を語るかたちで、その由来を始祖の神々のあり方によって序列をつけて説明し、権威づけをしようとしている。例えば、「天の石戸屋（石窟）」の前で、鏡作部・玉造部の祖先の神は鏡や玉を造り、中臣氏と忌部氏の祖先は祈禱を行っている。

祖先が高天原時代の神に由来するとされている氏族でも、『姓氏録』で「天神族」とされている氏族は、大伴・佐伯・忌部・玉祖氏などは高産霊《タカミムスビ》尊の子孫と称し、紀・久米・伊勢氏などは神産霊《カンミムスビ》尊の、そして中臣・荒木田氏など多数の氏族は、天児屋《アメノコヤネ》命の末と唱えている。しかし、それは『記・紀』の成立時にこじつけたものであり、確固たる伝承に基づいているとは限らない。なお、物部・鏡作氏などの祖神とされる饒速日命も「天神族」に分類されているが、『記・紀』には高天原時代の役割は記されていない。

そして、出雲国の出雲臣・神門《かんど》・北島・千家・土師などの諸氏は、天穂日命から、凡河内《おおしこうち》・蒲生氏などは天津彦根命から、尾張・海部・伊福部・田島などの諸氏は天火明命から発しているとされ、これらの氏族は「天孫系」として分類されている。天穂日命と天津彦根命とは、『記・紀』の神話ではアマテラスとスサノオの誓約の際に、アマテラスの持っていた天津御統《あまつみすまる》から生まれたとされているから、高天原から天降った「天孫」の随伴者にふさわしく、高天原の住人ということになるからいいが、天火明命はニニギノミコトの子とされているから、「天孫」からの派生者であり、高天原にはいなかったことになる。

そして、「天孫降臨」を迎え受けた氏族として、『姓氏録』は、大三輪・鴨・緒方などの蛇神信仰のある氏族、安曇・犬養・八木などの大綿津見神の子孫と称する海人系の氏族や、「神武東征」の説話に出てくる宇陀・猛田《たけだ》氏や、隼人系の阿多氏や蝦夷系とされる伊治・遠田氏などは、「国つ神」に由来するとして「地祇系」としている。しかし、これも『記・紀』の立場からするとおかしいことになる。なぜなら、隼人の祖先とされる火酢芹命は、ニニギノミコトがコノハナサクヤ姫に産ませた「三火神」の一つだから、天皇家の祖先のヒコホホデミや尾張・海部氏の祖のホアカリとは兄弟のはずだからだ。ただし、『姓氏録』の編者は、そういうことは重々承知の上で、隼人系をわざと差別したことは言うまでもない。

●アマテラスとスサノオ

『古事記』では、出雲の国造りをした大国主命は、スサノオの娘のスセリ姫（須世理毘売）を嫡妻としたとあるが、生まれた子のことは記されておらず、宗像三女神の一人の多紀理毘売との間にアジスキタカヒコネ（阿遅鉏高比古根）が生まれたとしている。『出雲国風土記』にも、スセリヒメとアジスキタカヒコネの名前は出てくるが、文脈が全く異なっている。

また、『古事記』には、スサノオは、大蛇退治の後にクシナダ姫との間に八嶋士奴美《ジヌミ》、大山津見命の娘の神大市比売《カムオオイチヒメ》との間に大年（歳）神と宇加御魂《ウカノミタマ》を生ませたとしている。そして、大歳神の子として、大国御魂・韓神・曾富理神・白日神など九柱の神が生まれた、としている。

注目すべきことは、これらの神が朝鮮の神であることだ。しかも、現在に至るまで、天皇家では皇居の中に「韓神・園神」を祀っていることも見逃せない。このように、『古事記』は、天皇家にとって重要な神は朝鮮の神であり、それをスサノオの子孫として位置づけている。

また、前に見たように、ウカノミタマは豊受の神で海部氏につながるし、物部氏の祖神のニギハヤヒは、新羅から渡来した天のヒボコと縁がある。ということは、『古事記』の編者は、天皇家の祖先も、それと姻戚関係があったり支持勢力であった氏族はすべて朝鮮渡来であったことを強く意識しており、その統合の象徴としてスサノオをイメージしていたことになる。

というわけで、『出雲国風土記』に出てくる土地の神のスサノオという実在の人の名を借りながら、それとは無関係に「出雲神話」を構想したことになる。もし、「出雲の大王としてのスサノオ」を論じたいのならば、その子孫も『風土記』にあるスサノオの子たちにしなければならないのに、それを『古事記』にあるスサノオの系図につなげる論者がいるが、それは木に竹をつぐ暴挙だ。

『記・紀』では、「天孫降臨」に先立ち、出雲の「国譲り」があったことにしているが、この「国譲り」の話は明らかに全くの虚構で、崇神の時代のこととして書かれている出雲征服の記憶を神話として描いたものだ。だから、奈良時代においてさえ出雲国から「神賀詞《かみのよごと》」が平城京に捧げられ、出雲の一族は天皇家の神を祭ることを誓わされているのは、「神話時代」の「国譲り」の証拠などではなく、大和王朝による征服の結果に過ぎない。

では、スサノオの姉とされるアマテラスとは何だろうか？『記・紀』に現われるアマテラスは四つの顔を持っている。第一は、高天原の「三貴神」の一つとして、スサノオとからむ物語の一方の主役だ。第二は、天の石屋戸に隠れた話に見られるような「日神」としてのものだ。第三は、孫のニニギノミコトを葦原中国に降臨させる話が主張している「皇祖神」としてのものだ。そして、第四に、「神武東征」や「神功皇后の帰還」の際に助力や助言をしている。この四つは明らかに別の神格としなくてはいけない。

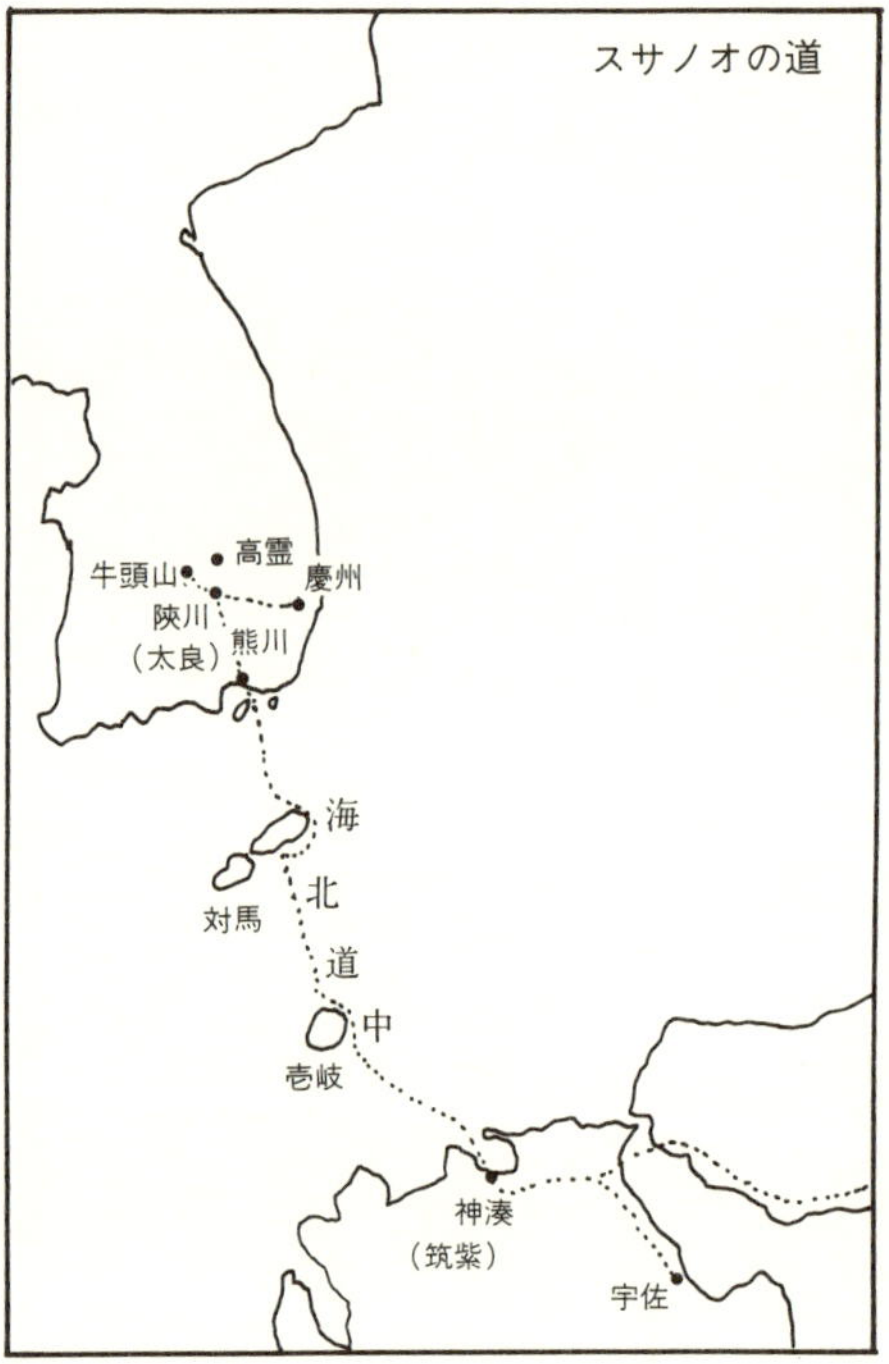

スサノオの道

そもそも、「三貴神」というのは、『記・紀』が神話体系を構想する時に編者の思想から考え出したものであり、もともと「日神」としての「天照」という神は、前に見たようにニギハヤヒのことだ。『記・紀』は、「天照の石戸屋隠れ」という舞台装置を用意して、中臣氏をはじめとする「天神族」の祖先が高天原から来たという設定をアマテラスによって演出している。

また、物部氏の持つ宝劔を天皇家が取り上げて石上神宮に保管させたという史実を権威づけるために「アマテラスの援助」を記したり、「神功皇后」に対して、「わが荒魂を皇居に近づくべからず、まさに御心広田に居らしむべし」と言ったというアマテラスを登場させたりしているが、これは西宮市にある広田神社の祭神であって伊勢の皇大神宮の神とは何の関係もない。

では、高天原にいたアマテラスとは何だろうか？　端的に言うならば、それは「スサノオの引き立て役」ということになる。とは言え、高天原に田を営み、機織りをしていたアマテラスには宇佐女王のイメージもうかがわれる。アマテラスとスサノオの誓約は前に述べた通りで、宇佐女王と誉田真若の二人の結婚のことをさしている。このように、アマテラスとは、実在した誰かをモデルにして創作したものではなく、あくまでスサノオを意識して描かれていることがわかる。

●出雲神話とスサノオの謎

全国の神社で最も多いのは八幡宮で、ついで多いのがウカノミタマを祀っている稲荷神社だ。ところが、関東地方には何故かスサノオを祀る氷川神社がいっぱいある。また、八雲神社や熊野神社の祭神もスサノオだという。では、そこで祀られているスサノオとは何なのだろうか？

スサノオは、『記・紀』ではアマテラス・ツクヨミとともにイザナギ・イザナミの子の「三貴神」の一人として位置づけられている。しかし、『記・紀』や伝承に見られるスサノオの姿は一様ではなく、多くの顔をもっている。父のイザナギから「海原を知らせ」と命じられたスサノオが、それを拒んで泣き叫ぶ状は大嵐か大地震を思わせる。ついで、高天原には武勇の神のようにして現われ、乱暴・狼藉を働いて賠償を背負わされて追放される。出雲に降ってからは、越《こし》の国の八岐大蛇を討ち、娘を救う慈愛に満ちた救済者だ。そして、大国主の嫡妻の父となっている。また、スサノオは、子の五十猛命《イタケル》とともに新羅に渡り、木の種を持ち帰り木々で野山を覆っている。

山城（京都）の八坂神社では、スサノオは祇園大神あるいは牛頭《ごず》天王として篤く信仰されている。さらに、『備後国風土記』では、「北海の国からやって来て蘇民《ソミン》将来・巨旦《コタン》将来の兄弟に宿を借りようとして、弟の巨旦将来には断られたが、貧しい兄の蘇民将来にもてなされ、自らはスサノオだと名乗り、災い除けに茅《ち》の輪を腰に付けることを教えた」という話がある。

それとは別に、民衆の間では、スサノオといえば、「荒神様《こうじん》」のことであり、それはカマドの神とされていたり、あるいは「山の神」がスサノオであったり、「田の神」や「道祖神」すなわち「塞《さえ》の神」とスサノオを同一視する向きさえある。

この中で、「牛頭天王」というと、新羅から渡来したヒボコと同一とされるツヌガアラシトのことが連想される。「角がある人」ならば、「牛の頭」にふさわしいからだ。また、祇園祭は古代イスラエルの祭りに酷似しているという人もいる。ギオンはシオンに通じるというのだ。

ともかくも、スサノオは「民衆の苦難を救う神」といったイメージによって信仰されているとは言えそうだが、実在した特定の個人を神格化したものとはとても考えられない。では、スサノオとは何だろうか？　これこそ『記・紀』の神話で最大の秘密の主というべきだろう。

このことについて考えるとき、『記・紀』におけるスサノオの活躍の中心的場面が出雲ということになっていることと、『出雲国風土記』にスサノオという名の神が存在することから、この神は出雲に実在した大王のことだと考えると大きな過ちを犯すことになる。そこで、出雲に固有のスサノオは、『記・紀』の「出雲神話」とは何一つ関係がないことを確認しておこう。

『出雲国風土記』には、国の南西部の飯石郡に須佐郷があり、神須佐能袁命が「この国は小さき国なれども、国処なり。故《かれ》、我が御名は石木には著けじ」と言った記事があり、その他、須佐乃烏命が東部の意宇《オウ》郡の安来の郷と中央部の大原郡の佐世郷と御室山に来たことがあると記されているだけで、「八岐大蛇退治」などの物語には一言も触れていない。

そして、スサノオには六人の子がいて、青幡佐久佐日古が意宇郡の大草郷と大原郡の高麻山とに、都留支日子が半島突端部の嶋根郡の山口郷に、国押別命が同じく方結郷に、衝杵等乎与留比古が半島中部の秋鹿郡の多太郷に、八野若日女命が西部の神門郡の八野郷に、和加須世理比売命が同じく滑狭の郷に、それぞれ「いた」、あるいは「行ったことがある」と記している。

また、「天の下造らしし大神」として大穴持命の名は何か所かに出てくる。それに、出雲郡の杵築郷に、出雲国の固有の神とも思える八束水臣津野命が、大穴持のために宮を築いたと記している。これが「出雲大社」のことで、『記・紀』がいうように、「国譲り」の代償としてではない。この大穴持の名は『記・紀』では大国主命として描き、稲葉の白菟の話等が書かれているのに、そういう話は『出雲国風土記』には一切無い。ただ、大穴持命が、須佐能袁命の娘の八野若日女命を娶ろうとして屋を造った、という記事があるだけだ。

というわけで、『記・紀』の「出雲神話」は出雲の国とは全く関係がない。

●神話の舞台は邪馬台国

『記・紀』が伝える「日本神話」は、通常、「高天原神話」・「出雲神話」・「筑紫神話」の三つに分類されている。それは、内容の展開と、神々の活躍する場所によるもので、極めて自然な分け方に違いない。しかし、筆者に言わせると、「出雲神話」は島根県東半の出雲とは何一つ関係はなく、「筑紫神話」の「筑紫」は広義の「ツクシ」すなわち九州という意味ならよいが、狭義の「チクシ」すなわち福岡県西半のことではない。神話自体も「日向」のこととしている。ただし、その「日向」も現在の宮崎県とは無関係で、豊後日田を中心とした地域のことだとしなくてはならない。なぜかというと、九州全域で「日向」という文字が付く古い時代からの地名は、宮崎県には皆無と言ってよく、それは日田の周辺に最も多く、すべて博多湾付近と国東半島・宇土半島を結ぶ三角形の中にだけ分布している。

筆者は、第一次邪馬台国は筑前甘木にあり、そこが日本列島内の「高天原」でもあったが、前章で述べたように「倭国大乱」の際に、天孫族の一行は狗奴国からの攻撃を避けるために脱出して日田――そこは天の八衢に相当する――を経て葦原中つ国に当たる豊前中津方面に移動したと考えている。この甘木から日田への脱出行のことを『記・紀』では、途中に猿田彦を登場させるなどして「天孫降臨」にダブらせて表現している（二〇二ページ参照）。

ということは、「日向」という地名は、筆者が第一次邪馬台国のあったとする甘木周辺と、第二邪馬台国があったとする宇佐を含む一帯にだけあるということだ。となると、「日向」とは邪馬台国のこと、ないしは卑弥呼のいたところということになってくる。

そのことの当否は問わないとしても、「天神族」が朝鮮から渡来したのだとすれば、当然のこととして本来の「高天原」は朝鮮にあったはずだ。しかし、彼らは九州の甘木周辺に住みついて後も、そこを高天原と称していたと思う。仮にそうでないとしても、『記・紀』の編者は、六〇〇年も昔の朝鮮時代のことについては覚えていないから、わずかに記憶に残っていたのが「ヤスの河原」と「カグ山」だったので、アマテラスの「石戸屋隠れ」の神話を語る時に、その地名を使っている。夜須山も香山も、甘木地方の地名だ。もっとも、カグ（香具）の名は大和の山にも付けられている。また、海幸から借りた釣り針を返すために、山幸が訪ねて行った海神の宮がどこにあったか、といったことを論ずることはあまり意味はなさそうだが、関門海峡辺りとする説もある。

以上すでに見てきたように、「日本神話」とは、天皇家の由来を権威づけるために中国思想を借りて創作した部分もあるし、「日輪信仰」を氏族の祖先神の役割に結合して作ったものもあるが、ストーリー性のある物語は必ずしも完全な創作ではなく、彼らのもっていた伝承を神話化したものも当然あったはずだ。その伝承というのは、具体的な史実に関するもので、そのすべてが邪馬台国時代の出来事だったとしていいだろう。つまり、大部分は天皇家の祖先が「豊の国」にいた時代のことを遥か「神代」のこととして描いたというわけだ。すでに述べたように、「アマテラスとスサノオの誓約」だとか、「八岐大蛇退治」などがその例だ。また、逆に、歴史時代の出来事を神話の世界に追い込んだものとして「出雲の国譲り」の話がある。しかし、「国譲り」は「豊の国」においても行なわれていたことだろう。そういう伝承があれば、『記・紀』の編者は喜んで神話の中に織り込んだに違いない。

スサノオの正体にしても、たまたま出雲にスサノオという人物がいたという報告を得ていたので、天皇家の祖先として利用することに決めて、アマテラスの弟として位置づけ、その名前にそれを利用しただけのことだと思う。そして、その名前の響きが「荒れすさぶ男」という感じがするので、姉に対して乱暴な行為をしたことにしたり、その反面の性格として「弱者の味方」という特徴を与えて物語を創作したため、アマテラス・スサノオのコンビは、『記・紀』が編集される以前に、口コミで各氏族に伝えられたことだろう。そのため、今度は逆に、スサノオの存在感が肥大し、氏族の中にはその英雄性にあやかろうという傾向も生じたことだろう。

こうして、『記・紀』の成立以後は、スサノオと言えば「民衆を幸福にしてくれる神」であり、「ちょっぴり反体制的な神」として信仰されるようになったのだと思う。そうなると、そういうスサノオ像は出雲の人にも歓迎されるようになり、『風土記』とは無関係に、本来の出雲のスサノオは忘れられ、出雲に逆輸入されたスサノオを郷土の英雄視するようになったのだと思う。――このように考えてはじめてスサノオの真の姿が理解できるだろう。

●虚構の歴史創作の手法

出雲の「国譲り」と、崇神による「出雲神宝の収奪」は同じ話だと言った。また、前著『天皇家と卑弥呼の系図』で筆者は、ニニギノミコトの子が顔の醜い姉姫を退け、美しいコノハナサクヤ姫に「三火神」を生ませた話と、垂仁天皇を裏切ったサホ（狭穂・沙本）姫が燃える火の中から子供が誕生し、その後に天皇は丹波から召した女たちのうちの醜い者を帰らせたという話は、同一のモチーフにもとづいていることを指摘した。それ以外にも、こういう例はいくつかある。

海幸・山幸の物語と「神武東征」とが似ていると言うと不思議に聞こえるだろう。だが、どちらもシオツチ（塩椎）の翁の案内、海（国）つ神との結婚、剱の登場、兄弟喧嘩——というふうに話が展開しているといった具合だ。

また、敵を倒すのに術策を弄することもいくつかある。「八岐大蛇」は酒に酔わされて討ち取られたが、「神武」の軍もヤソタケル（八十建・梟師）を討ち倒すのに、酒を飲ませている。さらに、エウカシ（兄宇迦斯・猾）を押し機で殺す際には、弟に裏切りをさせている。『日本書紀』では、景行天皇は熊襲梟師《クマソタケル》を討つ時、娘のイチフカヤ（市乾鹿文）を欺いて寵愛し、その父を酒に酔わせて殺しているし、『古事記』ではヤマトタケル（倭建命）は女装して熊襲の酋長のクマソタケルを討ち取っているし、出雲タケルに対しては、水浴に誘い、その間に相手の佩刀を偽刀にすり代え、太刀討ちして殺している。ヤマトタケルは、「やつめさす出雲建が佩《は》ける刀、黒葛多纒《つづらさわま》き、さ身無しにあはれ」と嘲笑している。こうした卑怯な手段を取ることを、『記・紀』では称賛していることになる。なお、水浴中に刀をすり代える話は、その歌とともに『書紀』では出雲振根と飯入根の話として採用している。

『記・紀』が虚構の物語を創作する手法は、ほとんどが別の伝承を真似るかたちで行なわれる。最大の虚構である「神武東征」の話は、中臣氏や大伴氏の祖先を登場させる配慮をしながらも、崇神の東遷と応神の東遷の二つをベースにして創作している。ただし、崇神の東遷というのは、筆者が第九章で展開した推理によるもので、『記・紀』に載っているわけではない。

崇神東遷も応神東遷もそのコースは、いずれも九州から瀬戸内海を通り、大阪湾から上陸している。しかも、上陸はスムーズにいかず、迂回を余儀なくさせられる。途中で、アマテラスとコトシロヌシが出てくることも共通している。抵抗する勢力が兄弟になっていることも同じだ。応神――実は神功と武内宿禰の軍だが、敵を油断させるため、弓の弦を断ち切って見せ、相手が武器を捨てたので、隠し持っていたスペアの弦を取り出して勝利している。騙し討ちは皇軍の得意な常套手段だ。

ところで、「神武」という架空の天皇を創作したのはいいが、その子孫の系譜を作る必要が生じてくる。三代以後は別として、初代の神武と二代目の綏靖との関係はもっともらしくしなくてはならない。『記・紀』には巧妙な方法が採用されている。――応神の子には大山守という庶子がいた。そこで後の仁徳になるオオサザギ（大鷦鷯）は弟のウジノワキイラツコ（菟道稚郎）と協力して大山守を殺して即位している。この話をそのまま利用して、綏靖天皇になる神渟名川耳は、兄弟の神八井耳と協力して異母兄弟のタギシミミ（手研耳）を殺したというもっともらしい話をでっち上げている。その手法がみごと過ぎるため、逆に、神武イコール応神という歴史偽造の手口が判明してしまったことになる。

もっとも、仁徳天皇は架空であるというのが筆者の考えだが、次の安康天皇も兄弟の雄略天皇と協力して大草香皇子を殺しているから、右の話と同じ内容のものとなっている。

『記・紀』の「神武天皇」の創造は、公式史書の最も肝心の部分だから詳細を極め、緻密な構成になっている。そして、それはあくまで実際にあったことを基礎としていることを忘れてはいけないだろう。特に、九州からやって来て最初に大和に入ったのは履中天皇であり、その宮が磐余《いわれ》に営まれた史実を尊重し、神武の即位の地まで磐余にするという几帳面なところが『記・紀』の編者の態度であり、それがまた歴史偽造の証明になっている。

●天皇制日本国の成立

『日本書紀』の編成の最大の目的が、「天皇制国家の確立」を内外に示すことにあったことは確実だ。『古事記』では、国号を「倭」とし「ヤマト」と読ませている。しかし、『書紀』では、「天皇」という言葉が用いられる以前にも、例えば「欠史八代」の「天皇」の称号や、ヤマトタケルなどの表記にまでさかのぼって「日本根子」とか「日本武尊」の文字を当てている。

「日本」という国号が最初に用いられた時期については、『新唐書』によると三代高宗の咸亨元(六七〇)年に、倭国は使を派遣し、「倭の名を悪み、更に日本と号す。使者自らいう。国、日出づる所に近きをもって名となす」とあるから近江の天智朝時代のことになる。

「日本」と書いて「ひのもと」と読むことがある。このことについては、「日下《くさか》」が生駒山地の麓の地名であり、東北地方に「日本中心」と刻んだ石碑があることから、「ひのもと」というのは谷川健一氏の説に従って、旧物部王国の称号だったものを、崇神王朝がアマテラスの名前とともに旧王朝から奪って自らの称号としたことを追認したものと考えていいだろう。

また、「天皇」の称号も、『記・紀』では初代の「神武天皇」から用いているが、これも六世紀末か七世紀初頭以後に用いられ始めたもので、それ以前は「おおきみ」と言い、「大王」の文字を当てていたはずだ。この「天皇」という言葉は、道教の思想に基づくもので、その経典である春秋緯の『合誠図』に、「天皇大帝北辰是也」とあるように、もともとは北極星のことをさしている。わが国でこの文字が使われたものとしては、法隆寺の薬師像の光背に「池辺大宮治天下天皇」（用明天皇）とあるのが最初とされている。しかし、その父の欽明天皇あたりから用いられていたのかもしれない。そして、六〇七年の遣隋使の国書には、「東天皇、敬して西皇帝に白す」と記されている。

天皇を神の子孫とする考え方は、王位世襲制とともに古くからあったことは間違いない。物部王朝でも、「ひのもと」の国の王はニギハヤヒという神の子孫と考えていたことだろう。そして、生きた天皇を現人神《あらひとがみ》として崇拝する思想が現われたのは、七世紀末近くの天武天皇の時代のことと思われる。『万葉集』の歌にも、

大王は　神にしませば　天雲の雷の上に　廬《いお》りせるかも　（二三五歌・柿本人麻呂）
大王は　神にしませば　天雲の五百重が下に隠り給ひぬ　（二〇五歌・置始東人）
大王は　神にしませば　赤駒の腹這う田居を　都となしつ　（四二六〇歌・大伴御行）

といった例がある。

そして、大伴家持の長歌（四〇九五歌）の一節に、「海行かば水漬く屍、山行かば草むす屍、大王の辺にこそ死なめ、顧みはせじ」というふうな想いを抱く者も現われるようになる。

『記・紀』の成立が、このような事情をふまえ、それを推進するために絶大な力を有したことは言うまでもない。特に、『日本書紀』の場合は、中国人にも読める漢文で書かれており、「神武紀元」を当時から一三〇〇年以上も前のこととしているのだから国威を高める意味があった。

『書紀』の年紀は、「持統紀」の四年（六九〇年）に、「勅を奉りて、はじめて元嘉暦と儀鳳暦を行なう」とあるが、おそらくは欽明以後は朝廷の記録に何らかの暦が用いられていたことだろう。ところが、『書紀』では、「神武東征」のころにまで遡って暦日が記されている。わが国に、暦も文書の記録もありえない時代についてまで、史官たちは苦労して干支による月日の表記をしている。これは、全く意味の無い労作と言うべきものだろうか。

●第二の日本誕生

「日本」という国号が用いられ、天皇を頂点とする政治体制がつくられたのは七世紀の後半のことだった。それが第一次「日本誕生」だった。しかし、それはあくまで一時的な建前に過ぎず、実際には、藤原氏や武家が権力を掌握する時代が千年以上も続いた。その間、統一国家としての「日本」という意識は次第に隠れ天皇の存在も影が薄くなっていた。そして、一九世紀の後半に成立した明治維新政府は、再び天皇を政治的権力確保のために前面に押し立て国際社会に乗り出し、一時は東アジアに君臨する大帝国になった。そのことは第二次「日本誕生」とも言いうべきものだったとすることができよう。

しかし、第二次世界大戦に敗れてからは、平和を愛する日本国民にとって天皇は政治的権能を有しない「国民統合の象徴」であるというふうに憲法に規定されることとなった。ところが、その三〇年後になると、縄文時代の紀元前六六〇年の一月一日が「神武即位」の日で建国記念日だというのだ。それは何を根拠として、そのような架空の日を太陽暦に換算したのだろうか？「建国記念日」とされている二月十一日が、このようにして決められたのだから、驚きというより滑稽だ。いや、それを提案した国会議員たちは、けっして天皇を神だとは思っておらず、「神武即位」を事実だと信じていないにもかかわらず、「民族的ロマン」などという歯の浮くような言葉で、それを美化しようとした執念には空恐ろしい底意さえ感じられる。

二月十一日を建国記念日としたことについては、通例の解釈では、明治の初めに「紀元節」を制定するに当たって、『日本書紀』が伝える「神武天皇の即位」があったとする旧暦の西暦紀元前六六〇年一月一日を太陽暦に換算して定めたものとしている。しかし、その計算の根拠は不明ということになっている。

ところが、『建武年中行事』によると、建武二（一三三四）年の二月十一日に、後醍醐天皇が「韓神祭」をとり行なったという記事があり、それが「紀元節」制定の真の理由だという説がある。また、昭和三十年に編集された『広辞苑』の第一版には、「からかみ」の項目があり、二月十一日に「宮内省に祀られている韓神の祭」が中世まで行なわれていたことを明記している。しかも、奇怪なことに、その記述は一九七六年の『広辞苑』の改訂の際に削除されている。このことをどう理解すべきだろうか？　もしもカングリすることが許されるならば、天皇家の真の祖先神の祭りの実態が民衆に知られることを何らかの圧力によって避けようという配慮ということになるだろう。

このことと関連し、現在宮内庁の管理下におかれている天皇陵についての日本国民の姿勢も問われるべきではなかろうか？　平安時代から江戸時代までの天皇の墓は京都の菩提寺にひっそりと営まれていたが、大和盆地にあった古代の天皇陵は、永らく放置されたままで天皇家からも顧みられず、世間から忘れ去られた存在だった。それが、幕末になって尊皇家の蒲生君平の研究はあったものの、その祭祀が復活されたのは第二次「日本誕生」のあった明治年間のことだった。それも、ある日突然、畝傍山麓の住民が強制退去させられ、そこに神武天皇陵なるものが造営されたのだった。それだけではなく、『記・紀』の記述を頼りにしてほとんど薄弱な根拠に基づき次々と四〇余代の天皇陵といくつかの陵墓参考地が指定され厳重に管理され、その発掘は禁止されたのだった。

これらの「陵墓」の被葬者は厳密な意味ではほとんどが「不明」とされており、なかには墳墓であるか否か疑問のものさえある。しかし、もしその発掘が許され綿密な学術的調査が行なわれたとすれば、先の高松塚古墳の場合と同じく、朝鮮ないし中国系の出土物が大量に見つかることも予想される。そのことは日本古代史の謎の解明のためにとってはかり知れない大きな収穫があるものと期待される。にもかかわらず、それを阻んでいるのは「国民の皇室に対する感情」を理由とする宮内庁の強い意志であり、とりもなおさずそれは今日の「象徴天皇制」の現実ということになる。

つまり、このことはやがて二十一世紀を迎える日本が依然として第二次「日本誕生」の延長線上にあり、けっして敗戦によって生まれ変わったのではなかったことを意味しているとも言えよう。ここでは、このことについて現在の日本政府の姿勢を云々すべきではなく、広く日本国民が祖国の歴史をどう考えるかが根本的な問題だとしておこう。

本書を通じて著者が言いたいことは、もろもろの日本国民が、真実の自国の歴史を知ることを求める気持ちをもってほしいということであり、そのための一つの資料としてこの書物が生まれたのだということ申し上げて筆をおきたい。

日本古代史復元年表

★は、おおよその年代。☆は本書で建てた仮説シナリオによる推定記事

年代	国	事項
BC七〇〇〇	日本	縄文早期（〜四五〇〇）　人口二〇、〇〇〇人
四五〇〇		前期（〜三〇〇〇）　人口一〇〇、〇〇〇人
三〇〇〇		中期（〜二〇〇〇）　人口二六〇、〇〇〇人
二〇〇〇		後期（〜一〇〇〇）　人口一六〇、〇〇〇人
一〇〇〇		晩期（〜四〇〇）　人口七三、〇〇〇人
四〇〇		弥生前期（〜一〇〇）
BC一〇〇		中期（〜AD一〇〇）
AD一〇〇		後期（〜二五〇）　人口六〇〇、〇〇〇人
二五〇		古墳前期（〜四〇〇）
四〇〇		中期（〜五〇〇）
五〇〇		後期（〜六〇〇）
六〇〇		終末期（〜七〇〇）　人口五、四〇〇、〇〇〇人

BC一〇世紀	周	「成王の時、……倭人、暢を貢す」（『論衡』）
BC 四七三	中国	越の勾践、呉の夫嵯を滅ぼす。
★縄文晩期？	倭	江南の照葉樹林帯から焼畑民、列島西半に渡来。
三三四	中国	楚、越を滅ぼす（越民は強制移住）。
★三三〇		☆越民、日本列島に流入。伽耶から倭人の農民流入→弥生文化。
二〇九	秦	徐福、始皇帝の命により蓬萊に赴き帰らず。
		☆童男女数千人、到来。→道教普及。
★一世紀	倭	☆伽耶から倭の武装集団渡来。→各地に小国家成立。
		☆末盧（東松浦半島）・伊都（糸島）・奴（博多）・邪馬台国（甘木）。
五七	新羅	赫居世即位、建国（〜AD四）。
三七	高句麗	東明王即位、建国（〜BC一九）。
〃	倭	「楽浪海中に倭人あり、分かれて百余国。歳時、謁見」（『後漢書』）
一八	百済	温祚王即位、建国（〜AD二二八）。
AD 七	前漢	王朝滅亡。→王莽の新政。
四二	駕洛	首露王、亀旨峰に降臨、建国。（『三四遺事』）
五七	倭	倭奴国王、後漢に貢献。金印賜綬。
一〇七	倭	面土国王帥升ら生口一六〇を献じ謁見。（『後漢書』）
一五六	鮮卑	檀石槐、モンゴル統一。→倭人を烏候秦水に移す。

一七二	倭	「桓・霊の間（二世紀後半）倭国大乱。卑弥呼共立」（『後漢書』）
★このころ	倭	☆末盧→神湊、伊都→糸田、奴→中津、邪馬台国→宇佐へ移る。
		☆物部氏→近畿へ（大和に王朝）。
		☆天の日矛渡来。→播磨→但馬（近畿北部を支配?）。
二〇四	朝鮮	公孫度、帯方郡を設置（一八九、遼東に進出）。
二二〇	後漢	王朝滅亡。→魏・呉・蜀の三国時代（〜二六五）。
二三九	倭	卑弥呼、魏（景初三年）に難升米らを遣使、「親魏倭王」の印。
二四〇	倭	帯方大守弓遵、魏の詔書を卑弥呼に伝える。
二四三	倭	伊声耆・掖邪狗ら魏錦に生口・倭などを奉献。
二四五	倭	魏帝、難升米に黄幢を授け檄を伝える。
二四八	倭	卑弥呼死す。→大冢に葬。→宗女台与立つ。
	倭	☆水沼君（弥奴国王）・狗奴国の一部と一時、連合の盟主に。
	倭	☆「崇神東遷」（大和へ進出、物部王国に婿入り）。
二六五	倭	台与、西晋に遣使。
★四世紀前半	倭	☆垂仁王朝（ヒボコ系の北近畿王朝にヤマトから入り婿）。
三一六	西晋	王朝滅亡。→五胡・一六国時代。
★四世紀後半	倭	☆タラシ王朝の全国平定（景行・ヤマトタケルの事業に相当）。
	倭	☆オオタラシ彦（景行）は伽耶の多羅国系の渡来者か?

★このころ	倭	☆出雲の「国譲り」。全国に国造任命？
★四世紀末	倭	☆オキナガ・タラシ姫、朝鮮に行き帰国後にイザサワケを出産。
	倭	☆オキナガ・タラシ姫らの東遷→河内王朝の成立。
三九一	倭	「海を渡って百済・□羅を破る。」（広開土王碑）
四一三	倭	倭王讃、晉に朝貢。
四三八	倭	倭王珍、宋に遣使奉献。
四四三	倭	倭王済、宋に遣使奉献。
四六二	倭	倭王興、宋に遣使奉献。
四六三	倭	吉備上道臣の田狭、任那国司に。→反逆。
四六四	倭	身狭村主青らを呉に派遣。
四七八	倭	倭王武、宋に遣使貢献。六国諸国軍事などに叙せらる。
五〇七	倭	越前の王者オオト、倭国大王になる（継体天皇）。
五二四	倭	近江毛野、任那に出兵し敗戦。
五二八	倭	筑紫君磐井の乱。→磐井敗死。
五三二	駕洛	金官加羅、新羅に降伏。
五三二	倭	☆金官加羅王仇亥、倭に渡り大王となる（欽明天皇）。
五八八	隋	文帝、全国平定統一。
六〇〇	倭	倭王多利思北孤、隋に国書奉呈。

六一八	唐	季淵、全国平定、建国。
六四五	倭	大極殿のクーデタ。↓大化の改新。
六六二	倭	百済に救援軍を派遣。↓白村江の戦い（敗戦）。
六七二	日本	壬申の乱。↓天武の飛鳥朝始まる。

【参考文献】

古事記
日本書紀
先代旧事本紀
風土記
古語拾遺
倭名類聚抄
新撰姓氏録
新唐書
魏書・東夷伝
三国史記
三国遺事
万葉集
日本歴史大事典　河出書房新社
大日本分県地図・地名総覧　国際地学協会
姓氏家系大事典　太田亮　角川書店
姓氏家系総覧　秋田書店
日本歴史大系Ⅰ　山川出版
日本の古代（全十六巻）　中央公論社
道教と日本人　下出積與　講談社
隠された神々　吉野裕子　講談社
稲作以前　佐々木高明　日本放送出版協会
邪馬台国の東遷　奥野正男　毎日新聞社
高天原は朝鮮か　李沂東　新人物往来社
邪馬台国推理行　高木彬光　角川書店
八坂神社　高原美忠　学生社
宇佐神宮の原像　三木彊　新人物往来社
古代日本正史　原田常治　同志社
倭の五王と継体天皇　吉田修　講談社

古代日朝関係史　金達寿　筑摩書房新社
日本人の性格　宮城音弥　朝日新聞社
古代海部氏の系図　金久与市　学生社
古代天皇の秘密　高木彬光　角川書店
青銅の神の足跡　谷川健一　集英社
物部氏の伝承　畑井弘　吉川弘文館
天皇と鍛冶王の伝承　畑井弘　現代思潮社
鬼神への鎮魂歌　千田稔　学研
大和に眠る太陽の都　渡辺豊和　学芸出版社
大和の原像　小川光三　大和書房
神社配置から天皇を読む　三橋一夫　六興出版
卑弥呼の道は太陽の道　古村豊
　実験古代史学出版部
古代日本と海人　黒住秀雄他　大和書房
高天原の謎　安本美典　講談社
卑弥呼と宇佐王国　清輔道生　彩流社
古代九州の新羅王国　泊勝美　新人物往来社
出雲の古代史　門脇禎二　日本放送出版協会
漂流の人山窩の謎　佐治芳彦　新国民社
紀記が伝える邪馬台国　福本英城　芸文社
記紀解体　近江雅和　彩流社
日本及日本人之起源　小谷部全一郎　炎書房
天皇家と卑弥呼の系図　澤田洋太郎
　六興出版（新泉社より復刊予定）
伽耶は日本のルーツ　澤田洋太郎　新泉社
復元　古代日本国家　澤田洋太郎　彩流社
異端から学ぶ古代史　澤田洋太郎　彩流社

あとがき

世界の中にはエジプトのように数千年も昔の記録が残されている例はあるが、一千年以上にわたって連綿として続く歴史が「正史」として記録されている国は、わずかにアジアの東に位する中国と朝鮮とわが日本国だけである。しかし、残念なことに、日本の場合は、『日本書紀』が伝える天皇のうち最初の二十代ほどについては、そこに記されている「史実」をそのまま真実と認めることができないだけでなく、民族の祖先の由来についても、神話の形を通じて語られているものは、明らかに真実とは大きくかけ離れたものであることは疑う余地がないと言えよう。

そこで、筆者は隠された日本古代史の復元を志し、一九八九年の夏には『天皇家と卑弥呼の系図』を著し、ついで二年後には『日本誕生と天照大神の謎』を世に送り、その内容の充実をはかったのだった。しかし、その後、この二書の出版を引き受けていただいた六興出版社が不幸にして倒産したため、後者について、その主要部分に若干の補訂を行ない、結論部分には多くの加筆を施し新たに編集したものが本書である。したがって、これに前著『天皇家と卑弥呼の系図』（秋に新泉社より復刊）や本年初頭に刊行した『伽耶は日本のルーツ』を併せてお読み願えれば、かなりの程度まで納得していただけるものと信ずる。

われわれが知っている「正史」なるものは、あくまでも権力を握っている支配階級に属する人たちが自分の政府にとって都合のよいように編集したものだから、体制の変動だとか権力者の異動などについては故意に改竄を加えることは当然のことながら行なわれているはずだ。と言うよりも、大変革期の記事は、真実は一部にすぎず重要な部分はほとんど虚偽で埋められていると考えたほうが当たっているかもしれない。

それにしても、『記・紀』の語る歴史は、陰謀・術策に満ちみちている。しかも、それを手放しで礼賛しているかに見える。そこでは、「明き、清き直き心」を謳《うた》いながら、「すべてを水に流そう」とする。いつまでも執念深く追い求めたりせずに、アッサリと尻尾を捲くイサギ良さが日本では美徳とされているが、そういう精神的姿勢は、どうやら弥生人の侵略を歓迎する形で受け入れた縄文人以来の列島原住民の伝統的態度と思われてならない。制度や技術は外部から学び存分に採り入れながら、個性的主張はさし控え、集団に自己を埋没させるという、世界に類例を見ない日本人の特性は、縄文時代の生活意識に起源をもち、今日にまで持続しているという思いがしてならない。

わが国の制度や文化の多くは弥生時代以後に形成されたもので、ほとんどは朝鮮半島から学んでいる。それだけでなく、天皇家も諸豪族も朝鮮から渡来したものであることは確実だ。そのことの具体的な解明は、次の機会があれば是非とも試みたいと思っている。ここで気になることは、現代の日本人は欧米人の目で見ると、どうやら縄文人的な消極的なものに映り、一方、アジア人たちからは積極的な弥生人的なものに見えるらしいことだ。

そうした中に、日本人が「気」という言葉をフンダンに使う事実が道教思想と深く関係しているという発見や、アラハバキの神が遠く西アジアに由来しているという諸士の見解からは多くの示唆が与えられた。また、古くから説かれてきた「日本・ユダヤ同祖論」などにも耳を傾ける必要があるように感じられる。こうした点については、すでに多くの論者がそれなりの意見を発表していることから、今後、二十一世紀にかけて説得性の高い論説が現われることも大いに期待できそうに思える。それはともかく、一つの国の文化のルーツを狭く隣国だけに限定せず、広く地球全体に視野を広げることは何よりも大切なことだと思う。

しかし、今回は、むしろそれ以前からの伝統的なものの存在を強く意識する立場をとってきた。日本では、古代でも現代でも宗教は集団の仲間であるか否かの確認儀礼のようなものであって個人と神との関わりとは無縁のものだった。そして、その社会においては、常にその時代のハイテク技術を支配する者が王者になっていた。

筆者は、「日本古代の原像」を見たいと思って調べ始めたところ、見出したものは、なんと現代日本の姿さながらの非合理主義・御都合主義・建前主義・気分主義的な「馴れ合い政治」の連続だった。その意味からは、本書では「輝かしい過去の遺産」の発掘に成功したとは言えなかった。しかし、その反面、正統派の史学には盛り込みようのない素材を、歴史の展開のエネルギーの一部として捉えることができたことは収穫だったと思う。

本書に付き合っていただいた読者諸賢にとっては、珍奇な論理構成法と思われたかもしれないが、一見無関係と思われるものが、社会の底辺では相互に結びつき、支え合っているということも認めていいのではなかろうか。前著『天皇家と卑弥呼の系図』は、書いている当人が驚くほどスリリングな発見もあり、多くの読者から賛辞を頂戴したが、本書の場合は、これといった創見も出ず、先人が開拓した資料の紹介に終始した感がしないでもない。

しかし、それはそれでいいと思う。どんな資料でも、見る人によって各自なりの発見もあるのだから、それを提示することによって、筆者と読者とが考え合う機会となれば、それなりの意味のあることと思う。本書は、いわば資料集のつもりで読み通していただき、筆者とは別の見解をもってくだされば、それはそれで本懐というべきかと思う。

最後に、独断と偏見に満ちているかのような本書に対して、誤りの指摘や独自の解釈などを筆者に寄せていただければ、これに過ぎる喜びはない、と申し上げて筆を納めたい。

一九九四年　初夏

著　者

著者略歴

澤田洋太郎（さわだ　ようたろう）

1927年　東京に生まれる。

1951年　東京大学法学部政治学科卒業。

同年東京都立江戸川高校社会科教諭を初めとして高校教師を勤め，1982年都立大学付属高校教頭にて退職。以後，執筆活動にいそしむ。

主要著作　『天皇家と卑弥呼の系図』，『伽耶は日本のルーツ』，『ヤマト国家は渡来王朝』，『出雲神話の謎を解く』，『日本古代史の謎を解く』（新泉社），『復元！　日本古代国家』，『異端から学ぶ古代史』，『復元！日本文化のルーツ』（彩流社）の古代史関係書のほか，現代社会，政治，経済，倫理関係の著書・共著が多数ある。

新装　ヤマト国家成立の秘密

1994年７月15日　第１版第１刷発行
2000年11月20日　新装版第１刷発行
2011年５月20日　新装版第３刷発行

著者＝澤田洋太郎

発行所＝株式会社　新泉社

東京都文京区本郷2-5-12
振替・00170-4-160936番　電話 03(3815)1662　FAX 03(3815)1422
印刷・製本　萩原印刷

ISBN978-4-7877-0007-0　C1021

澤田洋太郎著　46判280頁　定価1800円+税

天皇家と卑弥呼の系図

●日本古代史の完全復元

卑弥呼の名のある海部・尾張氏の系図から日本古代史復元の試みは始まる。高天原と葦原中国の中間地点である天の八衢（やちまた）を豊後・日田に比定し豊後と丹後の地名の一致から海部氏が豊後↓丹後に移住したと推定、豊の国の東遷を古代史解読のキーとする。

●**主要目次**

澤田洋太郎著　４６判２６４頁　定価2000円＋税

改訂新版　伽耶は日本のルーツ

高松塚や藤の木古墳の発掘、朝鮮南部での前方後円墳の相次ぐ確認で、「日本列島に自生した固有の文化」をもった民族であるとする日本人説は、多くの疑念につつまれることとなった。アジア全体を視野におき、伽耶諸国の実体に迫るとともに、日韓文化の共通点と相違点を分析して、日本人のルーツを追求し、日本民族形成のシナリオを提示する。

●主要目次

Ⅰ日韓文化の相似点と相違点――果たして兄弟国か　Ⅱ日本古代史における朝鮮――どこが問題なのか？　Ⅲ古代東アジアの歴史　Ⅳ朝鮮半島の歴史　Ⅴ伽耶諸国の地理と歴史　Ⅵ日本と朝鮮の歴史の復元　Ⅶ『日本書紀』をどう読むか？　Ⅷそれぞれの道を歩んで

澤田洋太郎著　46判288頁　定価2000円＋税

新装　ヤマト国家は渡来王朝

弥生時代から古墳時代に移行するころ、日本の支配者層は騎馬民族の出身者に変ったのではないか。イリ王朝（崇神・垂仁）やタラシ王朝（景行・成務・仲哀・応神）の天皇は、ほとんどが、百済や新羅からの渡来王だったのではと考えると「記・紀」に秘められている多くの謎が合理的に解釈できるとゆうシナリオを提出し、応神王朝の重要性を力説する。

●主要目次

Ⅰ源平交替は、新羅・百済のせめぎ合い　Ⅱ軽皇子は新羅の文武王か　Ⅲ壬申の乱は新羅百済の代理戦争　Ⅳ近江王朝は百済王朝か　Ⅴ欽明王朝は「百済系」か　Ⅵ任那諸国をめぐって　Ⅶ応神王朝の対外関係　Ⅷ「辰王」渡来説　Ⅸ伽耶は日本のルーツ　Ⅹウガヤ朝

澤田洋太郎著　４６判２６８頁　定価２０００円＋税

改訂新版

出雲神話の謎を解く

〝おろち退治〟を始めとする記・紀神話の三分の一は出雲神話で占められているが、これらの神話は『出雲国風土記』には登場しない。かわって風土記には記・紀神話にはない、〝国引き〟神話が登場する。そこで記・紀神話のスサノオ、オオクニヌシと風土記のスサノオ、オオナモチは果たして同一人物なのかという疑問から、古代出雲の歴史復元に挑戦。

●主要目次

澤田洋太郎著　46判296頁　定価2000円＋税

日本古代史の謎を解く　●『記・紀』に秘められた真実

『天皇家と卑弥呼の系図』以来、十数冊の著作で古代史の謎を解明してきた著者が、諸研究家の論考や異説を比較・検討し、新しい情報を加えて、縄文文化から弥生文化・邪馬台国をへてヤマト国家確立までの古代日本の通史を完成させた。『記・紀』編集に秘められた目的を問う。

●主要目次

尹錫暁著　兼川晋訳　４６判上製３１２頁　定価2800円＋税

新装 伽耶国と倭地

●韓半島南部の古代国家と倭地進出

伽耶とは朝鮮海峡を挟んで広域海上文化圏と呼ぶべきものをつくった、豊かな国々であった。韓国文化はこの伽耶からまず九州に伝播され、ついで大和に伝播した。倭には九州と大和に二つの王朝があり、邪馬台国や倭の五王など、古くから韓半島や中国と通交した倭の実体は、九州の筑紫を中心にして、伽耶を本国を考える九州王朝であった。

●主要目次

Ⅰ　**伽耶諸国の形成**　文献からみた伽耶の成立　考古学的出土物からみた伽耶の成立　伽耶史の時期区分　伽耶の領域／Ⅱ　**伽耶の発展**　政治・身分制度　軍事制度　産業の発展　文化様相　新羅・百済・倭との関係／Ⅲ　**伽耶の倭地進出**　伽耶の九州進出「任那日本府」説批判／Ⅳ　**伽耶の滅亡**　滅亡の過程　滅亡の要因

李鍾恒著　兼川晋訳　46判上製320頁　定価2500円＋税

新装　**韓半島からきた倭国**　●古代加耶族が建てた九州王朝

倭人とは、もともと韓半島南部に勢力を張っていた民族だった！　好太王碑文に刻まれた倭、新羅をおびやかした倭、宋書に登場する倭の五王など、中国・朝鮮史書に載る倭人・倭国とは誰なのか。韓半島の古代史研究から大和朝廷中心の日本古代史の書換えを迫る。

●主要目次

槇　佐知子著　46判上製288頁　**定価2300円＋税**

改訂版　# 病から古代を解く　**●『大同類聚方』探索**

日本最古の医薬事典『大同類聚方』を通して、謎につつまれた古代を探索する。伊邪那岐命の処方から神代を幻想し、著者の想像力は古典医学の世界から古代全体へと縦横にかけめぐる。現代に伝わる祭祀と所伝の薬方とを重ねあわせて古代にせまる新しい古代学。

●主要目次

田中勝也著

エミシ研究

46判290頁　定価2800円＋税

古くエゾ、エミシと云われた人々は、現在のアイヌ民族と同一なのか？　記紀、風土記はもちろん、日本、中国、朝鮮の数多くの古文献の中から史実を確定し、日本人はどこから来たのか、そしていかにして形成されたのかという、日本人の起源をめぐる謎に迫る。

サンカ研究

46判264頁　定価2800円＋税

「記紀」『上記《うえつふみ》』ほか多数の文献により、サンカ社会の由来と伝承の歴史的意味を克明に論述する唯一の研究書として評価が高い。漂泊山岳民の原像を大江匡房の『傀儡子記』に求め、三角寛の『サンカの社会』により、その大正昭和期の実像を解明する。